Frauen predigen

Christiane Bundschuh-
Schramm/Gertrud Casel
(Hrsg.)

FRAUEN PREDIGEN

Zu Themen
Zu Frauengestalten
Zur Bibel

Schwabenverlag
Klens Verlag

Umschlaggestaltung: Wolfgang Sailer, Schwabenverlag
Umschlagabbildung: Albani-Psalter. Dombibliothek Hildesheim HS St. God. 1
(Eigentum der Pfarrgemeinde St. Godehard)
Layout: Joachim Letsch, Stuttgart
Satz: Schwabenverlag AG, Ostfildern
Herstellung: Süddeutsche Verlagsgesellschaft mbH, Ulm
Printed in Germany

ISBN 3-7966-0928-7 (Schwabenverlag)
ISBN 3-87309-156-9 (Klens Verlag)

Inhalt

Zu Frauengestalten

Zur Bibel

Vorwort

Frauen predigen – was vor dreißig Jahren noch Ausnahme war, je nach Konfession mehr oder weniger selten, wird zunehmend Erfahrung in Gemeinden.

Frauen haben immer schon die Verkündigung des christlichen Glaubens im Alltag wesentlich getragen: den Kindern von Gott erzählt, mit ihnen gebetet, in Krankheit, in Trauer oder im Sterben anderen Trost gespendet. Sie haben von der Barmherzigkeit und fürsorglichen Liebe Gottes in Taten und Worten mitgeteilt.

Heute verkündigen sie autorisiert und bevollmächtigt; viele predigen mit kirchlichem Auftrag.

Sie finden damit meist positive Resonanz und Anerkennung. Ihre Predigten sind lebensnah, knüpfen an Alltagserfahrungen an, ihr persönlicher Glaube wird sichtbar, ist einladend und glaubwürdig. Sie kommen an, die predigenden Frauen, sie und ihre Worte.

Nicht, als ob dies bei Priestern oder Pastoren, bei männlichen Laienpredigern nicht auch der Fall sein kann. Aber in der Vergangenheit fehlte in der autorisierten Verkündigung der Kirche die Stimme der Frauen und damit ihre Erfahrungen, ihre Kompetenzen und ihre Werte. Eine Hälfte blieb ausgeblendet in der Rede über Gott, über die Nachfolge Jesu, über die Zeichen der Zeit – ein gravierender Mangel! Der wurde um so schmerzlicher deutlich, je mehr Frauen im öffentlichen Leben sichtbar und hörbar wurden.

Gott hat die Vielfalt seiner Gaben auf viele verteilt, auf Frauen und Männer, auf Alte und Junge. Im Austauschen und Teilen erkennen wir den überfließenden Reichtum seiner Gaben, Ausdruck seiner Fülle. Ausgrenzung – von wem auch immer – versperrt den Blick auf und den Zugang zu Gottes Leben in Fülle.

Deshalb ist es eine große Bereicherung für die Gemeinden und die Kirche, wenn Frauen predigen.

Deshalb wollen wir in diesem Buch Predigten von Frauen veröffentlichen, ihnen mehr Öffentlichkeit geben:

- Wir wollen die Kompetenzen und Charismen von Frauen im Predigen sichtbar machen.
- Wir ermutigen Frauen, diesen Dienst selbstbewußt zu übernehmen, Vorbehalte gegenüber Frauen in der amtlichen Verkündigung bei sich und anderen zu überwinden, die eigenen Talente nicht zu vergraben, sondern einzusetzen zum Lobe Gottes und zum Nutzen der Gemeinde.
- Wir wollen den Predigtdienst der Frauen aus dem Zwielicht des gerade noch Erlaubten oder schon halb Verbotenen herausholen, in das er im katholischen Bereich durch das Verbot der Laienpredigt für die Homilie in der Eucharistiefeier geraten ist, und ihrem Charisma den gebührenden Platz einräumen.

Frauen predigen zu Themen, zu Frauengestalten und zur Bibel. Entsprechend ist das Buch in drei Kapitel gegliedert. Im ersten Kapitel sind Predigten zusammengestellt über Themen, die für Frauen bedeutsam sind, aber nicht nur für sie, im zweiten geht es um Frauengestalten, heilige und andere bedeutsame Frauen aus Geschichte und Gegenwart, im dritten Kapitel finden sich Predigten, die sich an biblischen Perikopen orientieren.

Es sind sehr unterschiedliche *Anlässe,* zu denen diese Predigten als Vorlage oder Arbeitsgrundlage dienen können: in Sonntagsgottesdiensten der Gemeinde oder in Frauengottesdiensten, in Familiengottesdiensten, bei Tauffeiern, bei Wallfahrten, bei Besinnungs- oder Studientagen oder bei Gruppengottesdiensten zu den je einschlägigen Themenfeldern, bei Jubiläen oder Gedenktagen und so weiter. Insbesondere bieten sich Gottesdienste im Umfeld des Internationalen Frauentages am 8. März, des Weltgebetstages am ersten Freitag im März (je nach Themenvorgabe) oder bei Frauenwochen in diesem Zeitraum an. Manche Predigten eignen sich für den Familiensonntag (in der katholischen Kirche in der Weihnachtsoktav), andere für den Weltgebetstag der geistlichen Berufe, für den Tag der Arbeit oder Josef des Arbeiters am 1. Mai. Sicher kommen auch die Festtage der Heiligen, Allerheiligen oder andere Gedenktage in Betracht.

Bei der Suche nach für den jeweiligen Anlaß geeigneten Predigtimpulsen helfen zum einen eine Zusammenstellung zentraler Stichworte und ihrer Fundorte (S. 206–208), zum anderen im dritten Kapitel die zur Predigt zugehörigen biblischen Perikopen und in den ersten beiden Kapiteln jeweils im Anschluß an den Predigttext biblische Bezüge.

Ein einführender Artikel zeigt geschichtliche Wurzeln und Entwicklungen, theologische Grundlagen und Perspektiven von Frauen im Predigtamt auf.

Wir haben Frauen aus unterschiedlichen Altersgruppen, Berufen und Konfessionen zur Mitwirkung eingeladen und um ihre Beiträge gebeten. Bekannte und weniger bekannte Namen sind darunter. Viele sind in der kirchlichen Frauenarbeit engagiert, in Frauenverbänden oder in der Frauenseelsorge; andere arbeiten in der Gemeindepastoral. Manche bekleiden offizielle Ämter in Politik, Gesellschaft oder Kirche, sie sind ehren- oder hauptamtlich tätig. Das Charisma der Verkündigung ist nicht an einen bestimmten Beruf gebunden. Es ist – Gott sei Dank – vielen getauften und geistbegabten Christinnen geschenkt. Von diesen findet sich in diesem Buch nur ein verschwindend kleiner Bruchteil wieder. Allen gemeinsam sind Erfahrungen im Predigtdienst christlicher Kirchen und das Ziel, den Gott der christlich-jüdischen Tradition, den Gott Abrahams und Sarahs, den Gott Jesu zu verkündigen, so daß es heute in unserer Zeit verstanden werden kann.

An diesem Buch sind Autorinnen aus verschiedenen christlichen Traditionen beteiligt. Beim Weltgebetstag der Frauen, aber auch in anderen ökumenischen Initiativen und Prozessen haben christliche Frauen viel voneinander gelernt und gemeinsam zuwege gebracht. Gerade wir Katholikinnen haben viel vom Austausch mit unseren ordinierten Schwestern und von ihren Erfahrungen »profitiert«. Wir wollen mit dieser ökumenischen Zusammenarbeit etwas von der versöhnten Vielfalt christlicher Verkündigung, von der ökumenischen Zukunft von Kirche vorwegnehmen.

Dieses Buch ist zuerst für die Frauen und Männer gedacht, die in Vorbereitung auf Predigt oder Gottesdienst Anregung und Impulse suchen, Glauben und Leben von Frauen zur Sprache zu bringen. Mit den Beispielen so vieler verschiedener Frauen will das Buch Frauen ermutigen, sich in diesem Dienst für die Gemeinde zu erproben. Wer mit den Texten arbeiten will, sollte sie in ihren oder seinen Kontext übertragen, ihren je eigenen Zugang zum Thema, zur Frauengestalt oder zum Bibeltext finden und formulieren. Das Buch will aber auch all die zum Lesen einladen, die am Glaubenszeugnis von Frauen, sowie an der Weiterentwicklung christlicher Verkündigung interessiert sind.

Wir wünschen Freude, Gewinn und vielfältige Anregungen beim Lesen, daß der Funke zündet beim Predigen, daß predigende Frauen eine selbstverständliche Bereicherung werden, die Anerkennung finden beim ganzen Volk Gottes, und daß das Wort Gottes ankommt.

CHRISTIANE BUNDSCHUH-SCHRAMM   GERTRUD CASEL

»Auf das Wort der Frau hin« (Joh 4,39)

Wenn Frauen predigen

Ein Blick in die Geschichte

Maria aus Magdala, Maria, Johanna, Maria, die Mutter Jesu, Elisabet, die Frau am Jakobsbrunnen, Priska, Aphia, Phoebe, Junia, Maria, Tryphäna, Tryphosa, Persis, Euodia, Syntyche – namentlich genannte Frauen im Neuen Testament, die das Evangelium predigten[1] und an seiner Ausbreitung einen wesentlichen Anteil hatten. Hinzu kommen die vielen namenlosen Frauen, deren Namen und Bedeutung aufgrund der männerorientierten Tradition nicht aufgeschrieben wurden bzw. verlorengingen. Die Bibeltheologin Elisabeth Schüssler Fiorenza[2] hat uns darauf hingewiesen, daß wir daher die Bibel mit einer kritischen Haltung zu ihrer patriarchalen Prägung (Hermeneutik des Verdachts) lesen müssen, um zwischen und hinter den Zeilen die verschütteten und verlorenen Frauentraditionen zu erahnen und zu entdecken. Wenn Jesus zum Beispiel in Lukas 10,1–20 zweiundsiebzig Jünger aussendet, das Evangelium zu verkünden und Kranke zu heilen, dann müssen die versteckten Frauen sichtbar gemacht werden, indem zweiundsiebzig Jünger und Jüngerinnen wahrgenommen werden. Auch Lukas 8,1–3 spiegelt die männliche Perspektive des Evangelisten wider, der die Nachfolge der Frauen auf die finanzielle Unterstützung reduziert. Die namentliche Nennung von drei Frauen verweist aber auf eine besondere Stellung analog zu der Dreiergruppe unter den Zwölfen und der Jerusalemer Gemeinde. Dreiergruppen von Frauen, die eine Leitungsfunktion erkennen lassen, finden sich auch in den Auferstehungsberichten (vgl. z. B. Mk 16,1). Maria von Magdala nimmt innerhalb der Dreiergruppe analog zu Petrus und zum Herrenbruder Jakobus eine Vormachtstellung ein.

Trotz der spärlichen Quellenlage lassen die überlieferten Texte eine führende Rolle von Frauen in der frühchristlichen Missionsbewegung erkennen. Die spezifische Organisation der frühchristlichen Mission ermöglichte eine breite Beteiligung von Frauen. Die beiden Pfeiler der Mission waren nämlich zum einen reisende Missionarinnen und Missionare, die in der Regel als (Ehe-)Paare unterwegs waren; zum anderen Hauskirchen, die den Frauen gleiche Möglichkeiten eröffneten, denn traditionell wurde das Haus als Bereich der Frau angesehen und Frauen waren von der Leitung des Hauses nicht ausgeschlossen. Paulus erwähnt namentlich mehrere Frauen, die er mit missionarischen Titeln und Charakterisierungen wie Mitarbeiterin, Schwester, Diakonin, Apostolin und Vorsteherin beschreibt. Mit dem Titel Mitarbeiterin und Mitarbeiter betraut Paulus jene Frauen und Männer, die sich wie er selber »im Herrn abmühen«, indem sie im Dienst der Verkündigung und Lehre stehen (vgl. Röm 16,6.12: Maria, Tryphäna und Tryphosa; 1 Kor 15,10: Paulus). Der Titel Diakonin/Diakon bezeichnet bei Paulus wie auch in außerbiblischen Quellen die Funktion der Predigt und Gemeindeleitung (vgl. Röm 16,1: Phoebe). Paulus nennt mehrere Paare, die als Missionarinnen und Missionare unterwegs waren und von ihm als Mitarbeiterinnen und Mitarbeiter, Apostolinnen und Apostel und als Schwestern bezeichnet werden (vgl. Röm 16,3.7.15). Solche Paare dürften nicht die Ausnahme, sondern die Regel gewesen sein.

Das Paar Priska und Aquila gründete und unterstützte überall, wohin es kam, eine »Kirche in ihrem Haus« (vgl. Röm 16,5; 1 Kor 16,19). Die Hauskirche war das Zentrum und der Ausgangspunkt der Kirche in einer Stadt oder in einem Gebiet. In der Hauskirche versammelte man sich zur Predigt, zum Gottesdienst und zu sozialer und eucharistischer Tischgemeinschaft. Frauen leiteten diese Hauskirchen allein oder zusammen mit (ihren) Männern, womit der Predigt- und der Tischdienst verbunden war.

Während die Hauskirchen der frühchristlichen Missionsbewegung nicht patriarchal strukturiert waren, wurde im 2. Jahrhundert unter dem Druck der (soziopolitischen) Umwelt die griechisch-römische patriarchale Ordnung in die Hauskirchen eingeführt. Die geschlechtliche Festlegung des kirchlichen Amtes schloß Frauen von der öffentlichen Lehre aus und beschränkte ihre Funktion auf die Glaubenspraxis (Orthopraxie).

In der Alten Kirche lag die Aufgabe der Unterweisung grundsätzlich beim Bischof. Die Bischöfe delegierten die Predigt häufig an Presbyter, aber auch an Diakone, Mönche und Laien. Es ist nicht auszuschließen, daß darunter auch Frauen waren.[3] Im Mittelalter gab es neben der Predigt der Bischöfe und des bischöflichen Klerus in der öffentlichen Kirche die Predigtpraxis von Frauen in Frauenklöstern, auch wenn nur wenige Frauen wie beispielsweise Hildegard von Bingen namentlich bekannt sind. Innerhalb einer diözesanunabhängigen Missionspredigt fingen Wanderpredigerinnen und -prediger unterschiedlichen Status' an, ohne Seelsorgeauftrag des Bischofs und mit starker Resonanz des Volkes zu predigen.[4] Aus dieser Zeit stammen Bilder predigender Frauen in der sakralen Kunst, wie z. B. im Albani-Psalter.

Auch die Geschichte der Alten Kirche, des Mittelalters und der Neuzeit bis ins 20. Jahrhundert muß einer Hermeneutik des Verdachtes unterzogen werden, indem den verschütteten und verstellten Frauentraditionen nachgegangen wird. Eine Predigtgeschichte von Frauen unter diesen Vorzeichen ist noch zu schreiben.

Predigerinnen im Protestantismus und im Katholizismus des 20. Jahrhunderts[5]

Während die Vikarinnen im Protestantismus in der ersten Hälfte des 20. Jahrhunderts in einem besonderen Amt formal von der Wortverkündigung im Gottesdienst ausgeschlossen waren, übernahmen sie während des Zweiten Weltkrieges die Vakanzvertretungen der verwaisten Pfarrstellen und versahen das volle Pfarramt, wozu auch der Predigtdienst gehörte. In einem Memorandum von 1942 wurde festgelegt, daß Vikarinnen in Notzeiten Gottesdienste halten, Sakramente verwalten und predigen dürfen. Allerdings wurden nach dem Zweiten Weltkrieg die Frauen aus diesen Aufgaben wieder verdrängt.[6]

Erst in den siebziger und achtziger Jahren kam es zu einer endgültigen Gleichberechtigung der Theologinnen auf juristischer Ebene. Zumindest theoretisch stehen in der evangelischen Kirche den Frauen alle mit dem Predigtauftrag verbundenen Ämter offen.

Im Katholizismus ist der Predigtdienst von Frauen in Gottesdiensten ohne Eucharistiefeier möglich; innerhalb der heiligen Messe aber rechtlich an das Weiheamt gebunden. In den siebziger Jahren gab es allerdings die Möglichkeit der Beauftragung von

Laien und Laiinnen zum Predigtdienst auch in der Eucharistiefeier. Dadurch entstand in vielen Diözesen die Praxis, daß Frauen
und Männer in der Funktion als Pastoralreferent/innen und
Gemeindereferent/innen regelmäßig sonntags predigten.[7] Diese
Ausnahmeregelung für die Deutsche Bischofskonferenz wurde
allerdings 1988 vom Papst wieder zurückgenommen, doch sie
hatte in vielen Diözesen dennoch weiterhin Geltung.[8] In der römischen »Instruktion zu einigen Fragen über die Mitarbeit der
Laien am Dienst der Priester« vom 15. August 1997 werden die
geltenden Bestimmungen noch einmal eingeschärft: Laien können gemäß Can. 766 C.I.C. zum Predigtdienst zugelassen werden, die Homilie allerdings »als herausragende Form der Predigt«
ist Teil der Liturgie selbst und daher während der Eucharistiefeier
dem geistlichen Amtsträger, Priester oder Diakon, vorbehalten.[9]
Zwar ermöglicht die Instruktion nach wie vor die Predigt von
Frauen in »einer Kirche oder Kapelle«,[10] zum Beispiel während eines Wortgottesdienstes oder einer Andacht, aber faktisch ist in der
katholischen Kirche die einschlägige Veranstaltung mit Predigt[11]
die sonntägliche Eucharistiefeier.[12]

Durch die erneute Einschärfung der rechtlichen Lage ver-
größert sich die Schere zwischen einer vielfältigen Praxis im juri-
stischen Niemandsland und den offiziellen Gesetzen. In vielen
Gemeinden werden Frauen von Frauen, Männern und Klerikern
zum Predigtdienst in der Eucharistiefeier ermuntert bzw. beauftragt und erhalten positive Resonanz; sie geraten aber dadurch
mit ihrer Person und Rolle zwischen die Fronten »von unten und
oben«. Der institutionelle Konflikt innerhalb der katholischen Kirche wird auf diese Weise individualisiert und feminisiert. Vor allem Frauen in pastoralen Berufen geraten in schwierige berufliche
Unsicherheiten und Belastungen.

Predigtdienst als Leitungsdienst

Frauen, die predigen, übernehmen eine Leitungsrolle. Sie predigen zwar in und mit der Gemeinde, indem ihre Predigt Teil eines
Gespräches ist, das vor der Predigt begonnen hat und nach der
Predigt weitergeht;[13] sie verkündigen aber auch vor der und für
die Gemeinde.[14] Dieser Leitungsdienst beinhaltet eine institutionelle, eine wissenschaftliche und eine persönliche Kompetenz. In-
stitutionell wird er ihnen per Auftrag oder Amt seitens der

Kirchenleitung und seitens der Gemeinde zugeschrieben. Wissenschaftlich sind die Predigerinnen durch eine theologische, pastorale und homiletische Ausbildung qualifiziert. Persönlich bringen sie ihre Kompetenz als Zeuginnen des Evangeliums ein, indem sie sich um den eigenen Glauben im Horizont des Lebens reflektierend bemühen und von beidem reden können.

Frauen mangelt es nicht an diesen Kompetenzen,[15] sondern eher an der positiven Einstellung ihnen gegenüber und gegenüber der sich daraus ergebenden Leitungsrolle. In einer kleinen Studie der evangelischen Theologin Birgit Klostermeier-Wulff zu 26 untersuchten Predigten von Frauen und Männern zeigen Frauen eher ihre menschlich-emotionale Kompetenz; sie predigen lebensnah und konkret, aber weniger theologisch und kognitiv. Mit der Leitungsrolle innerhalb und gegenüber der Gemeinde haben sie eher Probleme als ihre männlichen Kollegen.[16] Der Gefahr einer neuen Rollenaufteilung, daß emotionale Frauenpredigten kognitive Männerpredigten ergänzen sollen,[17] können Frauen nur dadurch entgegenwirken, daß sie die Breite ihrer Kompetenzen zum Einsatz bringen und die Leitungsrolle als Predigerin positiv wahrnehmen und gestalten.

Analog zu den psychologischen Voraussetzungen einer guten Rede müssen sich Frauen selber sagen lernen: Ich will reden! Ich kann reden! Was ich heute zu sagen habe, ist interessant und relevant!

Predigtdienst als Verkündigung

Frauen, die predigen, übernehmen einen spezifischen Dienst der Verkündigung. Sein Spezifikum liegt in der Form der Predigt als öffentliche Rede,[18] nicht in ihrem Inhalt.[19] Inhaltlich will Predigt die Tradition, den Adressatenkreis und die eigene Person der Predigerin/des Predigers in einer spezifischen Situation (in einem Kontext) miteinander ins Spiel bringen; formal will Predigt dieses Zueinander als monologes Drama inszenieren.[20]

Verkündigung und Predigt gelingen dann, wenn biblischer Text (Tradition), Gemeinde und Person der Predigerin/des Predigers unter Berücksichtigung des Kontextes zueinander im Gleichgewicht stehen. Anders ausgedrückt: Die Tradition, die Gemeinde[21] und die Predigerin bzw. der Prediger bilden die drei gleichwertigen Dimensionen einer Predigt in einem bestimmten

Kontext. Die Tradition umfaßt in der Regel den biblischen Text, auf den sich eine Predigt bezieht, und die Wirkungsgeschichte dieses Textes in der kirchlichen und theologischen Tradition. Predigerinnen suchen nach der oder den Aussagen des Textes, wobei ihnen die Hermeneutik des Verdachtes und der Befreiung einen Schlüssel bietet, die patriarchalen Anteile zu entlarven und die befreienden Erfahrungen und Visionen zu entdecken und anzueignen.[22] In der Untersuchung der Wirkungsgeschichte, wie ein Text im Laufe der Jahrhunderte interpretiert wurde, achten sie auf patriarchale Verengungen und Verfälschungen und suchen nach der Tradition des Textes im Leben und Wirken von Frauen. Leider stehen noch zu wenige feministische exegetische und geschichtliche Untersuchungen zur Verfügung, so daß Frauen bei vielen Texten auf die eigene Wahrnehmung angewiesen sind und zwischen den Zeilen lesen können müssen. In der katholischen Kirche sind zu wenig Texte über Frauen in die Leseordnung übernommen worden,[23] so daß Frauen bis zu einer offiziellen frauengerechten Revision individuell Texte über Frauengestalten, weibliche Erfahrungen und weibliche Gottesbilder ergänzen müssen.

Neben der Textpredigt können auch Themen oder Personen die inhaltliche Dimension der Predigt bilden, wie es in diesem Buch gezeigt wird. Die thematische Predigt stellt ein Thema in den Horizont der biblischen und christlichen Tradition und bringt es in Zusammenhang mit den Hörerinnen und Hörern und dem/der Predigenden. Die Predigt zu Personen des christlichen Glaubens stellt diese Person als gelebte Verkündigung vor und spannt einen Bogen von ihrem Leben zum Leben der Hörerinnen und Hörer und der Predigerin bzw. des Predigers.

Predigerinnen brauchen mit ihrer traditionell-theologischen und feministisch-theologischen Kompetenz nicht hinter dem Berg zu halten, auch wenn sie sich des öfteren mit der männlich geprägten Theologie schwertun und vielleicht deshalb dazu neigen, weniger theologisch zu sprechen als Männer.

Die Hörer und Hörerinnen bestehen zu achtzig Prozent aus Frauen. An den Werktagen und bei Andachten oder Stundengebeten sind viele Gottesdienste Frauengottesdienste. Vor allem die Frauen stehen innerhalb der Kirchengemeinde in persönlichen Beziehungen und Kontakten, da sie über den Gottesdienstbesuch hinaus in verschiedenen Kreisen und Ehrenämtern mitmachen und mitarbeiten. Das Beziehungs-Wir der Hörerinnen und Hörer untereinander und der Hörerinnen und Hörer zur Predigerin/ zum Prediger ist weitgehend ein weibliches Wir.

Predigerinnen reden wohl auch deshalb persönlicher und lebensnaher, weil sie die Lebenssituationen der anwesenden Frauen aus eigenen Erfahrungen wie aus Beziehungen zu diesen Frauen kennen und authentisch davon reden können. Ihre Aufgabe ist es, die Erfahrungen und Fragen der konkret anwesenden Hörerinnen und Hörer im Horizont des biblischen Textes zur Sprache zu bringen und den Text für diese Fragen und Erfahrungen fruchtbar zu machen.

Die Predigerin tritt bei der Verkündigung als Zeugin auf. Verkündigung bezieht sich nicht nur auf Inhalte, sondern geschieht von Person zu Person(en). Wer verkündigt, steht mit ihrer/seiner Person für die Wahrheit und für die Bewährung des Gesagten. Die Predigerin ist Zeugin, indem sie einen Inhalt nur deshalb als wahr behauptet, weil er sich in ihrem Leben bewährt hat. Predigt ist nur als Zeugnis möglich, und daher muß die Predigerin von ihrem eigenen Leben und Glauben selektiv authentisch reden, d.h. sie muß nicht alles von sich preisgeben, aber das, was sie sagt, ist sie auch. In Predigtseminaren schätzen Teilnehmerinnen und Teilnehmer am meisten die Echtheit und den persönlichen Glauben und Unglauben der Predigenden, wenn sie gefragt werden, an welche Predigten sie sich erinnern. An zweiter Stelle steht die Beziehung, die die Predigerin oder der Prediger zum Hörer oder zur Hörerin aufbaut, indem sie oder er von sich selber redet und in Kontakt zu den Erfahrungen und Fragen der Hörenden tritt.[24]

Der kirchliche und gesellschaftliche Kontext stellt eine patriarchale Welt dar, die sich im Übergang zu einer pluralen Welt befindet. Sowohl die Hörerinnen und Hörer als auch die Predigerinnen und Prediger sind von diesem Übergang geprägt. Predigerinnen erleben, daß ihre frauenbetonte Predigt einerseits auf große Zustimmung, andererseits auf Ablehnung und Skepsis stößt. Sie partizipieren an einer Kirche zwischen Aufbruch und Rückzug und an einer Gesellschaft, die der Kirche emanzipatorisch voraus ist und doch wenig Spielraum für Frauen bietet. Predigerinnen realisieren diese mehrfache Spannung, die sich sowohl im gesellschaftlichen und kirchlichen Kontext als auch in ihrer Rolle und Person ausdrückt.

Ausblick

Trotz gegenwärtiger »Brems«-Versuche sind Predigerinnen in unseren Kirchen und an deren Rändern auf dem Vormarsch. Frauen beanspruchen die Rolle der Verkündigung als öffentliche Rede im Gottesdienst, und sie wird ihnen von vielen Seiten zugestanden. Ihre Predigt-Kompetenz, die sie sich erworben haben und weiterhin erwerben, bewirkt ihre Anerkennung auf allen Ebenen und wird auch mittelfristig ihre Anerkennung seitens der katholischen Hierarchie nach sich ziehen. In der gegenwärtigen Situation ist es die Chance und die Not der Frauen, daß sie ihre Kompetenz unter Beweis stellen müssen und können. Das vorliegende Buch möchte dafür *ein* Beleg sein.

CHRISTIANE BUNDSCHUH-SCHRAMM

Anmerkungen

[1] Unter Predigt verstehen wir vorläufig öffentliche Rede, die sich inhaltlich auf Christus und / oder auf Lebenserfahrungen bzw. -probleme von Christ/innen bezieht (vgl. Art. Predigt IV. Neues Testament; in: TRE 27, 240–243).

[2] Vgl. SCHÜSSLER FIORENZA, ELISABETH, Zu ihrem Gedächtnis…: eine feministisch-theologische Rekonstruktion der christlichen Ursprünge, München/Mainz 1988. Vgl. im folgenden besonders die Seiten 71–103; 177–189; 215–236.

[3] Vgl. Art. Predigt V. Alte Kirche; in TRE 27, 244–248.

[4] Vgl. Art. Predigt VI. Mittelalter, in: ebd. 248–262. Vgl. zur Geschichte der Laienpredigt im 12. und 13. Jahrhundert: ZERFASS, ROLF, Der Streit um die Laienpredigt. Eine pastoralgeschichtliche Untersuchung zum Verständnis des Predigtamtes und zu seiner Entwicklung im 12. und 13. Jahrhundert (Untersuchungen zur Praktischen Theologie 2), Freiburg/Basel/Wien 1974.

[5] Die folgenden Angaben beziehen sich auf Westdeutschland und beschränken sich auf die beiden großen Kirchen christlicher Konfession. Die altkatholische Kirche ist in diesem Buch ebenfalls mit einer Predigerin und Priesterin vertreten.

[6] Vgl. KARLE, ISOLDE, Zur Unterscheidung von Prediger und Predigerin; in: Pastoraltheologische Informationen 15 (1995) 291–305, 294–300; vgl. auch: »Darum wagt es Schwestern…«: Frauenforschungsprojekt zur Geschichte der Theologinnen, Göttingen. Zur Geschichte evangelischer Theologinnen in Deutschland, mit Beiträgen von BIELER, ANDREA u. a., Neukirchen [2]1994.

[7] Vgl. Beschluß zur Beteiligung der Laien an der Verkündigung; in: Gemeinsame Synode der Bistümer in der Bundesrepublik Deutschland: Beschlüsse der Vollversammlung, Offizielle Gesamtausgabe 1, Freiburg/Basel/Wien 1976, 153–185.

[8] In Rottenburg-Stuttgart z. B. ist in der diözesanen Dienstordnung für Pastoralreferent/innen eine explizite Predigterlaubnis auch nach 1988 formuliert, während für Gemeindereferent/innen keine derartige rechtliche Grundlage

existiert. Vgl. Dienstordnung für Pastoralreferent/innen in der Diözese Rottenburg; in: Bischöfliches Ordinariat Rottenburg-Stuttgart (Hg.), 1990: Kirchliches Dienst- und Vertragsrecht der Diözese Rottenburg-Stuttgart, 1994, 2 (Punkt 6.3). Vgl. zum Predigtdienst der Pastoral- und Gemeindereferentinnen in der Diözese Rottenburg-Stuttgart: BENDER, CHRISTIANE u. a., Machen Frauen Kirche? Erwerbsarbeit in der organisierten Religion, Mainz 1996.

[9] Vgl. Instruktion zu einigen Fragen über die Mitarbeit der Laien am Dienst der Priester 15. August 1997, Verlautbarungen des Apostolischen Stuhls 129, hrsg. v. Sekretariat der Deutschen Bischofskonferenz, 19–22.

[10] Vgl. ebd. 19, gemäß Can. 766 C. I. C.

[11] Wir verzichten auf die begriffliche Unterscheidung von Predigt und Homilie, da diese keine kirchliche Tradition besitzt.

[12] Eine Ausnahme bildet die wachsende Zahl der Wortgottesdienste am Sonntag, in denen hauptamtliche und ehrenamtliche Frauen den Predigtdienst übernehmen. Allerdings handelt es sich bei diesen Gottesdiensten aus der Perspektive der Kirchenleitung um den geduldeten Einzelfall, auch wenn er zahlenmäßig keine Ausnahme mehr darstellt.

[13] Vgl. ZERFASS, ROLF, Grundkurs Predigt 2. Textpredigt, Düsseldorf 1992, 33.

[14] Vgl. MÜLLER, KLAUS, Homiletik: Ein Handbuch für kritische Zeiten, Regensburg 1994, 171f.

[15] Eine Ausnahme bildet die institutionelle Kompetenz in der katholischen Kirche, die Frauen wieder verschärft verweigert wird.

[16] Vgl. KLOSTERMEIER-WULFF, BIRGIT, Geschlechtsspezifische Verkündigung? Beobachtungen an Frauen- und Männerpredigten; in: Zeitschrift für Gottesdienst und Predigt 9 (1991) 30–35. Es muß eingeräumt werden, daß die Untersuchung nicht repräsentativ ist, da nur 26 Predigten untersucht wurden, die ausschließlich von Berufsanfängerinnen und -anfängern gehalten wurden.

[17] Vgl. die Thesen der beiden Homiletiker Hans Werner Dannowski und Ernst Rüdiger Kiesow, die sich als einzige mit dem Thema Predigten von Frauen beschäftigen. Auch neueste Predigtliteratur spricht ausschließlich von dem Prediger (vgl. DANNOWSKI, HANS WERNER, Kompendium der Predigtlehre, Gütersloh ²1990, 58f; KIESOW, ERNST RÜDIGER, Der Prediger; in: BIERITZ, KARL-HEINZ [Hg.], Handbuch der Predigt, Berlin 1990, 99–135, 111).

[18] Vgl. JOSSUTIS, MANFRED, Homiletik und Rhetorik; in: BEUTEL, ALBRECHT u. a., Homiletisches Lesebuch. Texte zur heutigen Predigtlehre, Tübingen 1986, 290–307. Die Öffentlichkeit wird hergestellt durch die Einbindung der Predigt in eine gottesdienstliche Feier.

[19] Von daher wird es noch unverständlicher, warum Frauen in der katholischen Kirche die Verkündigungsform der Predigt in der Eucharistiefeier rechtlich vorenthalten wird, die Verkündigung in der Familie ihnen jedoch weitgehend überlassen bleibt.

[20] Vgl. LUTHER, HENNING, Predigt als inszenierter Text. Überlegungen zur Kunst der Predigt; in: Theologia Practica 18 (1983) 89–100.

[21] Die Gemeinde meint die Hörerinnen und Hörer und ihre Beziehungen untereinander und zu dem Prediger bzw. der Predigerin.

[22] Kritisch-feministische Hermeneutik »muß in *allen* biblischen Traditionen und Texten diejenigen Elemente aufdecken und zurückweisen, die im Namen Gottes Gewalt, Entfremdung und patriarchale Unterordnung stabilisieren und Frauen aus dem historisch-theologischen Bewußtsein auslöschen. Gleichzeitig

muß kritisch-feministische Hermeneutik *alle* Elemente in biblischen Texten und Traditionen wiedergewinnen, die die befreienden Erfahrungen und Visionen des ganzen Gottesvolkes artikulieren« (SCHÜSSLER FIORENZA, ELISABETH, Zu ihrem Gedächtnis, 66).

[23] Vgl. NIGGEMEYER, MARGARETE, Die erneuerte Perikopenordnung des Römischen Ritus – von Frauen gelesen; in: Informationen Nr. 2/93, hg. v. Priesterrat des Bistums Osnabrück, 53–56.

[24] Hier beziehen wir uns auf Erfahrungswerte fünfjähriger Praxis in Predigtausbildung.

ZU THEMEN

Zu mir stehen

In der jüdischen Weisheitsliteratur gibt es die Geschichte von einem Mann namens Susja. Er ging zu seinem Rabbi, um ihn zu fragen, was er tun müsse, um so zu werden wie Mose und Elija. Der Rabbi antwortete ihm: Wenn du dereinst vor Gott stehen wirst, wird er dich nicht fragen, ob du Mose oder Elija gewesen bist. Er wird dich fragen, ob du Susja gewesen bist.

Wir können die Geschichte umschreiben und unseren eigenen Namen einsetzen. Wir alle sind Susja und stehen vor Fragen wie: Was ist mit meinem Leben? – Wie kann es sinnvoll sein? – Wer bin ich? – Wer will ich sein? Fragen, die nicht nur am Ende meines Lebens stehen werden, sondern die mich auch heute erreichen, manchmal zaghaft und leise, manchmal deutlich und bedrängend.

Eine der schmerzlichsten Erfahrungen, die ich im Leben machen kann, ist, wenn ich feststellen muß: Ich lebe eigentlich gar nicht richtig, lebe nicht mein Leben. Ich richte mich an den Ansprüchen anderer aus und suche dem Bild zu entsprechen, das sich andere von mir machen. Ich mache mein Glück und mein Wohlbefinden vom Verhalten anderer abhängig. So schmerzlich es ist, solch ein Bewußtwerden ist auch eine große Chance, vielleicht *der* Glücksfall in meinem Leben. Es kann der Beginn einer Veränderung sein, der Anfang eines selbst-bewußten Lebens.

In welcher Weise auch immer ich meinen eigenen Weg suche und finde, ich werde die Erfahrung machen, daß sich mein Leben verändert. Ich werde manches loslassen und aufgeben »um des Lebens willen«, um meines Lebens willen. Und ich werde Schritte tun, die ich noch nie gewagt habe.

Es gibt eine Aussage Jesu, die mich in diesem Zusammenhang beschäftigt und herausfordert. Jesus ist mit seinen Jüngerinnen und Jüngern auf dem Weg nach Jerusalem. Es ist die Zeit, als er schon deutlich spürt, wie die Dinge sich zuspitzen. Er spricht öfter von seinem bevorstehenden Leiden und Tod. Der Evangelist Markus berichtet, wie Jesus seine Jünger und eine größere Schar Menschen zu sich ruft und sie mit den Konsequenzen der Weggemeinschaft mit ihm konfrontiert: »Wer mein Jünger sein will, der verleugne sich selbst, nehme sein Kreuz auf sich und folge mir nach. Denn wer sein Leben retten will, wird es verlieren; wer aber sein Leben um meinetwillen und um des Evangeliums willen verliert, wird es retten. Was nützt es einem Menschen, wenn er die ganze Welt gewinnt, dabei aber sein Leben einbüßt?« (Mk 8,34–36)

Sein Leben verlieren? Sich selbst verleugnen? Wie paßt das zu dem Jesus, der Leben rettet, der Menschen heilt und aufrichtet? Wie paßt das zu ihm, der will, daß alle Menschen »das Leben haben und es in Fülle haben«? (Joh 10,10)

Wenn wir es von außen betrachten, dann steht es tatsächlich im Widerspruch zu allem, was Jesus gelebt, getan und gelehrt hat. Er hat niemals gepredigt, daß Leid sinnvoll ist. Er hat die Menschen dazu ermutigt und ihnen dabei geholfen, frei zu werden und intensiver, wahrer, echter zu leben. Aber er wußte auch um das, was es so schwermacht, so zu leben: die Angst. Hinter aller Ablehnung, hinter aller Eingrenzung, die ich mir selbst oder anderen zufüge, steht letztlich Angst. Die Angst, loszulassen, die Angst zu versagen, die Angst zu vertrauen …

Wie so oft in der Botschaft Jesu geht es um eine Umkehrung von Werten: Das Festhalten führt zum Verlust, das Loslassen wird zum Gewinn. Die Wahrheit dieser Paradoxie erweist sich im konkreten Alltag. Wenn ich mich verzweifelt um etwas bemühe, wird es mir kaum gelingen. Wenn ich mich an etwas klammere, macht es mich unfrei und unglücklich. Wenn ich dagegen – trotz meiner Angst und mit meiner Angst – etwas wage, dann wird mein Leben weiter und interessanter und erfüllter.

Jesus will nicht, daß ich aus lauter Angst um mein Leben überhaupt nicht dazu komme, wirklich zu leben. Es geht ihm nicht um einen moralischen Appell zur Selbstlosigkeit, zum Verzicht, zum Rückzug. Es ist ihm wichtig, daß das Loslassen nicht um des Loslassens willen geschieht. Es geschieht »um meinetwillen und um des Evangeliums willen«, wie er sagt. Er, der um der Menschen willen gekommen ist, der den Gefangenen Freiheit und den Blinden das Augenlicht bringen will (Lk 4,18) – er will mich befreien aus der Gebundenheit an mich selbst zur Freiheit und Würde der Töchter und Söhne Gottes.

Zur Freiheit komme ich, wenn die Angst um mein Leben mich nicht mehr bestimmt, wenn ich nicht mehr von Leistung, vom

Ansehen, von Konventionen abhängig bin, wenn ich vertrauen kann. Zu mir zu finden und zu stehen, dieser Prozeß verläuft nicht glatt. Hindernisse sind zu überwinden und Rückschläge zu verkraften. Es braucht Mut, meinen Ängsten und Dunkelheiten nicht auszuweichen. Es braucht Ausdauer, immer wieder scheinbar von vorn zu beginnen. In die Freiheit und Würde als Tochter, als Sohn Gottes wachse ich hinein, je mehr ich erkenne, was meins ist, was mir entspricht, wo ich in innerer Übereinstimmung bin.

»Was nützt es, die ganze Welt zu gewinnen, aber das eigene Leben zu verlieren?« Wie ist das, wenn ich von einem Termin zum anderen hetze, wenn ich allen gefallen und von allen geliebt sein möchte, wenn ich es allen recht machen will – ich denke, wir kennen das alle – und dabei spüre, wie ich mich selbst verliere und es so weder mir noch anderen guttut?

Was ich für eine Hingabe meiner selbst hielt, wird dann leicht zur »Hergabe«, die ein ungutes Gefühl in mir zurückläßt. »Sich für etwas hergeben«, hat auch in unserer Sprache einen negativen Klang. Ich kann mich fragen: Wo empfinde ich mein Mich-Einlassen auf einen Menschen, mein Engagement für eine Aufgabe, für ein Anliegen als stimmig, als sinnvoll? Und wo spüre ich Leere, Gebrauchtsein, Mißbrauchtsein?

Was in *einer* Situation, in *einer* Phase meines Lebens gut ist, ist es in einer anderen vielleicht nicht mehr. Manchmal ist es nötig, sich auch von Idealen zu verabschieden, auch noch so Gutgemeintes aufzugeben, wenn es nicht mehr stimmt. Manchmal aber kann ich auch im Aushalten von Dunkelheit, im Dabeibleiben Leben finden und Leben teilen. Es gibt eine Zeit zum Loslassen, und es gibt eine Zeit zum Festhalten … (vgl. Koh 3).

Ich kann dem eigenen Gespür vertrauen lernen, das mir sagt: Das ist jetzt richtig so! Ich werde damit vielleicht ein Stück Welt verlieren, vielleicht die Zustimmung oder das Wohlwollen anderer einbüßen. Aber ich gehe damit einen Schritt meines eigenen Weges, gewinne mein Leben. Ich kann die eigene Unruhe ernst nehmen, die mir sagt: Jetzt ist der Zeitpunkt da!

Veränderung, Verwandlung meines Lebens, meiner selbst ist allerdings nicht etwas, was ich »machen« kann. Sie ist etwas, was geschieht, was sich ereignet, wenn ich offen dafür bin, wenn ich mein Leben nicht mehr ängstlich festhalten muß, sondern wenn ich fähig und bereit bin, es zu »verschwenden« – weil es kostbar ist.

Eine Frau aus Betanien, von der im Evangelium berichtet wird, hat das getan. Sie hat einen ungewöhnlichen Schritt gewagt, ist in die Männergesellschaft gegangen und hat Jesus – kurz vor seinem Tod – kostbares Nardenöl über das Haar gegossen. Sie hat ihrem Gespür vertraut, obwohl sie vielleicht auch Angst hatte. Sie hat die Stunde erkannt und wahrgenommen. Und Jesus bestätigt sie auf eine einzigartige Weise: »Überall auf der Welt, wo das Evangelium verkündet wird, wird man sich an sie erinnern und erzählen, was sie getan hat« (Mk 14,9).

Ein Text von Pierre Stutz, geistlicher Begleiter und Priester in einem »offenen Kloster« in der Schweiz, drückt etwas von dem aus, was geschieht, wenn ich auf dem Weg bin, mein Leben zu gewinnen:

Zu mir stehen

Mit beiden Füßen
auf dem Boden stehen

Dich Gott als Grund
der trägt erfahren

Mit jedem Atemzug
mich noch mehr
niederlassen
einlassen auf Dich

Du trägst mich auch durch
wenn die Angst vorm Fallengelassenwerden
mich einholt

Du ermutigst mich
zu mir zu stehen
denn auch in der Not
bist Du bei mir
und befreist mich

Nach Psalm 91,15

Annette Westermann

Biblischer Bezug: Mk 8,34–36

Liebe hat viele Gesichter

Vielfalt der Lebensformen von Frauen

Wenn ich unter Ihnen (oder in Ihrer Gemeinde) jetzt eine Umfrage machen würde, wie und mit wem Sie zur Zeit leben oder in welchen verschiedenen Formen Sie bereits in Ihrer Lebensgeschichte gelebt haben, so stelle ich mir vor, daß sich eine große Vielzahl an verschiedenen Lebensmöglichkeiten und -entwürfen zeigen würde. Vermutlich wären manche erstaunt darüber, wie die oder der andere lebt oder gelebt hat, wo sie doch vielleicht dachten, sie wüßten es längst.

Aus der Vielzahl von Lebens- und Familienformen gibt es hier wahrscheinlich Frauen unter uns, die alleine leben, und Frauen, die mit einem Partner verheiratet sind und Kinder haben oder verheiratet sind und keine Kinder haben – aus welchen Gründen auch immer.

Hier sind wahrscheinlich Frauen, die geschieden sind oder verwitwet, alte Frauen, die alleine leben oder in einer Gemeinschaft oder mit ihren Kindern und Enkelkindern. Wahrscheinlich gehören zu diesem Kreis Frauen, die alleinerziehend sind, sei es, daß sie ihre Kinder von vorneherein alleine bekommen haben oder mußten, sei es, daß sie geschieden, getrennt lebend oder verwitwet sind. Frauen, die zum zweiten Mal verheiratet sind, sitzen möglicherweise hier unter uns, die mit einem neuen Partner mit oder ohne Kinder einen neuen Anlauf zum Glück wagen. Wahrscheinlich gibt es hier Frauen, die mit Frauen zusammenleben, sei es, daß sie als lesbische Frauen ihr Leben miteinander teilen oder als Freundinnen oder Schwestern oder … oder … Wahrscheinlich finden sich hier auch Ordensschwestern oder Frauen, die in einer Wohn- oder Hausgemeinschaft leben, oder junge Frauen, die noch bei ihren Eltern oder einem Elternteil wohnen. Frauen haben sich hier versammelt, die erwerbstätig sind oder nicht, ehrenamtlich tätig sind oder nicht, Kinder haben oder nicht, Frauen, die ganz bewußt Familie und Erwerbsleben miteinander verbinden wollen oder müssen oder sich für einige Zeit bewußt für ein Leben als Familienfrau entschieden haben.

Die Möglichkeiten, aber auch die Notwendigkeit, das eigene Leben selber gestalten und sich für eine Lebensform entscheiden zu können, waren noch nie so vielfältig wie heute. Wir Menschen leben länger, Frauen sind besser ausgebildet als früher – die Lebensbedingungen haben sich in den letzten hundert Jahren sehr verändert. Noch um die Jahrhundertwende betrug die durchschnittliche Ehedauer 17 bis 18 Jahre. Heute hat sie sich im Schnitt verdreifacht. »Bis daß der Tod euch scheidet«, birgt heute ganz andere Zeitdimensionen in sich und beinhaltet ganz andere Herausforderungen.

Längst ist es nicht mehr selbstverständlich, daß eine einmalige Eheschließung zum festen Bestandteil eines männlichen oder weiblichen Lebensentwurfes gehört. Stattdessen gibt es die verschiedensten Beziehungs-, Lebens- und Familienformen – so wie meine Überlegungen es eben gezeigt haben. Jede und jeder hier hat in der eigenen Geschichte bereits in verschiedenen Formen gelebt und wird möglicherweise in der Zukunft auch noch mehrmals die Lebensform wechseln. Wenn zum Beispiel die eigenen Kinder das Haus verlassen, der Partner ins Rentenalter eintritt oder einer von beiden stirbt, so ist jedes Mal, ob gewollt oder nicht, ein Wechsel der Lebensform damit verbunden.

Wenn heute die verschiedenen Möglichkeiten zu leben Thema sind, so versuchen wir manchmal recht schnell, Kategorien aufzustellen, Schubladen einzurichten, in denen wir einander einsortieren können. Oft reiben wir uns lediglich an Äußerlichkeiten oder vermuten, die Welt sei schon in Ordnung, wenn jemand »den Hafen der Ehe« erreicht hat.

Die Aussagen: »Frau X ist geschieden«, »Frau Y ist verheiratet«, »Frau Z lebt alleine«, werden mit ganz bestimmten Ideen und Phantasien verbunden, was das heißt. Oft reden wir so, als hätten wir schon vieles voneinander verstanden, nur weil wir die äußere Form zu leben kennen. Wir fühlen und denken häufig ganz bestimmte Wertigkeiten, die uns sagen, daß diese oder jene Art zu leben »besser« oder »schlechter« sei. Wir leben mit Vorurteilen, Phantasien, Ideen, Wünschen und versteckten Ängsten miteinander – oft haben wir nicht gelernt, darüber zu sprechen.

Ob jemand verheiratet ist oder in einer nichtehelichen Lebensgemeinschaft oder als Ordensfrau lebt, alleinlebend oder alleinerziehend ist, sagt aber noch lange nichts über die Qualität des Lebens oder der Beziehung selber aus. Wie unser Leben gelingt, hängt wesentlich davon ab, wie die Beziehungen, in denen wir leben, gelingen, welche Werte wir darin verwirklichen und leben können.

Doch was macht eine gute, gelingende Beziehung – egal in welcher Form sie gelebt wird – letztlich aus? Wonach sehnen sich Frauen oder Männer, die – auch nach gescheiterten Beziehungen – immer wieder auf der Suche nach einem Gegenüber sind?

Die Liebe ist gütig. Sie ereifert sich nicht, sie prahlt nicht, sie bläht sich nicht auf. Sie freut sich nicht über das Unrecht, sondern freut sich an der Wahrheit. So schreibt es Paulus in seinem ersten Brief an die Gemeinde in Korinth. Die Menschen in der frühchristlichen Gemeinde waren zerstritten, u. a. darüber, wer denn am meisten mit dem Geist Gottes erfüllt sei oder wer mehr vom Wirken des Auferstandenen verstanden habe. Paulus setzt diesen Streitereien das Bild vom Weg der Liebe entgegen. Liebe als ein Maßstab, als Wert, der alle Streitereien um Äußerlichkeiten, um äußere Formen übersteigt.

Liebe hat viele Gesichter. Sie kennt viele Wege und Formen, sich immer wieder ihren Platz zwischen und in den Menschen zu erobern.

Immer da, wo Frauen oder Männer sich in Beziehungen als eigene Person geachtet fühlen, da, wo sie sich und andere wertschätzen und ihre Fähigkeiten und Begabungen leben können, da ist Liebe möglich.

Immer da, wo Frauen oder Männer sich um ihrer selbst geliebt wissen, können sie Liebe und Geborgenheit weitergeben und für andere sorgen.

Immer da, wo Frauen oder Männer sich um Gerechtigkeit bemühen, um gegenseitiges Nehmen und Geben, um Freundschaft, um ein Teilen von anfallender Arbeit und Besitz, wird sich Liebe immer wieder zeigen.

Immer da, wo Frauen oder Männer sich erinnern, daß sie einander nicht alles sein können, daß jede und jeder den oder die andere in Respekt eigene Wege gehen läßt, wird die Liebe treu sein können.

Immer da, wo Zärtlichkeit und Sexualität in Freiheit und ohne Anwendung von irgendeiner Form von Gewalt sich entfalten können, da kann Liebe verläßlich werden.

Immer da, wo Frauen oder Männer einander festhalten und immer wieder loslassen können, wo Raum ist für Auseinandersetzungen und Konflikte, da kann Liebe ihre Güte zeigen.

So erfahren Menschen in jeder geglückten menschlichen Beziehung Gottes Liebe, unabhängig von jeder äußeren Form, unabhängig von Status oder Geschlecht. Liebe hat viele Gesichter. Sie kennt viele Wege und Formen, sich immer wieder ihren Platz zwischen und in den Menschen zu erobern. Die Liebe ist gütig, sie ereifert sich nicht, sie prahlt nicht, sie bläht sich nicht auf. Sie freut sich nicht über das Unrecht, sondern erfreut sich an der Wahrheit.

Brigitte Vielhaus

Biblischer Bezug: 1 Kor 13,1–8a

Meiner letzten Gestalt entgegen

Als Frau alt werden

»Lästig, das Altwerden: eine immerwährende Minderung.« »Ich bin gespannt, was das letzte Lebensviertel noch alles bringen wird, wahrscheinlich Angenehmes und Schmerzliches!« »Loslassen und freiwerden wollte ich als Thema über mein Alter schreiben. Ob es mir gelingt?« Drei Rentnerinnen tauschen bei einem Geburtstag ihre Befindlichkeit aus. Welcher Aussage kann ich mich anschließen? Habe ich meine Überschrift über den letzten Teil meines Lebens gefunden?

Frauen erleben Lust und Last der Liebe, den Schmerz der Geburt und die Freude, ihr eben geborenes Kind im Arm zu halten. Es ist ganz auf sie angewiesen. Frauen pflegen alte Eltern und Schwiegereltern, Nachbarn und Verwandte und begleiten sie im Sterben. Frauen sind Geburt und Tod und damit dem Leben von Anfang bis Ende mehr oder weniger bewußt nahe. Und allmählich nehmen sie die eigenen zunehmenden Jahre wahr: schmerzlich oder zuversichtlich, dumpf oder wach. Medien, Bücher, Zeitschriften, insbesondere aber die eigene innere Offenheit, bieten Informationen zur Situation und zum Leben älterer Frauen an.

Bis zur Lebensmitte expandieren Frauen nach außen: Familie, Beruf, Ehrenämter, vielseitige Interessen können sie aufreiben. Lebens-fäden, insbesondere erwachsene Kinder, loszulassen und in die eigene Mitte zu kommen, wird manchmal als neue Aufgabe gespürt. Es ist oft ein erster wichtiger Schritt im Blick auf das Älterwerden, äußere Gegebenheiten mit inneren Bedürfnissen zu verbinden. Frau spürt: Schönheit, Kleidung, Karriere werden von neuen Werten und Herausforderungen in der zweiten Lebenshälfte abgedrängt:

– Kinder gehen ihren Weg, besorgen ihr Leben selbst.
– In der Ehe sind Partnerin und Partner dabei, einander Raum zum Selbstsein zu geben. Frau weiß: Statistisch wird sie ihren Mann um Jahre überleben.

– Viele jüngere und ältere Rentnerinnen finden zu einem neuen
  kommunikativen und offenen Lebensstil.
  Andere Frauen ziehen sich immer mehr zurück, machen ihre
  Kinder von sich oder sich von ihren Kindern abhängig. Manchmal versperren sie nicht nur ihre geistigen Eingänge, sondern
  auch die Wohnungstüre. Die Zunahme an Vereinsamung und
  Depression ist ein Faktum auch älterer Frauen.
– Die Frage nach Anfang und Ende des Lebens, nach dem Sinn allen Mühens, die Auseinandersetzung mit Gott und Glauben
  stehen neu an.

Andererseits kann frau jeden Tag Minderung durch Zunahme
der Jahre spüren. Ein Leben lang hat sie für die Familie gesorgt.
An sich selbst dachte sie zuletzt. Das »Sorge jetzt für dich selbst«
fordert eine neue geistige Lebenseinstellung heraus. Es verlangt
zu klären, was trägt, was Freude und Licht gibt hinein ins späte
Alter. Mütter und Großmütter sind dabei sicher von ihrem Vertrauen auf Gott, ihrem Glauben geleitet worden. Heutige ältere
Frauen jedoch haben oft Mühe, sich für die Begegnung mit Gott
und Jesus zu rüsten.

Wie aber zum Frieden mit mir und meiner Welt finden, wenn
mir das Leben Freude, Begegnung, Liebe und Frieden vorenthalten hat? Wenn Streit und Lieblosigkeit mich begleiteten? Ich im
Elternhaus »zu jung«, in der Ehe »dumm« und dann »zu nichts-
sagend« war? Frauen erleben solches. Oder, wenn sich Enttäuschung, Krankheit, Tod, Verluste an Beziehungen aneinander
reihten. Wenn frau als junges Mädchen, als junge Frau zu wenig
Chancen hatte, sah oder wahrnahm zu lernen, wenn sie blind an
blühenden Sonnenblumen vorbeiging?

Krieg und Nachkriegszeit, gefallene Freunde und die Auffassung »Mädchen brauchen keine Berufsausbildung, sie heiraten ja
doch« brachte und bringt Frauen als Kleinst-Rentnerinnen in Armut. Ihre Zahl nimmt zu. Häufig nehmen dann die Möglichkeiten
zu Sozialkontakten ab. Auch der rasche Einkauf im Großmarkt
kann die Kontakte im früheren Emma-Laden nicht ersetzen. Für
manche Frauen sind Altentreffs die Chance zur Begegnung, zur
Erfahrung ihrer Wertigkeit.

Haben Frauen im Alter Menschen, bei denen sie solche Lebens-
betroffenheit aussprechen, vielleicht aufarbeiten können? Vor Jahren bat mich eine alte Tante, sie zu besuchen. Sie wolle einige

Dinge mit mir besprechen. Ich war überrascht, denn sie lebte bei ihrer jüngsten Tochter, liebevoll eingebettet in der Familie. Fast schon auf dem Sterbebett erzählte sie mir von ihrer großen Liebe, der Geburt ihres vorehelichen Kindes, der kurzen Ehe mit ihrem Mann – er starb an TBC – und den fünf kleinen Kindern. Äußere Armut, vielleicht auch Schmerz und Enttäuschung, bestimmten viele Jahre ihres Lebens. Jetzt, mit 75 Jahren, an der Todesschwelle holte sie diese Erfahrungen, Glück und Schuld hervor. Sie wollte mit einer Frau diese Phase ihres Lebens teilen. Als junge Frau hat mich dies damals tief bewegt.

Was bleibt einer Frau, wenn sie Bilanz über ihr Leben zieht? Welche Werte können, sollen, müssen in Erinnerung gebracht werden? Im Alter hat eine Frau den längsten Teil ihres Lebens hinter sich. Der Volksmund sagt: auf ihrem Buckel. Der Lebensrucksack ist gefüllt mit Erfahrungswerten, die im Laufe des Lebens auch unter Tränen geschaffen und angesammelt wurden. Es sind Sinngehalte, die, im Alter angeschaut, wohltun und bestärken.

Die Psychologin und Logotherapeutin Elisabeth Lukas* macht drei Sinnwerte bewußt:

1. Unter dem *schöpferischen Wert* findet eine Frau alles, was sie durch ihre Arbeit in Familie, Haus, Beruf, Gesellschaft und Kirche geleistet, gefördert, bewegt, erleichtert, vorangetrieben hat. Es ist ihr Mitwirken an der Schöpfung.

2. *Einstellungswert* kann heißen: Sorgen, Leid, Not, Krankheit, Enttäuschung, Krieg getragen, erlitten, nicht zerbrochen, nicht davongelaufen, mehr oder weniger bewußt als zu meinem Leben gehörend angenommen und vor Gott gebracht zu haben. Manches Unabänderliche oder Schicksalhafte auch verstanden zu haben als mir von Gott geschickte Möglichkeit, meiner eigenen Gestalt näher zu kommen.

3. *Erlebniswerte* sind alles Schöne und Gute – manchmal auch das Leidvolle –, was eine Frau durch ihre Sinne hat aufnehmen dürfen, was sie gespürt, gesehen, gehört hat, sie begeistert, beglückt, bewegt hat: Begegnungen, Beziehungen zu unterschiedlichsten Menschen, mit Gott, mit der Natur, Erkenntnisse, Feste, Reisen ... bis hin zu Geburt und Tod sind eine Fülle von sinngefüllten Erlebnissen, sind Quellen von Freude und Energie.

* Aus: Lukas, Elisabeth, Psychologische Seelsorge, Freiburg, 2. Auflage 1988.

Diese sinnstiftenden, erfahrenen Werte werden ihre Leucht-
kraft voll entfalten, wenn älter werdende Frauen voreinander in
der Rückschau ihren Lebensschatz ausbreiten, einander erzählen.

Das Nachdenken über den Lebenssinn führt frau auch zum
Ende dieses Lebens: zur Vollendung in Gott. Alles mag noch einmal ganz anders sein, als unsere Wünsche, Ängste und Hoffnungen ahnen. Der Weg vor unserem Sterben kann eine pflegebedürftige schwere Phase sein. Im Glauben darf ich hoffen, daß Gott
als gütiger Vater oder liebende Mutter mich an der Todesschwelle
mit meinem Namen anspricht und mir meinen Platz in seinem
Hause zuweist. Ich traue dem Wort des Propheten Jesaja (49,16):
»Sieh her: ich habe dich eingezeichnet in meine Hände.«

Bringt nicht gerade auch die Absehbarkeit des Lebens, der nicht
mehr ganz ferne Tod Frauen eine neue innere und äußere Freiheit? Alte Rücksichten fallen. Persönliche Glaubenserfahrungen
werden offen bezeugt, politische Auffassungen deutlich ausgesprochen, mit Vermögen großzügig umgegangen, frühere Le-
benseinstellungen überholt. Manchmal ist es, als ob alte Frauen
im letzten großen Wurf ihrer eigenen Gestalt und damit Gott ent-
gegenreifen.

ELFRIEDE HIRSCH

Biblischer Bezug: Jes 49,16

Mit Kindern leben – eine Herausforderung, die Segen in sich hat

Ein Kind zu bekommen ist wie ein Aufbruch in ein großes, fremdes Land. Nichts ist mehr so wie vorher. Jeder Schritt tut Neues auf. Der Lebensrhythmus verändert sich völlig, und auch Beziehungen werden anders. Aus einer Ehe wird eine Familie, aus Ehepartnern werden Eltern, aus Eltern werden Großeltern.

Kinder zu bekommen und vor allem mit Kindern zu leben ist wie ein Aufbruch in ein großes, fremdes Land. In diesem Land kann ich ungeheuer viele, neue, bunte Erfahrungen machen. Es ist das reinste Abenteuerland. Von dem Staunen über die kleinen Gliedmaße und die weiche Haut, dem Glück des ersten Lächelns und der Freude über jede körperliche Entwicklung über gemeinsame Unternehmungen und Entdeckungen bis hin zu den großen Fragen nach Liebe, Tod und dem Sinn des Lebens und dem Ausloten der eigenen Entwicklungsmöglichkeiten in Sachen Modestil und Musikgeschmack.

Dieses Land bietet aber auch große Beschwernisse, hohe Berge und tiefe Schluchten, die ich überwinden muß. Durchwachte Nächte, Ängste, Unsicherheiten, Entscheidungen, die gefällt werden müssen, und unzählige Auseinandersetzungen.

In diesem Land stoße ich immer wieder an Grenzen. Da sind die Grenzen meiner eigenen Belastungsfähigkeit, die im Organisationstrubel und Arbeitspensum des alltäglichen Miteinanderlebens immer wieder auftauchen; da ist die Grenze der Überforderung angesichts gravierender Schwierigkeiten oder zerbrechender Beziehungen; da sind Grenzen von Wichtigkeiten und Wertigkeiten, an die ich in den Auseinandersetzungen mit den Kindern stoße und die wir vielleicht gemeinsam überschreiten, und da sind auch Grenzstationen und Standpunkte, bei denen ich stehenbleibe und mein Kind ohne mich weitergeht. Dieses Land ist trotz aller Beschwernisse ein Land, das einen riesigen Reiz hat, das Lust macht, es zu betreten, es zu entdecken, das die Hoffnung in sich birgt, dort Glück und Heimat zu finden. Alles in allem: Der Aufbruch in solch ein Land ist eine Herausforderung.

Eine Herausforderung, die es in sich hat. Beim Blick auf die Bibel kommen mir Abraham und Sara in den Sinn, die beiden aus der Urzeit der Bibel, die, schon älter und kinderlos, in ein unbekanntes Land aufbrechen. Abraham hört einen Ruf, wird von Gott herausgefordert: »Der Herr sprach zu Abraham: Zieh weg aus deinem Land, von deiner Verwandtschaft und aus deinem Vaterhaus in das Land, das ich dir zeigen werde« (Gen 12,1). Eine riesige Herausforderung. Wie es wohl Abraham und Sara zumute gewesen war? Eine solche Herausforderung ist sicherlich bedrohlich und angsteinflößend. Es gehört Mut dazu, alle Zelte hinter sich abzubrechen und sich auf ein unabsehbares Abenteuer einzulassen, auf einen Weg, auf dem das Ziel nicht bekannt ist. Es ist eine Zumutung, gerade in der damaligen Gesellschaft. Wer seinen Stamm verließ, war heimatlos, vogelfrei, ohne Sicherheit und Schutz. Solch eine Herausforderung ist aber sicherlich auch sehr reizvoll. Ein unbekanntes Land liegt vor ihnen; sie können es ausloten, es selber gestalten.

Die Bibel erzählt nicht nur von der Herausforderung durch Gott, sondern daß diese begleitet war durch eine Verheißung: »Ich werde dich zu einem großen Volk machen, dich segnen und deinen Namen groß machen. Ein Segen sollst du sein« (Gen 12,2).

Gott spricht eine Verheißung aus. Gott entwirft ein Bild von Leben, wie Abraham und Sara es vielleicht schon lange nicht mehr zu träumen und zu hoffen wagten. Schon älter und immer noch kinderlos waren sie gezwungen, den Untergang ihrer Familie und ihres Namens zu erwarten, eine ungeheure Schande damals. Und nun diese Perspektive: Ein großes Volk, ein großer Name! Wir erfahren nichts von ihren Gefühlen, ob sie fraglos vertrauten und voll Zuversicht losgingen, oder ob sie nicht eher zweifelten und sich mit einem Großteil Skepsis und vielleicht einem Fünkchen Hoffnung und ihrer großen Sehnsucht auf den Weg machten. Wir erfahren nur: Abraham zieht mit seiner Frau und seinem ganzen Hof los, folgt Gottes Herausforderung. Wir hören von den Stationen auf dem Weg, von Auseinandersetzungen um das Land, vom bitteren Hader wegen des Ausbleibens von Nachkommen, vom Ringen um eine eigene Religion und Lebensform im Land der Kanaaniter, von der Geburt des Sohnes. Und dazwischen hineingestreut steht immer wieder Gottes Verheißung. Gott gibt seinen Segen, immer wieder. Auf dem Weg durch dieses neue Land, in allen Lebensphasen und Krisen – immer wieder neu steht Gottes Verheißung da und ist stärker als alles Zweifeln und Versagen: »Ich werde dich segnen, und du sollst ein Segen sein.« Eine Herausforderung, die es in sich hat, die ein ganzes Leben umkrempelt, wird zu einer Herausforderung, die Segen in sich hat.

Der Segen Gottes wird für Abraham und Sara konkret im langersehnten Sohn. Das Wort vom »Kindersegen« fällt mir da ein. Tatsächlich war es damals und bis in die Neuzeit hinein oft notwendig, eine große Zahl von Kindern zu haben. Nur über ihre schon frühe Mithilfe und Mitarbeit konnten Familien ihr Leben sichern, und später leisteten die erwachsenen Kinder die Altersversorgung der alten Eltern. Heute haben Familien völlig andere Bedingungen. Einfacher sind sie nicht unbedingt. Kinder gelten in unserer Gesellschaft mittlerweise als Armutsrisiko. Mit Kindern zu leben ist alles andere als die reine Freude und Wonne. Das ist tatsächlich eine Herausforderung, die es in sich hat.

Hat diese Herausforderung auch Segen in sich? Segen – die Erfahrung, daß Gott Zukunft schenkt, daß Gott im Wechsel des Lebens mit dabei ist. Segen – die Erfahrung, daß das Leben bereichert und vertieft wird, daß immer wieder Glück spürbar ist. Für Abraham und Sara erwies Gott sich als treue, lebenspendende Begleitung auf ihrem Weg, als aufrichtende und mutmachende Kraft in allen Krisen. Ihr Leben stand unter Gottes Verheißung: »Ich werde dich segnen, und du sollst ein Segen sein.« Diese Verheißung möchte ich für uns in Anspruch nehmen, die wir mit unseren Kindern auf dem Weg sind. Was Sara und Abraham zugesprochen wurde, gilt auch für uns: Gottes Segen begleitet uns.

Gottes Segen begleitet uns, wenn wir, Mütter und Väter, Liebe und Leben weitergeben. Durch uns machen die Kinder Erfahrungen der Liebe: Sie spüren, daß sie willkommen und angenommen sind. Sie erleben Geborgenheit, Zärtlichkeit und Nestwärme. Sie merken, daß sie vertrauen können und Sicherheit haben können. Solche Erfahrungen prägen das Leben von Kindern, sie formen ihr Gottesbild und ermöglichen Glauben.

Gottes Segen begleitet uns, wenn wir uns einander mitteilen. Kinder lernen an uns, wie Menschen mit sich und anderen umgehen. Sie spüren, worüber wir uns freuen und was uns traurig macht. Sie lernen, was uns wichtig ist in unserem Leben, und woran wir uns orientieren. Sie haben ein feines Gefühl dafür, wo Eltern ehrlich sind. Sie fragen uns an und sprengen unsere altvertrauten Denkmuster und Verhaltensweisen. Eltern lernen an und mit den Kindern, sich auf Neues einzulassen und Neuland zu betreten.

Gottes Segen begleitet uns auch, wenn wir aneinander leiden. Wir Mütter und Väter haben auch die mühselige Arbeit des Nein-Sagens, des Grenzen-Setzens. Und wir kommen dabei oft genug an unsere eigenen Grenzen. Im Leiden aneinander und in den tagtäglichen Auseinandersetzungen gilt es, sich den Herausforderungen zu stellen, die eigene Überzeugung ehrlich zu vertreten und Konsequenz einzuüben. Immer wieder muß die Balance gefunden werden zwischen den Kindern und ihren Bedürfnissen und Anforderungen und den eigenen Zielen, Wünschen und Möglichkeiten. Wir haben die Chance, miteinander zu wachsen und zu reifen.

Gottes Segen begleitet uns, wenn unsere Wege auseinandergehen, wenn Kinder ihr eigenes Leben leben wollen, wenn sie Grenzen überschreiten und in ihr eigenes Land aufbrechen; wenn Eltern gefordert sind, loszulassen und freizugeben.

Gottes Segen begleitet uns, wenn wir Angst haben, zu versagen oder zu scheitern. Wenn wir von uns ein perfektes Leben als Mutter, als Vater verlangen würden, wären wir tatsächlich zum Scheitern verurteilt. Wir können nur so ehrlich wie möglich uns in dieses fremde Land hineinwagen, miteinander Schritte setzen und das Land ausloten in seiner ganzen Länge, Breite und Tiefe. Wir können nur immer wieder einander segnen. So kann aus dieser Herausforderung, die es in sich hat, die Reise in ein Land werden, das Segen in sich hat.

BEATE JAMMER

Biblischer Bezug: Gen 12,1–2.4–5

Gott ist schon da

Über die Weitergabe des Glaubens

Gott ist schon da – vor aller Predigt und Katechese; vor aller Mühe derjenigen, denen die Weitergabe des Glaubens am Herzen liegt. Die Einsicht, daß Gott da ist – und als solcher hat Er sich offenbart: »Ich bin der Ich bin da« (Ex 3,14) – ist entlastend und provozierend zugleich. Sie nimmt den Druck, sich persönlich verantwortlich zu fühlen für den Glauben oder Nichtglauben der anderen; sie fordert heraus, aufmerksam zu sein, wo und wie Gott im Leben wirksam ist, im eigenen wie im Leben anderer. Wie können wir heute in diesem Sinn Glaubensmütter und Glaubensväter sein?

Mit drei Beispielen möchte ich mögliche Wege erschließen. Eine Freundin erzählt: »Als unsere fünfzehnjährige Tochter gefirmt wurde, ging mir auf, welch ein gewaltiger Zuspruch darin liegt. Diesen jungen Menschen, die so offensichtlich im Werden begriffen sind, wo noch so vieles ›unfertig‹ ist, ihnen wird der Geist Gottes zugesprochen.« Mit der Firmung wird der Übergang von der Kindheit ins Erwachsenenalter in besonderer Weise gefeiert. Dies ist eine sehr markante Situation der Veränderung im Leben eines Menschen. Sie macht aufmerksam auf etwas, was wir – auch später im Erwachsenenalter – immer wieder erleben: Wir sind in Veränderung begriffen, in uns selbst oder durch äußere Umstände bedingt. Neben aller Hoffnung und Erwartung, die darin liegt, lösen solche Situationen auch Ängste und Verunsicherung aus. Gerade dann spüren wir: Wir sind auf Zuspruch und Ermutigung angewiesen. Menschen, die sich in Umbruchsituationen befinden, erleben dies in besonderer Weise. Wenn wir uns davon ansprechen lassen, daß Gott schon da ist, können wir einander zusprechen: »Gott geht deinen Weg mit dir!« In einmaliger Weise geschieht dies in der Firmung.

Eine andere Weise des Zuspruchs ist es, einander zu segnen; davon handelt das zweite Beispiel. Bekannt ist diese Form, wenn Mütter ihre Kinder segnen. Sie wird heute wiederentdeckt: In

Gottesdiensten mit Frauen und auch unter Freundinnen erlebe ich es als Ermutigung und Zuspruch, wenn wir einander segnen für die kommende Zeit. Dies geschieht z. B. mit den einfachen Worten »Gott begleite dich auf deinem Weg«, verbunden mit dem Kreuzzeichen auf die Stirn oder in die Hand. Traditionelle religiöse Ausdrucksformen werden heute wiederentdeckt. Zugleich erleben wir, daß ihre Bedeutung schwer zugänglich oder gar nicht mehr bekannt ist. Wenn wir aber glauben, daß Gott immer schon da ist, und wir Ihn im alltäglichen Leben entdecken wollen, kann uns die Wiederbelebung und Aneignung geeigneter Ausdrucksformen helfen.

Ein drittes Beispiel: Die dreijährige Lisa bringt aus der Kindergruppe einen Essensgruß mit nach Hause. Alle fassen sich an den Händen und sagen gemeinsam: »Guten Appetit, alle essen mit.« Wir schauen uns dabei an und lachen. Die jüngere Schwester ist offensichtlich begeistert. Mehrmals läßt sie ihren Löffel fallen, breitet die Arme aus und fordert uns so zur Wiederholung auf. In mir ist sofort die Erinnerung an die Tischgebete früher in meiner Familie wach. Es gibt Ähnlichkeiten zwischen diesen Situationen: das Sich-Versammeln um den Tisch und der gemeinsame Beginn. Darin zeigt sich das Bestreben von uns Menschen, alltägliche Situationen zu gestalten und Formen zu finden, die uns Orientierung geben. Gerade Kinder weisen uns in eindrücklicher Weise auf die Notwendigkeit solcher Ausdrucksformen hin. Damit machen wir uns zugleich eine andere Lebenswirklichkeit bewußt, die über die konkrete Situation hinausweist. Der einfache wie einprägsame Essensgruß in der Kindergruppe hat seine Wirkung: Die Kinder beziehen sich aufeinander, sie tun etwas gemeinsam, und sie haben ihre Freude daran. Das ist gut so! Ich glaube, daß Gott darin schon jetzt im Leben dieser Kinder wirksam ist. Denn Gott selbst will Beziehung zu uns Menschen. Gott will, daß wir in Beziehung miteinander leben und uns daran freuen. Diese Situation ist eine Chance, von Gott zu sprechen, etwa in der Form: »Gott, wir danken dir.« Indem ich ausdrücke: Gott ist schon da, biete ich die Möglichkeit an, das Leben mit Gott anzuschauen. Ob die Kinder diesen Glauben einmal als ihren übernehmen werden, liegt in ihrer Entscheidung.

Was ist diesen drei Beispielen gemeinsam? Wir Menschen möchten, daß unser Leben sinnvoll ist. Deshalb versuchen wir, es so zu gestalten, wie wir es für gut halten. Dabei stoßen wir an Grenzen und spüren: Wir sind angewiesen auf Ermutigung und Zuspruch, damit wir unseren Weg gehen können. Wir suchen Sinn und Orientierung. Der Glaube ist eine solche Orientierung. Das erfahren und bezeugen viele Glaubensmütter und Glaubensväter. Zum Glauben gehört, das Leben mit Gott anzuschauen. Dies geschieht, indem wir uns öffnen und aufmerksam werden dafür, daß Gott immer schon da ist. Wir können diesen Glauben einander mit-teilen und teilen, und wir können gemeinsam dieses Leben gestalten in all dem Gebrochensein und Unfertigen, in allem Wachsen und Reifen. Dafür haben wir Geschichten und Lieder, Gebete und Riten. Menschen, die damit leben, erzählen, wie ihnen das einmal Gelernte gerade in schwieriger Zeit eine Hilfe ist. Was uns in unserem Innern als Erfahrung und Wissen zur Verfügung steht – eine Melodie, eine Geste, eine Zeile aus einem Gebet – ist plötzlich da und trägt uns, wenn wir keinen anderen Halt mehr haben. Wer den Glauben so als Lebenshilfe erfahren hat, möchte ihn gerne weitergeben. Zugleich gibt es Grenzen. Wir können nicht für jemand anderen glauben. Glaube ist immer auch die Antwort der einzelnen Person. Dabei dürfen wir glauben und vertrauen, daß Gott immer schon da ist und auf verborgene Weise wirkt, auch wenn wir sie nicht erkennen und verstehen können.

Von all dem erzählt eine biblische Geschichte auf eindrucksvolle Weise. In der Kindheitsgeschichte bei Lukas (Lk 2,39–52) heißt es, Jesus »wuchs heran… und (Gottes) Gnade ruhte auf ihm«. Es wird dann erzählt, wie der Zwölfjährige mit seinen Eltern – wie es Tradition war – zum Passahfest nach Jerusalem ging. Jesus blieb in Jerusalem zurück, ohne daß die Eltern es merkten. Nachdem sie ihn einen Tag lang vergeblich gesucht hatten, kehrten sie nach Jerusalem zurück und fanden ihn nach drei Tagen im Tempel. Er saß unter den Lehrern, hörte ihnen zu und stellte Fragen. Sie staunten über ihn und sein Verständnis. So ungewöhnlich ist diese Situation zunächst nicht. Es war üblich, daß die Eltern ihre Kinder in die jüdische Tradition, in Schrift und Brauchtum einführten und diese im dreizehnten Lebensjahr in den Kreis der Erwachsenen aufgenommen wurden. In diesem traditionellen Rahmen bricht zugleich etwas Eigenes hervor. In Jesus erweist sich Gottes Zuspruch in ganz besonderer Weise. In der Erzählung geht es zunächst weiter, daß seine Eltern fassungslos waren und sagten: Wie konntest du uns das antun? Wir haben dich voll Angst gesucht. Welche Eltern hätten nicht genauso reagiert, wenn ihr Kind weggeblieben wäre? Bemerkenswert selbstbewußt ist die Reaktion Jesu: »Wußtet ihr nicht, daß ich in dem sein muß, was meinem Vater gehört?« Offenbar spürt er in sich den ihm ureigenen besonderen Zuspruch Gottes. Jesus hört in sich hinein, nimmt diesen Zuspruch wahr und steht zu sich selbst, ganz sich seiner selbst bewußt. Maria nimmt offenbar sehr aufmerksam Anteil am Leben ihres Sohnes. Auch wenn die Eltern ihn nicht verstehen, heißt es von Maria, sie »bewahrte alles, was geschehen war, in ihrem Herzen«. Sie spürt Gottes Dasein, auch wenn es noch verborgen und in seiner zukünftigen Wirkung noch nicht erkennbar und verstehbar ist. Später wird in der Bibel erzählt, wie der erwachsene Jesus in den extremsten Situationen der Verlassenheit und Angst betet. Er trägt den Glauben an Gott in seinem Herzen und greift auf das zurück, was er von Anfang an in seinem Leben gelernt und gelebt hat.[*] Beide – Jesus und Maria – zeigen uns in eindrücklicher Weise, was es heißt, aufmerksam zu sein für Gottes Gnade und diesen Zuspruch Gottes anzunehmen. Mit ihnen können wir dem Leben trauen und vertrauen, daß Gott dieses Leben mit uns lebt, auch wenn wir es nicht erkennen können. Gott ist immer schon da, vor allen Glaubensmüttern und Glaubensvätern.[**]

Veronika Pielken

Biblischer Bezug: Ex 3,14
                    Lk 2,41–52

---

[*] Vgl. Bruners, Wilhelm, Wie Jesus glauben lernte, Freiburg 1989, 11ff.
[**] Vgl. Scharer, Matthias, Begegnungen Raum geben, Mainz 1995, 132f.

Leben und Arbeiten

Das Thema Arbeit treibt unsere Gesellschaft um. Arbeitslosigkeit ist laut der Shell-Jugendstudie die größte Sorge von 82 Prozent aller Jugendlichen im Land. Die Arbeitslosenstatistiken werden monatlich mit Sorge erwartet. Mit ihrer Arbeit verlieren immer mehr Menschen ihre Lebensperspektive. Können wir uns aus der Perspektive des christlichen Glaubens einen Beitrag zu diesen Herausforderungen leisten? Lassen Sie uns drei Annäherungsversuche testen.

Arbeit

Vor den letzten Präsidentschaftswahlen schlugen die Wogen in Österreich hoch: Da bewarb sich eine Superintendentin um das Amt der Präsidentin. Schlimmer noch: Die Frau hat drei kleine Kinder. Wie sollte das denn gehen, eine Präsidentin mit drei Kindern?

Wie in allen vergleichbaren Fällen kann nur angemerkt werden, daß einem männlichen Bewerber diese Frage nicht gestellt würde. Hier sind die Kinder meist schmückendes Beiwerk und samt dazugehöriger Ehefrau Teil des Gesamterscheinungsbildes des Kandidaten. Denn beim Thema Arbeit hört die Gleichberechtigung auf. Mehr als die Hälfte der Bevölkerung in Deutschland hält es für richtig, wenn Männer erwerbstätig sind und die Frauen sich um Familie und Haushalt kümmern. Auch wenn in der DDR mit 96% Berufstätigkeit unter den Frauen bereits andere Maßstäbe galten, passen sich die Verhältnisse in Ost und West wieder an, bzw. werden sie durch die sogenannten ökonomischen Zwänge angepaßt. Kinder und Erwerbsarbeit, das scheint bei uns einfach nicht zusammenzugehen.

Es wird selbstverständlich erwartet, daß eine Frau, die Mutter ist, zu Hause bleibt. Erst zwei Prozent aller Väter nehmen die Möglichkeit wahr, selbst einen Teil oder den ganzen Erziehungsurlaub zu beantragen. Übrigens ist schon der Begriff bezeichnend – wer je ein Kleinkind ganztags betreut hat, weiß, daß von Urlaub keine

Rede sein kann. Da geht es um einen Fulltimejob! Wenn Mütter berufstätig sind, handelt es sich meist um einen Zusatzverdienst zum Familieneinkommen oder um das Existieren als Alleinerziehende am unteren Ende des Existenzminimums, weil mehr als eine Halbtagsstelle zusätzlich zu vollen Haushalts- und Familienpflichten nicht zu bewältigen ist. Mehr als 90 Prozent aller Halbtagsstellen werden von Frauen besetzt, entsprechend geringer ist ihre Sozial- und Altersversorgung. Und Frauen ohne Kinder? Auch hier: Die Aufstiegschancen sind rar, wenige schaffen es in die bestbezahlten Anstellungen. Sind Frauen ohne Familie sehr engagiert im Beruf oder auch im Ehrenamt, heißt es, dies sei ja wohl das Ergebnis großer Frustration.

Inmitten dieser Situation entsteht eine unglaubliche Vielfalt von Modellen: Frauen, die arbeiten und gemeinsam eine Kinderfrau engagieren. Frauen, die zu Hause arbeiten, die Arrangements mit Großmüttern treffen. Frauen, die auf wundersame Weise Schichtarbeit und Kindererziehung verbinden. Viele allerdings kostet das ungeheure Kraft, und jede steht je neu und allein vor der Herausforderung, die Frage der Erwerbsarbeit in ihrem Leben mit den anderen Arbeitsleistungen in Einklang zu bringen. Dabei kann es nicht bleiben.

Arbeit gehört zum Menschen, ist Teil der Gottebenbildlichkeit des Menschen. Wie Gott geschaffen hat, so gibt es auch in den Menschen einen Drang, Mitschöpferinnen und Mitschöpfer zu sein. Daher ist das Menschenrecht auf Arbeit aus christlicher Sicht, wie es das Sozialwort der Kirchen von 1997 festgehalten hat, Ausdruck der Menschenwürde. Aber Arbeit ist nicht notwendigerweise Erwerbsarbeit, bezahlte Arbeit. Ob sich diese Erkenntnis doch langsam durchsetzt? Die neuen Begriffe von der Beziehungsarbeit, der Körperarbeit (die nicht körperliche Arbeit meint), der Erziehungsarbeit – sie werden oft belächelt. Sie könnten aber auch positiv gedeutet werden als langsames Durchsickern der Erkenntnis, daß Arbeit nicht auf bezahlte beschränkt ist.

Mut zu neuen Modellen ist dringend notwendig! Der Club of Rome hat jüngst eines vorgelegt unter dem Titel »Wie wir in Zukunft arbeiten werden«. Jeder Mensch im Erwerbstätigenalter erhält danach 19 Stunden Erwerbsarbeit garantiert und damit ein selbsterwirtschaftetes Grundeinkommen. Darüber hinaus gibt es die verschiedensten Möglichkeiten von Beiträgen zum Gemeinwesen, Familienarbeit und zusätzlicher Erwerbsarbeit.

Und das Evangelium?

Es gibt eine schöne Szene im Lukasevangelium, die oft herangezogen wird, um nachzuweisen, wie ernst Jesus Frauen nahm. Jesus kommt mit seinen Jüngerinnen und Jüngern in das Haus von Maria und Marta. Maria setzt sich zu Jesu Füßen und hört ihm zu, »Marta aber machte sich viel zu schaffen, ihm zu dienen«. Sie beschwert sich bei Jesus: »Sage ihr doch, daß sie mir helfen soll.« Jesus antwortet: »Marta, Marta, du hast viel Sorge und Mühe. Eins aber ist not. Maria hat das gute Teil gewählt, das soll nicht von ihr genommen werden« (Lk 10,38–42).

Wenn wir uns einmal nicht in die Rolle der Maria, sondern in die der Marta versetzen, ist die Szene eher ärgerlich. Jesus kommt mit seiner Gruppe ins Haus – ja, da muß doch Essen auf den Tisch, es muß gekocht und gedeckt werden, den Gästen waren wohl auch die Füße zu waschen, womöglich ein Nachtlager zu bereiten. Wer sollte das denn tun? Gibt es ein besseres Teil? Hätten sie nicht alle mit anfassen können? Dann hätte auch Marta Zeit gehabt, sich zu setzen und zuzuhören. Ist das nicht eine ungerechte Rollenaufteilung durch Jesus – die gleiche, mit der Frauen bis heute konfrontiert werden? Jesus hat doch mit der Samariterin disputiert, die Frauen selbstverständlich als seine Jüngerinnen auf den Wegen durch Palästina akzeptiert, sie als erste beauftragt, die Auferstehung zu bezeugen. Demnach wollte er Marta wohl eher ermutigen, die geistlichen und geistigen Fragen nicht anderen, auch nicht den Männern zu überlassen. Allerdings gehört zur Ermahnung hinzu, daß auch die Haushaltsarbeit gemeinsam gelöst wird – wenn alle zuhören, müssen auch alle sich um den Abwasch kümmern. Anders ausgedrückt: Ora et labora, bete und arbeite, gehören zusammen – die Tradition der Klöster weiß um diesen Zusammenhang.

Das Evangelium ermutigt zur Freiheit, die eigenen Gaben einzusetzen und die Sorge um die geistlichen Angelegenheiten nicht zu vernachlässigen. Warum sollten Frauen ihre Gaben verkümmern lassen? Manche Frau ist glücklich, ihr Leben ganz in den Dienst der Familie zu stellen. Andere sehen ihre Gaben etwa als Wissenschaftlerin oder als Krankenschwester optimal eingesetzt und entscheiden sich voll für ihren Beruf. Wieder andere finden Wege, Familienarbeit und Erwerbsarbeit zu verbinden. Es gilt, der Vielfalt der Lebensentwürfe Raum zu geben, damit Leben in seiner Fülle gelebt werden kann.

Leben

Wann aber kommen wir zum Leben? Wo bleiben Räume zum Leben nach aller Arbeit? Dazu ein trauriges Beispiel:

Er war gerade 61 Jahre alt. Im kommenden Jahr wollte er in den Vorruhestand gehen. Endlich leben, etwas mit seiner Frau unternehmen, im Garten arbeiten, Zeit für die Enkelkinder haben. Der Herzinfarkt beendete alles Planen, und seine Witwe schrieb über die Todesanzeige: »Müh und Arbeit war sein Leben, Ruhe hat ihm Gott gegeben.«

Ein Fall wie viele. Traurig und trostlos irgendwie: Erst kommt die Arbeit, und das Leben wird aufgespart für irgendeinen späteren Zeitpunkt. Und dann ist das Leben verpaßt. Aber wo war denn das Leben in all den Jahren? Dorothee Sölle hat vor Jahren ein Buch mit dem schönen Titel »Lieben und Arbeiten« geschrieben, in dem deutlich wird: Wir finden als Menschen keinen Weg zu einem erfüllten Leben, wenn wir ständig trennen zwischen beiden Grundelementen unseres Lebens. Wir werden krank, wenn wir gezwungen sind, ständig einen Bereich unserer Existenz auszublenden. Lieben und Arbeiten gehören zusammen. Beide sind elementare Teile unseres Lebens.

Hat denn die Kirche neue Modelle geschaffen, Ansätze für ein neues Arbeitsverständnis praktiziert? Leider lautet die Antwort nein. Die Leitungsebenen sind fast ausschließlich von Männern in Ganztagspositionen besetzt, die frei über ihre Zeit verfügen können, weil zu Hause die tüchtige Hausfrau waltet. Stellen Sie sich den Oberkirchenrat vor, der erklärt, er müsse gehen, da er seine Tochter vom Kindergarten abholen muß.

Allerdings scheint sich hier und da etwas zu bewegen: Das Ehrenamt wird beispielsweise neu wahr- und ernstgenommen. Und: Es gibt einzelne Pfarrer in geteilter Stelle, die ihren Anteil an Einkauf und Putzen, an Kochen und Kinderbetreuung übernehmen – unvorstellbar im Pfarrhaus zu Luthers Zeiten. Ein Silberstreif am Horizont also, ein zartes Pflänzchen in der Kirche, das es zu hegen gilt.

Unter den christlichen Konfessionen hat besonders der Protestantismus reformierter Prägung eine rigide Arbeitsethik entwickelt: Am beruflichen und wirtschaftlichen Erfolg sei Gottes Zuwendung, eine Form des Auserwähltseins ablesbar. Hier wird dringend Erneuerung benötigt! Die Vielfalt von Konstellationen, die Frauen in den letzten Jahren entdeckt haben, sie kann dafür entscheidende Impulse geben. Nicht jeder Mann muß vom Abschluß der Ausbildung bis zum 65. Lebensjahr berufstätig sein. Da kann es Kinderpausen geben, Jahre der Teilzeitarbeit, Verzicht auf Dienstzeiten um der Ehrenämter willen. Dafür allerdings gilt: Neue Männer braucht das Land, die Frage der Arbeit kann nicht ohne die Frage nach dem Geschlechterverhältnis diskutiert werden. Erst wenn der Wert des Lebens gerade bei Männern nicht mehr über den Verdienst, die Berufstätigkeit definiert wird, kann Raum für neue Modelle entstehen. Das dürfte letzten Endes eher eine Befreiung als eine Bedrohung für Männer darstellen. Erst wenn Arbeit nicht mehr als bezahlte Arbeit definiert wird, kann wahrgenommen werden, wieviel notwendige gesellschaftliche Arbeit es gibt. Da müssen Alte gepflegt und Kinder erzogen werden. Behinderte brauchen Betreuung und Einsame eine offene Tür. Jugendliche suchen Menschen, die zuhören, und Ehepaare Rat für ihre Beziehung. Umweltinitiativen, Asylgruppen, Gemeindekreise – sie alle sind auf die Beteiligung vieler angewiesen. All das benötigt Zeit und Engagement, all das ist Arbeit. Wir brauchen Vorbilder für neue Konstellationen, Mut zu neuem Selbstbewußtsein in veränderten Arbeitssituationen.

Und wie soll das entstehen? Druck und moralische Appelle werden die Verhältnisse wohl kaum ändern, aber vielleicht die in der Bibel bezeugte Zusage, daß vor Gott nicht zählt, ob ich erwerbstätig bin, auch nicht, ob ich ein Spitzenverdiener bin oder eine 620-Mark-Kraft. Vor Gott zählt der Glaube, das Vertrauen, das Ringen um Leben in seiner ganzen Fülle. Das kann schon Freiheit bedeuten gegenüber den sogenannten Sachzwängen unserer Welt. Solche innere Freiheit ist notwendig, wann immer wir es wagen, neue Wege zu gehen.

Es ist nicht einfach, die tradierten Muster zu durchbrechen. Ein Beitrag aus der Perspektive unseres Glaubens könnte darin bestehen, in der Krise der Arbeitsgesellschaft die Chance zu sehen, daß der Zusammenhalt von Arbeit und Leben neu entdeckt wird.

Was viele Frauen zwangsweise einüben müssen, kann zu Modellen führen, die vielfältigen Formen von Arbeit neu zu verteilen. Alle hätten ihren Anteil an Erwerbsarbeit, Familienarbeit, ehrenamtlicher Arbeit. Wir könnten das Zusammenspiel von Arbeit und Leben, Lieben und Arbeiten neu entdecken. Dieses Zusammenspiel dürfte ein wichtiger Schlüssel zum Leben in seiner ganzen Fülle sein, wie Gott es gewollt hat.

MARGOT KÄSSMANN

Biblischer Bezug: Lk 10,38–42

Macht und Ohnmacht

Alle Gottesdienstbesucherinnen und erhalten ein an einem Ende zusammengeknotetes Bündel von sechs bis acht Fäden aus unterschiedlichen Materialien, ca. 30 cm lang.

»Ihr Mächtigen, ich will nicht singen...«, so beginnt eines der neueren geistlichen Lieder. Warum denn eigentlich nicht?

»... eurem tauben Ohr«, so geht die Zeile weiter. Mit diesem oft und gern gesungenen Lied transportieren wir jedoch wie selbstverständlich eine Machtvorstellung, die ganz negativ besetzt ist.

– Mächtig, das sind immer höchstens die anderen, aber nie man oder frau selbst.
– Mächtig, das bedeutet »taub sein« für Fragen, Bitten, Klagen, bedeutet selbstherrlich sein oder herrscherlich.
– Mächtig, das sind die Staatsmänner, die abends in der Tagesschau große Reden halten.
– Mächtig sein wollen – das kann einer christlichen Frau heute doch wohl nicht in den Sinn kommen – oder?

Es ist ein erster Schritt des Widerstands gegen eine auf diese Weise *mißverstandene* Macht, wenn wir nicht unüberlegt solche landläufigen Vorstellungen übernehmen, uns als Frauen ohnmächtig und als Opfer fühlen und die Macht den »anderen« überlassen – in der Regel den Männern.

Mächtig ist, wer alle Fäden in der Hand hat. Um dieses Bild zu verdeutlichen, haben Sie alle ein Bündel von »Machtfäden« auf Ihrem Platz vorgefunden. Es soll dazu beitragen, daß wir uns mit unserer *eigenen* Macht und Ohnmacht auseinandersetzen und uns fragen, was das aus der Perspektive des christlichen Glaubens bedeutet.

Die Fäden laufen an einem Ende zusammen und sind miteinander verknotet. Damit ist das Zentrum angedeutet, das wir selber sind. Wir haben verschiedene Fäden der Macht in der Hand: Macht im Kontext unserer Familien, im Ehrenamt, im Berufsleben, als Mitglied einer Gemeinde, Macht schließlich, unser eigenes, persönliches Leben zu gestalten. Nicht alle Fäden sind gleich stark, alle haben eine unterschiedliche Farbe, sind aus verschiedenem Material. Macht stellt sich in jedem einzelnen Leben und in jeder unterschiedlichen Rolle, die wir einnehmen, immer anders dar.

Wie gehen wir, wie geht jede einzelne von uns mit diesen Machtfäden, mit ihrer Macht um, unbefangen oder offensiv oder eher abwehrend?

Wahrscheinlich haben viele Frauen oft den Eindruck, gar nicht selbst im Zentrum der Macht zu stehen, den Faden nicht selbst in der Hand zu haben. Wir erleben uns eher sozusagen am anderen, offenen Ende, und es ist jemand anderes, der die Fäden zieht. Vielleicht leiden wir auch unter Sachzwängen, unter Situationen, in denen wir uns als Objekte vorkommen, an denen hin- und herzogen wird. Den Faden der Macht über unser eigenes Leben bestimmen wir ja nie ausschließlich selbst, sondern es sind jeweils auch andere Personen damit verknüpft. Besonders uns Frauen hat man anerzogen, Macht als unpassend und unchristlich zu charakterisieren, nicht danach zu streben, die Fäden selbst in der Hand zu haben. Wir haben gelernt, unser Selbst zugunsten der Selbstlosigkeit zurückzustellen; vor lauter Rücksicht auf die Interessen und Bedürfnisse anderer ja nicht selbst zuzupacken, um das Ende des Fadens in die Hand zu bekommen. Vielleicht haben wir es uns auch manchmal in der Opferrolle bequem gemacht und unsere Hände in Unschuld gewaschen: Ich kann ja nichts dafür, daß es so gekommen ist, ich bin eben so machtlos, so ohnmächtig … Und ganz gewiß werden wir erfahren, daß es Konflikte und Widerstände gibt, wenn wir uns von einer solchen Haltung abwenden und die Fäden unseres Lebens selbst in die Hand nehmen. Wenn wir uns bemühen, eine Balance herzustellen zwischen den Interessen anderer und unseren eigenen, ebenso berechtigten Interessen, verstoßen wir gegen das Idealbild der selbstlos sich aufopfernden Frau. Auch dieses Bild hat Macht: Es ist in uns selbst verankert, und es wird von außen an uns herangetragen.

Aber wie können wir einmal Rechenschaft ablegen von unserem Leben, wenn wir es nicht selbst gestaltet haben? Als Christinnen und Christen glauben wir daran, daß jeder und jede einzelne von Gott nicht nur gerufen, sondern auch bevollmächtigt ist, die geschenkten Gaben und Fähigkeiten zu entfalten. Unsere

Macht soll dazu *dienen*, daß wir in einer Gemeinschaft ohne »oben und unten«, ohne Herrschaftsstrukturen leben, in der die Fäden der Macht nicht nur in einer Hand liegen, sondern ein Netz bilden zur gegenseitigen Ermächtigung.

Wir können und sollen die Fäden in der Hand halten, aber wir brauchen uns dabei nicht zu verkrampfen, nicht die Hand zur Faust zu schließen, so daß die Spannung zum anderen Ende hin zur Zerreißprobe wird. Wir brauchen es deshalb nicht, weil wir daran glauben, daß wir unsere Existenzberechtigung nicht mit aller Macht beweisen müssen, sondern vor jeder Leistung bereits angenommen und akzeptiert sind. Damit befinden wir uns in einer gelassenen Ausgangsposition, in der wir die Fäden der Macht weder verleugnen noch uns an ihnen festklammern müssen. Dann müssen wir nicht danach trachten, die Menschen am anderen Ende der Fäden als Marionetten tanzen zu lassen, sondern können unsere Machtfäden verknüpfen mit denen der anderen – zur gegenseitigen Ermächtigung.

Ich möchte Sie einladen, sich einen Faden auszuwählen, der Ihre Macht symbolisiert – im Berufsleben, im Ehrenamt, in der Familie. Wie sind Macht und Ohnmacht in diesen unseren jeweiligen Rollen verteilt, wie wollen wir sie verändern?

Wo ist uns der Faden aus der Hand geglitten, so daß wir neu zupacken müssen?

Und wo ist er schließlich bis zum Zerreißen gespannt, so daß wir am einen oder anderen Ende mehr Freiheit brauchen?

– *Stille* –

Zum Schluß möchte ich Sie dazu einladen, Ihre Fäden mit denen der Nachbarin zu verknüpfen: So entsteht ein Macht-Kreis oder ein Macht-Netz, mit dem wir uns gegenseitig ermächtigen.

CHRISTEL VOSS-GOLDSTEIN

Biblischer Bezug: Mk 10,42–45

Frauen tragen Kirche! – Prägen Frauen Kirche?

Frauen, Kirche, Amt

Frauen tragen Kirche! – Prägen Frauen Kirche? Mit diesen beiden Sätzen – einer Feststellung und einer Frage – brachten Frauen der bayrischen Landeskirche die Beziehung zwischen Frauen und Kirche auf den Punkt.

Frauen tragen Kirche! – Wie wahr, könnte die Antwort lauten, die viele Frauen mit Genugtuung und einem Seufzer erfüllt.

Frauen tragen Kirche: Sie gestalten den Altennachmittag und die Sakramentenvorbereitung, sie füllen die Sonntagsbänke, und ohne sie fiele der Werktagsgottesdienst schon lange aus. Sie halten das Monopol, wo kirchliches Erbe an Kinder und Enkel weitergegeben wird. Es sind Frauen, die die Elternabende zur religiösen Erziehung besuchen, Frauen bilden die Hauptkundinnen auf dem religiösen Büchermarkt. Als Mädchen laufen sie den männlichen Ministranten den Rang ab, als Jugendliche halten sie Kindergruppen, als Mütter übernehmen sie die religiöse Familienpraxis, in der Lebensmitte besuchen sie die Seminare der kirchlichen Erwachsenenbildung und pflegen gemeindliche Beziehungen, im Alter beten sie den Rosenkranz.

Mich erfüllt die lange und noch viel längere Liste mit Hochachtung vor dem Interesse der Frauen an sich selber und an der Religion; ich empfinde Respekt vor dieser Leistung für das Leben und Überleben des Christlichen und der Kirche seit Generationen und über das zweite Jahrtausend hinaus.

Aber ich seufze auch, weil Frauen mitunter schwer an diesen Aufgaben tragen. Ich denke an die vielen Stunden, die Frauen unter Mühen für andere aufwenden und die oft unsichtbar und ohne Anerkennung bleiben. Ich denke an die vielfältigen Anstrengungen für das Religiöse und die Kirche, die sie allein und oft allein gelassen auf sich nehmen: Wenn der Mann sagt, daß der Elternabend ihre Sache sei; wenn der Kirchgang von ihm als Gefühlsduselei abgetan wird; wenn der Besuch einer Veranstaltung hart und ohne Unterstützung erkämpft werden muß; wenn Jugendliche der Kirche fernbleiben und den Müttern dafür die Schuld in die Schuhe geschoben wird.

Gäbe es keinen Gott, der all das sehen würde, was Männer und Strukturen übersehen, wir Frauen müßten verzweifeln.

»Ich mach' es ja nicht für den Pfarrer, sondern für die Maria«, sagt eine Frau und tröstet sich darüber hinweg, daß ihr Dienst so wenig Anerkennung findet. »Wenn es mir nicht selber Freude machen würde, hätte ich schon längst aufgegeben«, resümiert eine andere ihre Erfahrungen bezüglich mangelnder Unterstützung. Und oft erleben Frauen, daß ihre Arbeit nicht nur nicht beachtet, sondern sogar geraubt, zensiert oder verhindert wird. Da hilft dann das Ansehen vor Gott auch nicht mehr viel, wenn das Ansehen unter Menschen völlig ausfällt. Oder warum sonst quittieren Frauen zunehmend ihren Dienst oder fangen erst gar nicht damit an? »Ich würde ja gerne etwas machen«, sagt eine, »aber warum soll ich mich dauernd ärgern müssen.«

Jedoch, es gibt auch die guten Erfahrungen, die Frauen Kirche weitertragen lassen: Die Freundschaft, die in der Kommunionmüttergruppe entsteht und über die Vorbereitung hinaus wertvoll bleibt; die Solidarität der Helferinnen untereinander, wo jede weiß, daß sie sich auf die andere verlassen kann; die Abende und Wochenenden, an denen Frauen einander Mut machen, neue Wege zu gehen oder alte Wege anders zu beschreiten; die religiösen Erfahrungen in Gebet und Gottesdienst, in denen sich Frauen jenseits der Institution Kirche von Gott an- und ernstgenommen fühlen. Weil der Glaube viele Frauen trägt und stärkt, tragen viele Frauen auch und trotz allem die Kirche.

Aber prägen Frauen auch die Kirche? Das Fragezeichen im Motto der evangelischen Frauen von Bayern signalisiert das Jein der Antwort.

Die Antwort lautet: Ja, weil all dieses Tragen der Frauen eine prägende Kraft besitzt. Die vielen Dienste und Ehrenämter, die religiöse Erziehung und die persönliche Religiosität der Frauen geben der Kirche ein weibliches Gesicht. Das Mutter-Sein der Kirche, das auch von Männern betont wird, verdankt sie konkreten Frauen, die ihr eine weibliche Prägung verleihen. Frauen bewirken, daß man sich in der Kirche zu Hause fühlen kann; Frauen sorgen dafür, daß in der Kirche Gefühle Platz haben; Frauen erreichen, daß Menschen sich eingeladen und willkommen fühlen können; Frauen realisieren, daß die menschliche Seite in der Kirche stärker ist als Ordnung und Gesetz.

Frauen prägen Kirche. Ja, weil Frauen es geschafft haben, immer mehr prägende Rollen zu übernehmen.

Frauen sorgen als Theologinnen dafür, daß die patriarchalen Gottesbilder hinterfragt werden und Theologie von Frauen und mit Frauen neu geschrieben werden muß.

Frauen bekleiden zunehmend leitende Rollen: Als Pfarrerinnen, Gemeindereferentinnen, Diakoninnen und Pastoralreferentinnen prägen sie das Gemeindeleben. Sie predigen, lehren, leiten Gottesdienste und Gremien. Mit ihrem vielfältigen Dienst geben sie Frauen eine Stimme und verleihen ihnen Gewicht.

Als Lehrerinnen unterrichten sie Kinder und Erwachsene und beeinflussen die gesellschaftliche Rede von Gott.

Als Referentinnen in der Erwachsenen-, Aus- und Weiterbildung bringen sie ihre Kompetenz ein, bestimmen Inhalte und setzen neue Maßstäbe.

Vereinzelt erklimmen sie Leitungsämter als Bischöfinnen und Ordinariatsrätinnen und repräsentieren Kirche nach innen und nach außen.

Doch die Antwort auf die Frage, ob Frauen Kirche prägen, lautet auch: Nein, denn in allen diesen Rollen und Ämtern schlägt ihnen die Männermacht entgegen. Festgefügte Strukturen und einzelne Personen sorgen dafür, daß Frauen entweder von kirchlichen Ämtern ausgeschlossen werden oder in höheren Funktionen die Minderheit bleiben. Wo aber diese frauenfeindlichen Strukturen mit Gott gerechtfertigt werden, frage ich mich, wie lange Gott das noch mit ansehen wird (vgl. Psalm 35,17).

»Gott, wie lange noch wirst du das ansehen?« betet die Psalmistin oder der Psalmist (Psalm 35,17), und viele Frauen beten mit ihr oder mit ihm.

Wie lange noch wird es dauern, bis Frauen in allen christlichen Kirchen als Diakoninnen die dienende Seite der Kirche in einem Amt repräsentieren? Wie lange noch wird es dauern, bis Frauen in allen christlichen Kirchen als Priesterinnen der Eucharistie vorstehen, um das Gedächtnis des Liebesmahls Jesu als Fest der Frauen- und Männerbefreiung zu feiern? Wie lange noch wird es dauern, bis Domkapitel und Bischofskonferenzen zur Hälfte mit

Frauen besetzt sind, damit die Gleichheit von Frauen und Männern auf allen Ebenen der Kirche sichtbar wird? Wie lange noch wird es dauern, bis Frauen ihren Glauben und ihre Theologie, ihre Ideen von Kirche und ihre Macht so einbringen können, wie sie es wollen? Gott, wie lange noch?

»Du hast es gesehen, Gott. So schweig doch nicht! Gott, bleib mir nicht fern!« (Psalm 35,22), betet die Psalmistin weiter, und ich bete mit.

Ich bete mit, denn ihre Argumente überzeugen mich und viele Frauen nicht.

Ich bete mit, denn viele Frauen sind bereit, Verantwortung zu tragen und Macht zu übernehmen.

Ich bete mit, denn viele Frauen haben die Kompetenzen erworben und sind dabei, sich weiter aus- und fortzubilden.

Ich bete mit, denn viele Frauen glauben, daß Gott sie berufen hat, die Kirche zu prägen und in ihrem und seinem Sinn weiterzuführen.

Ich bete mit, denn die Ausgrenzung von Frauen halbiert die Verkündigung des kirchlichen Amtes in ihren Inhalten und in ihrer Glaubwürdigkeit.

Wie lange noch? Ich weiß, Frauen und Männer können sich bremsen lassen, Frauen und Männer können ein weiteres Stück des Reiches Gottes auf Erden verhindern, Frauen und Männer ja, aber Gott nicht. Denn »du hast es gesehen, Gott. So schweig doch nicht (länger)! Gott, bleib (uns) nicht fern!«

Frauen tragen Kirche, und Frauen prägen Kirche. Männer tragen Kirche, und Männer prägen Kirche. Die Gewichte sind noch verschoben, aber wir sind auf dem Weg.

Gott ist es, der die Kirche trägt, und Gott möge sie prägen. Auf Gottes Tragen und Prägen kommt es an – das sollten wir nie vergessen.

Christiane Bundschuh-Schramm

Biblischer Bezug: Psalm 35,17a.22–24.27–28

Wenn Frauen den Aufbruch wagen

Das Reich Gottes und seine Gerechtigkeit als das Wichtigste im Leben zu begreifen, das bedeutet für Frauen oftmals einen Aufbruch – den Aufbruch aus alten Rollen, die zwar ungerecht, aber bequem waren. Ihren Glauben zu leben bedeutet für Frauen den Aufbruch aus allem, was ungerecht und entfremdend ist. So wie das Volk Israel aufbrach, weg von den Pyramiden, die es für die Pharaonen in Ägypten baute, in ein fremdes weites Land, in eine ungewisse Zukunft, die Gott ihnen verheißen hat, so sollen auch Frauen den Aufbruch wagen aus alten Sicherheiten, den Aufbruch zu einer gerechteren Welt.

Doch dies ist leicht gesagt. Was macht den Frauen diesen Aufbruch so schwer? Was heißt es, wenn Frauen den Aufbruch wagen? Ich möchte an eine Frau anknüpfen, die uns heute ein Vorbild für diesen Aufbruch sein könnte: die heilige Kunigunde. Kunigunde war Kaiserin, die etwa von 980 bis 1033 gelebt hat, also vor genau 1000 Jahren. Mit ihrem Ehemann Kaiser Heinrich II. führte sie zusammen die Regierungsgeschäfte des damaligen Reiches. Sie schloß in eigener Vollmacht Verträge und hatte eigenen Besitz, den sie klug im Sinne des Reiches und der Kirche einsetzte. Das Ehepaar, das kinderlos blieb, wurde später von der Kirche heiliggesprochen. Ihre Stärke bewies Kunigunde aber nicht nur in ihrer besonnenen Handlungsmacht, sondern auch in dem Widerstand, den sie Unterstellungen und Ungerechtigkeiten, auch von Seiten ihres Mannes, öffentlich entgegensetzte. Davon erzählt eine Legende, die bereits bald nach ihrem Tod entstanden ist und nicht nur historisch, sondern auch in ihrer Bedeutung für uns Frauen einen wahren Kern enthält.

Während einer Reise Heinrichs wird Kunigunde angeblich mit einem jungen Mann gesehen und der Untreue verdächtigt. Als Heinrich zurückkehrt, wird ihm das Gerücht fleißig zugetragen. Heinrich glaubt ihm sogleich, ohne auch nur einmal mit Kunigunde gesprochen zu haben. Er will sie nicht sehen. Kunigunde jedoch nimmt die Unterstellung nicht hin, sie besteht darauf, daß die Wahrheit herausgefunden würde. So erbittet sie ein Gericht aus Laienfürsten und Bischöfen und nach altem germanischem Brauch um das Gottesurteil durch die Feuerprobe, bei der sie über glühende Pflugscharen laufen mußte. Kunigunde ist überzeugt von ihrer Stärke und von der Kraft der Wahrheit, sie will die Probe mit Gottes Hilfe bestehen. Heinrich hingegen kommt gar nicht erst auf den Gedanken an ihre Unschuld. Bloß keinen Aufstand, sagen seine Berater. Ich möchte nicht, daß sie sich quält, sagt er, und will das Urteil verhindern. Doch Kunigunde besteht auf der Feuerprobe, damit die Wahrheit ans Licht kommt. Und dann kommt der Tag. Die Frauen begleiten sie, sie stehen hinter ihr, sie zittern und beten mit ihr. Bevor sie über die glühenden Eisen schreitet, spricht sie ein Gebet und versichert öffentlich die Wahrheit: daß sie sich weder durch Heinrich noch durch irgendeinen anderen Mann ihre Unschuld hat nehmen lassen. Das ist Heinrich zu viel der Wahrheit, hatte sie doch an einem Tabu gerührt und damit ihr eheliches Geheimnis, keusch zu bleiben, öffentlich gemacht. Er schlägt ihr auf den Mund, so sehr, daß er blutete. Kunigunde stillt das Blut mit einem Tuch, sie schreitet über die glühenden Pflugscharen und erweist damit die Wahrheit.

Auch wir heutigen Frauen finden uns in dieser Legende wieder. Noch heute sehen sich viele Frauen Verdächtigungen ausgesetzt, nicht nur moralischen. Es sind häufig unausgesprochene Unterstellungen: Eine Frau kann nicht so rational denken, eine Frau hat halt nicht den Überblick über das Ganze, eine Frau kann nicht so gut entscheiden, eine Frau ist wankelmütig, Frauen sind unzuverlässig, sie sind eitel, ja, die Frauen sind schuld an der Verderbtheit der Jugend. Es gibt tausend unterschwellige, unausgesprochene Unterstellungen, denen willig geglaubt wird, die willig weitergetragen werden. Es wird gar nicht in Betracht gezogen, daß sie nicht stimmen könnten. Es besteht kein Interesse daran, darüber offen zu reden. Und manchmal werden sie abgesichert und durch Gott oder das angebliche Wesen der Frauen legitimiert, wenn zum Beispiel gesagt wird, es sei ihr Wesen, still und schwach zu sein, und ihre gottgewollte Bestimmung, zu dienen, den Haushalt zu führen, sich um Kinder und Kranke zu kümmern und so weiter.

Ähnlich wie Heinrich und seine Berater reagieren heute viele beschwichtigend, wenn Frauen sich wehren: Man möchte kein

Drama daraus machen, was soll man darüber reden. Ihr Frauen schneidet euch doch nur selbst ins eigene Fleisch, ihr beweist doch nur einmal mehr eure Überspanntheit. Nehmt euch doch nicht so wichtig. So genau wollen wir es gar nicht wissen, und überhaupt, es gibt Wichtigeres.

Es gibt ein unterschwelliges Gentlemen's Agreement. Ähnlich wie das Ehegeheimnis zwischen Heinrich und Kunigunde gibt es auch heute unausgesprochene Abmachungen, Tabus, über die in der Öffentlichkeit nicht gesprochen wird. Frauen werden dabei zu geheimen Komplizinnen gemacht, auch wenn sie selbst die Leidtragenden sind. Die Tabus werden erst deutlich, wenn darüber gesprochen wird. So waren Übergriffe und Vergewaltigungen durch Ehemänner in der Ehe bis vor kurzem kein öffentliches Thema und werden bis heute bagatellisiert.

Wie Kunigunde damals sind auch wir in einem Dilemma. Fügen wir uns, schweigen wir zu den Unterstellungen, zu den Bildern von uns, sagen wir nichts, dann haben wir keinen Ärger und keine Schmerzen. Doch wenn wir immer nur vermeiden, glauben wir dann selbst irgendwann daran, daß wir nicht so rational sind, daß wir schwach sind, daß wir nicht so gut sprechen und auftreten und entscheiden können, daß es unsere Bestimmung sei, uns zurückzunehmen und klein zu machen und die unbezahlten Arbeiten zu verrichten. Und unsere Töchter und Enkelinnen, die glauben das auch, daß sie als Frauen so werden müßten, denn wir leben es ihnen ja vor – oder aber, sie werden uns vorwerfen, daß wir zu wenig Mut und Stärke hatten, uns zu wehren, daß wir uns mit diesen Bildern abgefunden haben und zu Kreuze gekrochen sind.

Doch wehren wir uns, das wissen wir, dann wird uns wie Kunigunde über den Mund gefahren. Wir werden eingeschüchtert. *Wir* müssen den Beweis der Wahrheit antreten, und wir wissen nicht, ob wir das schaffen. *Wir* müssen das heiße Eisen anfassen, *wir* werden uns dabei verbrennen. *Wir* müssen uns für diesen Weg quälen.

Vermeiden oder aufbrechen? Kunigunde hat sich für das Aufbrechen entschieden, und ich denke, sie ging uns als eine starke Frau voraus. Mit souveränem Mut bestand sie darauf, die Wahrheit herauszufinden und offenkundig zu machen. Sie wußte Gott auf ihrer Seite.

Den Aufbruch wagen heißt für uns Frauen, daß wir die heißen Eisen anfassen und über heiße Eisen laufen müssen, auch in der Kirche. Wir müssen die heißen Eisen anfassen, nicht um unserer eigenen Eitelkeit willen, sondern um der Wahrhaftigkeit und Wahrheit willen. Es geht dabei nicht nur um uns, es geht auch um die anderen Frauen, und es geht auch um unsere Töchter und Enkelinnen, ja letztlich geht es um die Wahrhaftigkeit und Wahrheit der Kirche als der Gemeinschaft der Gläubigen.

Bitten wir Gott, daß er uns eine feste Stimme gibt, damit wir reden können, und feste Füße, damit wir sicher auftreten können, und einen neuen, aufrechten Gang.

STEPHANIE KLEIN

Biblischer Bezug: Mt 13,44–46
Mt 19,16–26

Die persönlichen Talente entfalten und einander dienen – eine Herausforderung für Männer und Frauen

Haben Sie sich schon mal gefragt, wozu Sie berufen sind, welche Talente Ihnen gegeben sind und wozu? Oder war Ihr Weg vorgezeichnet, als Frau vorrangig verantwortlich für Kinder und Haushalt, daß es allen gutgeht, als Mann, orientiert am Weiterkommen im Beruf, verantwortlich für das Familieneinkommen?

Die alten Vorstellungen, was sich für die Frau gehöre und was für den Mann, wirken immer noch und können beiden das Leben ganz schön schwermachen. Dazu ein Beispiel:

Sie ist Ärztin, er arbeitet in der Versicherungsbranche. Sie sind verheiratet, haben ein Kind bekommen, und entsprechend ihren Überlegungen vorher entscheidet sich der Mann, Erziehungsurlaub zu nehmen. Der Verdienstausfall ist so etwas geringer, weil sie mehr verdient und außerdem – er mag Kinder und will Vater nicht nur aus der Ferne sein. Sie stießen auf viel Unverständnis, Skepsis und Kopfschütteln in seiner Firma, im Verwandten- und Bekanntenkreis. Auch in der Pfarrgemeinde, in der er zum Pfarrgemeinderat gehörte, gab es verwunderte Nachfragen und Befremden. Ob das so in Ordnung sei – schließlich gehöre die Mutter zum Kind. Moralische Unterstützung erhielten sie auch da nicht.

Für Frauen wie für Männer ist es gar nicht so leicht, angesichts solcher festgelegten Erwartungshaltungen zu der Frage zu kommen: Wozu bin ich berufen als Frau, als Mann? Wie sind unsere Begabungen verteilt? Was ist in unserer Situation eine angemessene Lösung? Der Weg zu einer so reflektierten Entscheidung kann sehr wohl in Konflikt geraten mit traditionellen Rollenerwartungen. Zu einer persönlich verantworteten Entscheidung aber sind wir vom Evangelium herausgefordert, wenn es sein muß auch gegen gesellschaftliche Spielregeln, was man zu tun oder frau zu lassen hat.

Das Evangelium sagt wenig über die Frau oder den Mann in ihrer Geschlechterrolle, es sagt aber viel über den Menschen – sei er Mann oder Frau –, seine Beziehung zu Gott, zu den anderen Menschen und zur Welt. Im Zusammenhang unserer Ausgangsfrage scheinen mir zwei Grundhaltungen und Aufforderungen, die sich sowohl an Männer wie an Frauen richten, von zentraler Bedeutung: die persönlichen Talente zu entfalten, die eine, und einander zu dienen, die andere.

Im *Gleichnis von den Talenten* (Mt 25,14–30, ähnlich Lk 19,11–26) ist es am deutlichsten ausgedrückt: Jesus fordert in der Gleichnisrede eindringlich auf, jede und jeder solle mit den Talenten oder Begabungen arbeiten, mit ihnen »wirtschaften«, die er oder sie erhalten hat, seien es zehn, fünf oder eins – aus allen läßt sich was machen; nur ängstlich vergraben sollte sie niemand. Auch nicht aus Rücksicht auf das, was die anderen denken, auf Vorurteile, auf das, was »in« ist, oder auf Tradition, auch nicht aus Rücksicht auf tradierte geschlechtsspezifische Arbeitsteilung.

Im Zuge der Industrialisierung, der Trennung von Wohn- und Arbeitswelt wurden die Arbeitsbereiche zwischen Männern und Frauen schärfer aufgeteilt, wobei die Arbeit von Frauen geringer bewertet, schlechter oder nicht bezahlt wurde und zudem oft unsichtbar blieb. Friedrich Schiller hat das bürgerliche Ideal klassisch ausgedrückt: »Der Mann muß hinaus ins feindliche Leben, muß schaffen und streben ... und drinnen waltet die züchtige Hausfrau, die Mutter der Kinder; sie waltet weise im häuslichen Kreise ...« Was in der jeweiligen Kultur als typisch weiblich oder typisch männlich gilt, entspricht aber oft nicht den Talenten, die Gott an Frauen und Männer, je nach persönlicher Begabung unterschiedlich verteilt hat; dies entspricht oft nicht der Berufung und Sendung, die er an jeden und jede gerichtet hat. Wie viele Frauen aber haben ihre politischen, künstlerischen, naturwissenschaftlichen oder anderen Talente nicht oder nur gegen erhebliche Widerstände entwickeln können! Öffentlich durften sie sie lange nicht oder nur mit Einschränkungen ausüben und einbringen. Das steht in vollem Widerspruch zur Herausforderung des Evangeliums, die persönlichen Talente zu entfalten, mit ihnen zu wirtschaften.

Und wie viele Männer haben ihre Talente zur Pflege und Betreuung, zur Fürsorge an Kranken oder zum Umgang mit Kindern ungenützt liegenlassen, weil es nicht zu ihrer männlichen Rolle zu passen schien, weil sie in das Korsett eines einseitigen Männerbildes gepreßt wurden. Diese Muster werden weitertransportiert in den Schulbüchern, in den Medien, der Werbung und so weiter. Solche einseitigen geschlechtsspezifischen Festlegungen entsprechen nicht der Botschaft Jesu, die Frauen und Männer zu einem Leben in Fülle befreien will.

Das aber ist entscheidend in unserem Leben, daß wir erkennen, wozu wir gerufen sind, daß wir es entfalten und einsetzen zu unserem Heil, zum Wohl der Menschen um uns herum und zum Lobe Gottes, der uns diese Gaben geschenkt hat. Da, wo tradierte geschlechtsspezifische Arbeitsteilung dies behindert, steht sie unserer christlichen Berufung im Wege. Da gilt es, sie in Frage zu stellen und zu überwinden. Und könnten nicht christliche Gemeinden ein Ort sein, wo wir uns wechselseitig unterstützen, daß jeder Mann und jede Frau herausfinden kann, was Gott von ihm oder ihr will, daß sie ihren Weg gehen, unabhängig von bürgerlichen Rollenmustern, was man oder frau zu tun hat? Solche starren Männer- und Frauenbilder werden oft genug zur Zwangsjacke, die persönliche Entwicklung im Leben und Glauben behindern. Das Evangelium aber ruft uns zur Freiheit, die nach Gottes Willen fragt und nicht nach gesellschaftlichen Traditionen.

Die zweite Aufforderung, die mir wichtig scheint, ist heute nicht mehr »in«. Es ist die zum *Dienst aneinander, zum Dienst in Liebe.* Sie prägt die Verkündigung Jesu in Worten (Mk 10,35–45; Mt 20,20–28; 22,24–27) und Taten und findet ihren stärksten Ausdruck in der Fußwaschung: »Wenn nun ich, der Herr und Meister, euch die Füße gewaschen habe, dann müßt auch ihr einander die Füße waschen. Ich habe euch ein Beispiel gegeben, damit auch ihr so handelt, wie ich an euch gehandelt habe« (Joh 13,14). An anderer Stelle setzt Jesus sich ausdrücklich in Gegensatz zu den auch zu seiner Zeit gängigen Vorstellungen von Größe, von Über- und Unterordnung und entsprechenden Aufgabenteilungen. »Welcher von beiden ist größer: wer bei Tisch sitzt oder wer bedient? Natürlich der, der bei Tisch sitzt. Ich aber bin unter euch wie der, der bedient« (Lk 22,27).

Aber auch in den sogenannten christlich geprägten Gesellschaften hat sich das Beispiel Jesu nicht durchgesetzt. Die einfachen Dienste am Menschen: pflegen, waschen, einschließlich der

Füße, die einfachen Dienste wie putzen, auch Kirche putzen, sie werden den Frauen zugeschoben. Solche Arbeiten bleiben oft unsichtbar, sie werden geringer bewertet und schlechter bezahlt, wenn überhaupt. In der Tarifstruktur wie im öffentlichen Ansehen stehen sie weit unten – das Schicksal aller Frauenarbeiten.

Diese vornehmste christliche Tugend des einfachen Dienstes aber ist nicht nur den Frauen ans Herz gelegt, sondern allen, die Jesus nachfolgen, Männern und Frauen, vor allen denen, die leiten, die die ersten sein wollen. Viele auch bewußt christlich lebende Männer fühlen sich nicht angesprochen: Sie sind mit anderen Erwartungen groß geworden. Das in unserer Gesellschaft vorherrschende Männerbild fordert anderes: Er muß erfolgreich sein, darf keine Schwächen und keine Gefühle zeigen, muß stark sein, muß sich durchsetzen – notfalls auch mit Gewalt, muß konkurrieren und rivalisieren, muß gewinnen. Mitleid, Dienst am anderen, menschliches Einfühlungsvermögen spielen da keine Rolle. Zu diesem Männerbild stehen das Beispiel Jesu und seine Aufforderung zu dienen in fundamentalem Gegensatz. Wäre es da nicht höchste Zeit, Widerspruch anzumelden im Namen Jesu und umzukehren? Wäre es in den christlichen Kirchen nicht dran, einfache Dienste als Chance auch für die persönliche Entwicklung von Männern zu entdecken? Wieviel Menschlichkeit kann ich beispielsweise in pflegenden Tätigkeiten entdecken, wieviel über meine verdrängten Schwächen und Abhängigkeiten lernen, als Frau ebenso, wie dies Männer könnten und es ihnen guttäte. Und wir haben auch in der christlichen Tradition solche männlichen Vorbilder. Da ist zum Beispiel der heilige Josef: In manchen Bildern oder Statuen ist er als der fürsorgliche Vater mit seinem Sohn abgebildet. Da ist der heilige Aloysius und andere, die die Pestkranken ihrer Zeit hingebungsvoll pflegten. Da sind die Gründer der karitativen Orden wie beispielsweise Vinzenz von Paul.

Kehren wir zu unserem Ausgangsbeispiel zurück. Wie schön wäre es, wenn junge Männer Ermutigung fänden in ihrer Familie, im Freundes- und Bekanntenkreis oder in der Gemeinde, Erziehungsurlaub zu nehmen, der ja so wenig Urlaub ist und der so viel Arbeit, auch menschlich bereichernde Arbeit beinhaltet. Freuen wir uns doch, wenn Männer vergessene Fähigkeiten in mitmenschlicher Pflege und Fürsorge, wenn sie verborgene Talente an sich entdecken und dadurch mehr Mensch werden, mehr

Partner und mehr Mann. Unterstützen wir sie, wenn sie sich entscheiden, auf Teilzeitarbeit zu gehen, um für eine kranke oder pflegebedürftige Partnerin oder für einen Elternteil zu sorgen, oder um für ein soziales Ehrenamt Zeit zu haben, so wie dies viele Frauen bisher getan haben. Dienst am Menschen, besonders an den Armen und Hilfsbedürftigen, ist Christenpflicht für Männer und Frauen. Wer sich Zeit dafür freihält oder erkämpft, verdient Achtung und Unterstützung, gerade in der christlichen Gemeinde, gleich, ob er Mann oder ob sie Frau ist.

Und die Zeitstrukturen für Erwerbsarbeit müssen ja nicht so bleiben, wie sie in vielen Betrieben noch die Regel sind: Acht-Stunden-Tag, Fünf-Tage-Woche, von der Ausbildung bis zum Ruhestand möglichst voll verfügbar. Am schönsten wäre es für unser Beispiel-Elternpaar, Vater und Mutter könnten beide in Teilzeit arbeiten und so Kindererziehung mit einer Erwerbstätigkeit vereinbaren. *Flexiblere und familienfreundliche Arbeitszeitstrukturen* in der Erwerbsarbeit sind auf Zukunft hin eine große Chance, denn sie erlauben Männern und Frauen Familie und Beruf, Freizeit und soziale Zeit entsprechend den Anforderungen der jeweiligen Lebensphase ausgeglichener miteinander zu verbinden. Sie schaffen die zeitliche Voraussetzung, daß Frauen und Männer ihre persönlichen Talente entfalten und ihre Berufung zum Dienst am Nächsten konsequent leben können. Wir sollten diese Entwicklung hin zu einer *Vereinbarkeit von Familie und Erwerbsarbeit für Männer und Frauen* in der öffentlichen Meinungsbildung, im politischen Engagement in unseren Gruppen und Verbänden, auch als kirchliche Arbeitgeber fördern. Wir sollten Jungen und Mädchen, Männer und Frauen ermutigen, in der Orientierung am Evangelium einengende gesellschaftliche Traditionen zu überwinden und ihrer Berufung zu folgen.

GERTRUD CASEL

Biblischer Bezug: Mt 25,14–30
          Joh 13,14
          Lk 22,27

Ganz sein: Weibliches und Männliches leben

Frauen in den Weltreligionen

Als Darstellungshilfe wird eine kleine Waage mit zwei Waagschalen benutzt. Die eine Waagschale steht für die weibliche Seite – ♀ –, die andere Waagschale für die männliche Seite – ♂ –. Entlang dem Text werden Spielsteine in die entsprechende Waagschale gelegt, um die Ausgeglichenheit bzw. die Unausgeglichenheit zwischen Frau und Mann darzustellen.

»Sie haben vollkommen recht!« Das tut doch gut, diesen Satz gesagt zu bekommen: »Sie haben vollkommen recht!« Wie geht es Ihnen beim nächsten Satz? »Du bist vollkommen!« Wenn jemand zu mir diesen Satz sagen würde, wäre mir das eher peinlich, komisch. Matthäus sagt im letzten Satz des Textes aus der Bergpredigt (Mt 5,43–48) über die Feindesliebe der Gemeinde auf den Kopf zu: »Seid nun ihr vollkommen, wie euer Vater im Himmel vollkommen ist.« – Eine schwerwiegende Aufforderung! Teleios heißt es im griechischen Text und meint: vollständig sein, ungeteilt sein, ganz sein und bezieht sich in unserem Evangeliumstext auf das Verhalten gegenüber den Menschen. Wie Jesus ungeteilt ist in seiner Liebe, so sollen seine Jüngerinnen und Jünger sich ganz einander zuwenden.

Teleios – ganz sein. Bei Ganzheit denke ich an eine runde Sache, an einen Kreis. Ganz sein, ganz werden heißt: Dinge in sich vereinen. Dinge, die zusammengehören, nicht auseinanderdividieren. Dinge zusammenbringen. C. G. Jung definiert Ganzheitlichkeit als ein Vereinen von vier Polaritäten in jedem Menschen: das Weibliche, das Männliche, das Geistige, das Leibliche. Bildhafter Ausdruck davon ist das Kreuz. Gott stellt diese Ganzheit in Jesus beispielhaft vor.

Teleios – ganz sein. Weibliches und Männliches leben. Frausein und Mannsein in der gleichen Wertigkeit zulassen. Ganz sein – ein alter und neu in Mode gekommener Begriff. Jede von uns hat ihre

Vorstellungen von Ganzheitlichkeit. Ein Blick in andere Kulturen und Religionen kann helfen, uns den Blick zu weiten.

Ich möchte Sie einladen zu einem Streifzug durch Geschichte und Gegenwart in bezug auf die Frage: Wie sehen große Weltreligionen die Rolle der Frau? Ausgehend von den Schöpfungsordnungen der jeweiligen Religion stelle ich die Stellung der Frau in Geschichte und Gegenwart jeweils kurz dar.

Im Alten Testament, dem Heiligen Buch der *Juden*, lesen wir: »Gott schuf also den Menschen als Abbild, als Abbild Gottes schuf er ihn. Als Mann und Frau schuf er sie« (Gen 1,27). Männlich und weiblich schuf Gott die Menschen, als ein Gegenüber, als gegenseitige Hilfe, als kreative Polarität, einander gleichwertig und ergänzend. Und Gott sah, daß es gut war. Es war im Lot. *(Die Waage – im Lot – wird gezeigt.)*

Vom jüdischen Nomadentum geprägte Männer beanspruchten nun das Erstgenanntsein im biblischen Schöpfungsbericht. Sie leiteten daraus eine Vorrangstellung ab und verfaßten entsprechende Literatur, um ihre Stellung zu festigen. *(♂ dazu)*

Die Frau wurde auf Haus, Hof und Kinder festgelegt. Dort wurde sie allerdings geschätzt als unentbehrliche Helferin und eigenständige Verwalterin. *(♀ dazu)*

Im religiösen Bereich galt das Prinzip: Öffentliches Auftreten im Gottesdienst ist dem Mann vorbehalten, ebenfalls das Studium der Heiligen Schriften. *(♂ dazu)*

Für heutige jüdische Frauen gibt es drei große Problembereiche: Schlechterstellung im Eherecht, mangelnde kultische Ausdrucksmöglichkeiten, Festlegung auf die Dienstfunktion in der Familie. Trotzdem gibt es eine Entwicklung, die ein Studium der Bibel und der religiösen Schriften für Frauen vorsieht, die im gottesdienstlichen Bereich neue Wege geht – seit 1972 gibt es auch Rabinerinnen. Wir sehen also eine Entwicklung, die hinzielt auf das, was der göttliche Schöpfungswille vorsieht und was zur Ganzheit der Menschen führen kann. *(Die Waage wird leergeräumt.)*

Das *Christentum* übernahm als Erbe die Vorherrschaft des Mannes. *(♂ dazu)*

Jesus erinnert durch sein Leben und seine Botschaft an die Gleichwertigkeit von Frau und Mann. *(♀ dazu)*

So sind wir wieder im Lot. Jesus predigt von der Ganzheit des Menschen, dem ungeteilten Herzen und der Vollkommenheit der

Welt, sprich: dem Reich Gottes. Diese Ausgeglichenheit blieb bis etwa ins 2. Jahrhundert – mit einigen Phasen von Auf und Ab. Paulus zum Beispiel, ein strenger Jude, kämpfte zwar mit seiner Lebensgeschichte, sprang aber immer wieder mutig über seinen Schatten und unterstützte genauso Frauen. So gab es selbstverständlich Amt und Gemeindeleitung für Frauen.

Die Kirchenväter brachten alles wieder aus dem Lot. Ausgehend von einer einseitigen Deutung der Sündenfallgeschichte im Alten Testament sprachen sie von der Frau als Verführerin des Mannes, als schwaches, zur Sünde neigendes Geschlecht, als Hilfskonstruktion des Mannes, als mangelhaftes Wesen, als Zufallserscheinung. (♂ *dazu*)

Die Rolle der Frau wurde immer mehr zur Mutter und zum Rückgrat der Familie und Gesellschaft stilisiert – aber eben mehr »Rück« als »Grat«! (♂ *dazu*)

Im religiösen Bereich ist die Frau nun aus Amt, Leitung und Liturgie ganz hinausgedrängt. Erst das 20. Jahrhundert bringt durch die bürgerlichen Frauenbewegungen auch Leben ins kirchliche Rollenspiel. Frauen prägen inzwischen kirchliches Leben vor Ort mit. (♀ *dazu*)

Die Rolle der Frau aus Kirchenväterzeit wird entzerrt, die göttlich gedachte Aufeinanderzuordnung von Mann und Frau neu in den Blick genommen. (♂ *weg*)

Doch um die Sache ins Lot zu bringen, fehlt noch einiges: In höheren kirchlichen Entscheidungsgremien gibt es fast keine Frauen. Kirchliche Leitung, Amt und Weihe sind für Frauen in der katholischen Kirche nicht möglich. Weibliche Fähigkeiten werden gegenüber männlichen Fähigkeiten zu oft unterbewertet. (*Die Waage wird leergeräumt.*)

Wenn wir uns dem *Islam* zuwenden, so lesen wir im Koran, dem heiligen Buch des Islam, daß Allah Frau und Mann als gleichwertig und einander zugeordnet erschaffen hat. Das heißt: Von der Schöpfungsordnung Gottes her ist das Gleichgewicht Frau – Mann vollkommen, ganz. Doch schon zu Mohammeds Zeiten war die Realisierung dieser Gleichwertigkeit schwierig. Die Anerkennung zeitgenössischer patriarchaler Ordnungsvorstellungen stand dem obigen Gleichheitsprinzip gegenüber. So finden sich schon im Koran Hinweise, in denen ein Herrschaftsprinzip des Mannes über die Frau legitimiert wird. (♂ *dazu*)

Im Lauf der Geschichte entwickelte sich ein Rechtssystem, das Frauen über die Forderungen des Koran hinaus benachteiligt. Beispiele dafür sind die Verheiratung der Frau gegen ihren Willen, Pflicht zur Verschleierung, verschiedenes Erbrecht, Beschränkung der Frauen auf den häuslichen Bereich. (♂ *dazu*)

Die Rückbesinnung auf den Koran in unserem Jahrhundert führt zu religiöser Erneuerung und zu Reformen zugunsten der Frauen. So erreichen sie in einigen islamischen Ländern gleiches Bildungsrecht, ein liberalisiertes Ehe- und Scheidungsrecht, der Zwang zur Verschleierung wird aufgehoben. (♀ *dazu*)

In neuester Zeit sind durch traditionalistische Tendenzen wieder eher Polarisierungen zu beobachten und schwere Diskriminierungen wie beispielsweise in Afghanistan. Verliererin ist wieder einmal die Frau. (♂ *dazu*) – (*Die Waage wird leergeräumt.*)

Im *Hinduismus* steht Shakti als Verkörperung des weiblichen Prinzips Shiva, dem männlichen Schöpfungsprinzip, gegenüber, der ohne diese weibliche Hälfte unvollkommen und nichtig ist. Shakti ist die aktive und positive Kraft des Universums. Die Praktiken des Tantra zielen auf eine kreative Vereinigung der beiden Grundprinzipien ab. Also ist auch im Hinduismus vom Schöpfungsgedanken her alles im Lot. Praktisch jedoch sieht es auch hier anders aus.

Die Ausbildung und damit Ausrichtung der Frau besteht in der Vorbereitung ihrer Aufgaben als Frau und Mutter. Für das öffentliche Leben sind allein die Männer zuständig. (♂ *dazu*)

Ehen sind Verträge von Familien, oft ohne Einverständnis der Betroffenen. Die Ehefrauen haben sich dann in den Haushalt des Mannes einzuordnen. (♂ *dazu*)

In diesem Haushalt regiert dann allerdings die Schwiegermutter. Das heißt also: Eine Frau gelangt durch Söhne nach deren Verheiratung in quasi leitende Position und spielt als Matriarchin eine große Rolle. (♀ *dazu*)

Noch heute läuft das Leben unter diesem Prinzip, und es ist schwer für junge Frauen, Eigenständigkeit und ein höheres Bildungsniveau zu erlangen. (*Die Waage wird leergeräumt.*)

Judentum, Christentum, Islam und Hinduismus – eine Reise durch Zeiten und Religionen liegt hinter uns. In jeder Religion hätten wir lange verweilen können, aber wir hatten nur Zeit für ein paar Schlaglichter. Trotzdem ist mir eines beeindruckend deutlich geworden: In allen Religionen ist der Mensch von der göttlichen Schöpfungsordnung auf Gleichwertigkeit, Ganzheit, Aufeinander-Angewiesensein angelegt. In allen Religionen ist diese Ordnung aus dem Lot gekommen und damit das ganze Menschsein, das gesamte Gleichgewicht der Schöpfung.

Unser aller Ziel müßte es sein, die zerbrochene Ganzheit in uns und um uns herum wiederherzustellen. Ich sehe kleine Anfänge, die mit ein wenig Achtsamkeit kleine Schritte mit großer Wirkung sein können.

Ich sehe den kleinen Anfang im sprachlichen Bereich. Wir sind hier versammelt als Christinnen und Christen, wir haben Ministrantinnen und Ministranten. Sich anzugewöhnen, Menschen nach ihrem Geschlecht beim Namen zu nennen, schafft meiner Meinung nach eine Lebensatmosphäre, in der sich alle anerkannt und angenommen fühlen können. Ich jedenfalls möchte es keinem Mann zumuten, sich angesprochen zu fühlen als Christin. Das wäre nicht recht.

Ich sehe den kleinen Anfang in der Bewertung von Reaktionen. Weinen zum Beispiel ist nicht immer Zeichen von Schwäche. Es kann große Kraft und gute Berechtigung haben.

Ich sehe den kleinen Anfang der Verständigung von Frauen aller Religionen bei Frauenkreisen und Frauentreffen. Ein so wachsendes Gefühl von Solidarität ermöglicht Schritte zu stärkerem Selbstbewußtsein im eigenen Lebensbereich.

Ich sehe den kleinen Anfang, wenn ein in Gleichwertigkeit aufeinander hin orientiertes partnerschaftliches Zusammenleben von Frau und Mann in Partnerschaft, Ehe und Familie gelingt und beide einander in ihrem So-Sein anerkennen und stützen.

Mit solchen kleinen Schritten um uns herum eine Ganzheit herzustellen und die zerbrochene Schöpfungsordnung wieder ins Lot zu bringen, das möchte ich heute uns allen für alle wünschen. Denn: Gott sah, daß es gut war.

Gertrud Geiger

Biblischer Bezug: Mt 5,43–48

Frauenrechte sind Menschenrechte

Gewalt gegen Frauen

Eindrucksvoll schilderten Anfang der achtziger Jahre die Frauen Thailands im Rahmen des Weltgebetstags der Frauen ihre Situation, ihr Schicksal. Amerikanische Soldaten sollten sich von dem Schrecken des Vietnamkrieges an der Küste Thailands erholen, ungezählte Frauen wurden nun zu neuen Opfern, um die sich niemand kümmerte.

Diese Schilderungen ließen mich nicht los. Ich flog nach Thailand. Prostitutionstouristen hatten die Soldaten längst abgelöst, junge Frauen – fast noch Kinder – wurden zu Tausenden als Ware angeboten, in Bars, auf der Straße, in den Hotels oder in Katalogen als Frauen auf Bestellung. Umtausch inbegriffen. Unvergeßlich ist mir der Anblick in einem Bordell in Bangkok. Ein riesiger Raum. Hinter einer großen Glasscheibe, die nur nach einer Seite die Sicht erlaubt, sitzen ca. 200 Frauen im knappen Badeanzug, ein großes Nummernschild vor sich, nach Zonen mit Preisangaben eingeteilt, je nach Dienstleistungen. Vor der Scheibe viele Männer. Über ein Mikrofon wird eine Nummer aufgerufen, das Mädchen erhebt sich, geht hinaus, der Mann zahlt an der Kasse seinen Preis. Ein moderner Sklavenmarkt! Zahlreiche Gesprächspartner wollten uns überzeugen, daß diese Form der Ausbeutung von Frauen der Kultur des Landes entspräche.

Die Diskussionen mit den Betroffenen, mit Sozialarbeiterinnen, mit Opfern machten das ganze Elend deutlich. Hier wurden Frauen ihrer Ehre, ihrer Würde beraubt: nicht freiwillig, wie dies oft behauptet wird, sondern verkauft von den Eltern, gezwungen durch Armut, getrieben von der Vorstellung, dadurch doch noch eine bessere Situation erreichen zu können.

Die Weltfrauenkonferenz in Peking forderte 1995 nachdrücklich: »Die Menschenrechte von Frauen sind als fester Bestandteil der universellen, unteilbaren und unveräußerlichen Menschenrechte ohne religiöse oder traditionelle Einschränkung zu achten und zu gewährleisten. Es ist sicherzustellen, daß Frauen und Mädchen sie auch tatsächlich in Anspruch nehmen können.« 185 Staaten haben dies gemeinsam unterzeichnet.

Frauenrechte sind Menschenrechte. Dieser Satz klingt uns heute selbstverständlich, heißt es doch im Grundgesetz der Bundesrepublik Deutschland seit 1949 lapidar: »Männer und Frauen sind gleichberechtigt. Niemand darf … wegen seines Geschlechts … diskriminiert werden.« Unterschiedliche Behandlung, weniger Zugangschancen zu Bildung, zu höheren Positionen, geringerer Lohn, keine gleichwertige Anerkennung der Leistungen der Frauen, gegen alle diese Verstöße der Gleichbehandlung, gegen diese Verletzungen der Rechte der Frauen ist in den letzten Jahren gekämpft worden. Vielfältige Verbesserungen wurden dadurch erreicht. Lange tabuisiert wurde jedoch der Bereich der körperlichen Gewalt gegen Frauen, die Übergriffe auf die sexuelle Selbstbestimmung der Frauen. Wurden die Taten innerhalb der Familie begangen, galt dies um so mehr.

Bereits im Alten Testament finden wir dieses Muster: Tamar, die Tochter Davids, wird von ihrem Bruder Amnon vergewaltigt. »Nun denn, meine Schwester, schweig still! Er ist dein Bruder. Nimm dir diese Sache nicht so zu Herzen« (2 Sam 13,20). Schweig still, dieses Gebot ihres anderen Bruders Abschalom, es ist nicht tröstlich gemeint. Tamar ist Gewalt angetan worden, aber sie bleibt allein mit ihrer leidvollen Erfahrung. Ja, sie wird sogar noch als schuldig angesehen. In vielen Kulturen mindert eine Vergewaltigung den Wert der Frau in den Augen ihrer Umwelt: Das Eigentum des Vaters, des Bruders, der Sippe wird beschädigt – nicht die Seele der Frau.

Die Frau als Ware, als Eigentum, über die andere – Männer – verfügen können, nicht nur alte Sitten wie Bezahlung eines Brautpreises oder einer Mitgift, Witwenverbrennung oder Heirat der Witwe durch die Brüder machen dies deutlich. Auch in unserer Gesellschaft geschieht es immer wieder: Keine Nachbarn schalten sich ein, wenn in einer anderen Wohnung eindeutig vernehmbar eine Frau geprügelt wird. Die Bereitschaft, Schutzwohnungen, Frauenhäuser für Frauen und Kinder einzurichten, ist nicht in allen Gemeinden vorhanden. Und seit Jahrhunderten gelten in

Kriegszeiten Massenvergewaltigungen an Frauen als Rache am Gegner, als Demütigung. Das jüngste Beispiel im früheren Jugoslawien hat erstmals die Öffentlichkeit aufgerüttelt – und Hilfe für die betroffenen Frauen ermöglicht.

Gewalt an Frauen – psychische und physische – ist eine Menschenrechtsverletzung, die wir heute nirgends auf der Welt dulden dürfen. Der Abbau dieser Gewalt ist ethisches Gebot.

Dies haben auch die christlichen Kirchen Europas in Graz im Juni '97 im Schlußdokument der Zweiten Europäischen Ökumenischen Versammlung deutlich benannt. Dort heißt es im Kapitel »Männer und Frauen« (A16): »Wir bekennen vor Gott, daß in unseren Kirchen und in unseren Gesellschaften immer noch eine unwürdige Einstellung zu Frauen besteht … Es gibt einen tief verwurzelten, manchmal durch Zitate aus Schrift und Tradition unterstützten Glauben, daß Frauen ein weniger vollständiges Abbild Gottes seien als Männer und daher ihre gesamte Existenz weniger wertvoll und weniger zu respektieren sei. Deshalb wurde den Frauen in Familie, Kirche und Gesellschaft eine den Männern untergeordnete Rolle zugewiesen … Wenn die Bedeutung der Taufe als Eingliederung aller getauften Christen in den einen Leib Christi ernst genommen wird, so müssen alle Formen der Gewalt gegen Frauen wie gegen jedes menschliche Wesen als Wunden am Leib Christi beschrieben werden.«

Wenn wir das Bild, mehr noch die Realität des Leibes Christi ernst nehmen, die wechselseitige Abhängigkeit der Glieder voneinander, so verpflichtet uns dies, die Gewalt und ihre Ursachen wahrzunehmen und zu bekämpfen – auch und soweit die Kirchen darin verstrickt sind. Auch sie haben die Tabuisierung der Gewalt gegen Frauen lange mitvollzogen, obwohl diese Menschenrechtsverletzung alltäglich gegenwärtig war und ist. Eine einseitige Erziehung zu Leidensfähigkeit und Opferbereitschaft, zu Gehorsam und Selbstaufopferung gemäß dem traditionellen katholischen Frauenbild hat manche Frauen davon abgehalten, gegen die Gewalt ihres schlagenden Partners aufzustehen. Diese Auseinandersetzung mit der eigenen Tradition steht in anderen gesellschaftlichen Bereichen ebenso an, wenn die alltägliche Gewalt tatsächlich überwunden werden soll.

Jede Frau ist Abbild Gottes voll und ganz; jede von uns ist in Jesus Christus erlöst und befreit. Wagen wir den aufrechten

Gang! Stehen wir ein für die Unantastbarkeit und Würde jeder Frau und jedes Menschen, gerade wo sie bedroht und verletzt werden. Stehen wir ein für die Rechte von Frauen und Mädchen weltweit!

Ursula Männle

Biblischer Bezug: Gen 1,27
  2 Sam 13,1–22
  Gal 3,28

ZU FRAUENGESTALTEN

Eine Frau, die Gott gefiel

Maria

Oft wurde Maria als eine Frau bloßer Innerlichkeit und privater Tugenden gesehen. Ihr Ja zur Verheißung wurde als eine Geschichte des Dienens und des bloßen Magdseins gelesen. Ihre menschlichen Erfahrungen, die Phasen der Ernüchterung und des Nichtverstehens, die Zeiten, in denen ihr Glaube angefochten wurde, all dies wurde eher verschwiegen. Dies aber zeigt eine Maria, die Gott gefiel.

Mich fasziniert an ihrer Persönlichkeit jene spannungsreiche Einheit, in der sie ihre eigene Erfahrung mit dem verbindet, was alle angeht. Nach dem Ereignis der Verkündigung nämlich eilte sie zu ihrer Verwandten Elisabet. Im Magnifikat, das sie dort anstimmt, läßt sie uns teilnehmen am Bewußtsein einer Frau, die ihre persönliche Erwählung durch Gott für das Ganze ihres Volkes verstand. Gott hat nicht nur ihrer »Niedrigkeit« gedacht, nicht nur auf sie geschaut, sondern mit der Anrede an sie »erbarmt er sich (…) über alle, die ihn fürchten« (Lk 1,50). Maria versteht Gottes Heilshandeln an ihrer Person als Handeln am ganzen Volk Israel. Sie stellt sich selbst in den heilsgeschichtlichen Zusammenhang ihres Volkes: Wenn Gott sich ihrer annimmt, »nimmt er sich seines Knechtes Israel an und denkt an sein Erbarmen« (Lk 1,54).

Nach Gottes Willen – und mit ihrem Einverständnis – bringt sie mit ihrem Kind den Ursprung des Neuen im Gottesvolk in die Welt. Sie, die das Wort Gottes in sich eingelassen hat, wird zu einem einzigartigen Ort Gottes in der Welt: »Der Herr ist mit dir« (Lk 1,28), sagt der Engel. Und Maria hatte Grund zu glauben: »Gott hat Großes an mir getan« (Lk 1,49). Es muß Gott gefallen haben, daß sie mit einem nicht geringen Selbstbewußtsein in ihrem Lied auch singt: Alle Geschlechter werden *mich* selig preisen (Lk 1,48). Darin zeigt sich: Maria war eine Frau, die – zur Würde ihrer Person erwacht – sich ihrer eigenen Berufung bewußt war. An ihrem Geschick, am Geschick einer Frau zeigt Gott, daß er den Menschen mit Freiheit ausgestattet hat, daß er ihn als freies Wesen will. Danach ist die Verkündigung an Maria nicht eine Geschichte des Dienens oder des bloßen Magdseins, wie man sie lange Zeit und fast ausschließlich vor allem für Frauen gepredigt hat. Die Verkündigung an Maria ist zuerst eine Geschichte der menschlichen Freiheit. Was Maria dort geschah, versteht René Lauretin so: »Die Verkündigung an Maria war der Vorschlag an eine Freiheit, welche nachdenkt und sich entscheidet, denn die Freiheit ist der Ort der Heiligkeit« (René Lauretin, Die Heiligkeit Marias, in: Concilium 11 [1979] 597). In der Freiheit des Menschen scheint die Würde am radikalsten auf. In ihrer letzten Tiefe fällt sie mit dem zusammen, was Gott für den Menschen will: sein Glück, sein Heil – auch wenn es immer ein Geheimnis bleiben wird, wie Gottes Wille, seine Pläne und seine Führung mit der menschlichen Freiheit zusammenspielen. Maria, eine Frau, die Gott gefiel.

Der Engel, so berichtet uns das Lukasevangelium, hat auf ihre Nachfrage hin Maria dargelegt, wie sie, die »keinen Mann erkannte« (Lk 1,34), ein Kind empfangen soll. Im Hinhören auf den Engel und seine Worte mußte Maria sich urplötzlich über ihre eigenste tiefste Lebenssehnsucht klar geworden sein. Eine tiefe Ahnung, die ihr Unbewußtes schon lange bewohnt haben mag, wurde spontan zu einer klaren Erkenntnis, zu einer Gewißheit. So kam ihr Ja ganz aus ihr selbst; und doch hat sie es nur finden können, weil der Engel sie angeredet hat. Ihr Jawort, das war sie selbst in ihrer ganzen Person. In dieser Offenheit und Empfänglichkeit gegenüber Gottes Absicht, Gottes Willen, Gottes Geist, war sie gleichzeitig ganz sie selbst: eins mit ihren tiefsten Lebensimpulsen, eins mit ihrem eigenen »Seinscode«. In diesem Einswerden und Einssein mit sich selbst und Gottes Plan wurde ihre einzigartige Integrität offenbar, die wir mit dem Bild der Jungfrau auszudrücken versuchen. Du bist voll der Gnaden (Lk 1,28), sagt der Engel.

Das Verkündigungsgeschehen zeigt Maria als eine eigenständige, ganz zu sich selbst gekommene Frau. Sie entscheidet sich unabhängig von äußeren Einflüssen und Meinungen. Was ihr geschah, war beispiellos. Dafür gab es keinen Vorgang, kein Vorbild in der Tradition. Maria holte sich für ihre Entscheidung keinen Rat – weder bei einer männlichen oder weiblichen noch bei einer religiösen Autorität. Sie fand es nicht einmal für nötig, den Mann, mit dem sie verlobt war, um seine Meinung, sein Einverständnis zu fragen. Sie verstand: Was Gott will, verträgt kein Dreinreden und auch keinen Aufschub. Wozu sie ja sagte, das nahm sie ganz und gar auf sich. In der Einsamkeit ihres Gewissens trug sie die Last der Entscheidung und der Verantwortung. So entschied sie sich, da sie sich dem Plan Gottes öffnete, gleichzeitig gegen eine Norm ihrer Gesellschaft. Ein Kind, außerhalb der Ehe gezeugt, war unerlaubt. Josef, ihr Verlobter, war nahe daran, sie zu verlassen (Mt 1,19–21). Maria, eine Frau, die Gott gefiel.

Maria war ein Mensch wie wir, und so war auch ihr Glaube ein anfechtbarer Glaube. Dieser Glaube der jungen Maria, den wir in der Verkündigungsszene gleichzeitig als einen Akt ihrer Identitätsfindung bewundern, mußte durch manche Phasen der Ernüchterung, des Nichtverstehens und der Dunkelheit hindurch. Auch sie war nicht ausgeschlossen aus den Reifungs- und Schmerzprozessen, in die wir durch unser Menschsein verwiesen sind. Auch sie mußte sich in ihrem konkreten Alltag mit den lebensgeschichtlichen Ereignissen aktiv auseinandersetzen. So war sie zum Beispiel »außer sich«, als der zwölfjährige Jesus im Tempel zurückblieb und sie ihn »mit Schmerzen« suchte: »Kind, wie konntest du uns das antun. Dein Vater und ich haben dich voll Angst gesucht« (Lk 2,48).

Eine andere Begebenheit: Jesus kam in die Synagoge seiner Heimat und sagte, nachdem er aus der Schrift vorgelesen hatte, heute habe sich durch ihn erfüllt, was dort geschrieben steht. Die Leute aber waren deshalb so aufgebracht, daß sie ihn an den Abgrund trieben, um ihn umzubringen. Ein Sohn mit einem solchen Anspruch muß seiner Mutter fremd und unverständlich gewesen sein. Ein Sohn, der außerdem alle Familienbande verachtete, als er sagte: »Wer ist meine Mutter, und wer sind meine Brüder? Und er streckte die Hand über seine Jünger und Jüngerinnen aus und sprach: Das hier sind meine Mutter und meine Brüder. Denn wer den Willen meines himmlischen Vaters erfüllt, der ist für mich Bruder und Schwester und Mutter« (Mt 12,48–50). Das sind harte Worte, die alle Schmerzenszonen in Maria berühren mußten. Maria, eine Frau, die Gott gefiel.

Zuletzt hören wir, daß Maria an Pfingsten unter jenen Frauen und Männern weilte, die zu Jesus hielten (Apg 1,14; 2,1–13). Mit ihnen – eingebunden in das neue Gottesvolk – erlebte sie den Heiligen Geist auf alle herabkommen in »Zungen wie von Feuer« (Apg 2,3). Und alle, Frauen und Männer, fingen an, Gottes große Taten zu verkünden.

Solche Offenheit und Empfänglichkeit für den Heiligen Geist, wie Maria sie schon bei der Verkündigung des Engels lebte, gehört zum innersten Wesen der Kirche. Auch wenn dieses durch Eigen-Mächtigkeit und Selbst-Herr-lichkeit oftmals verdunkelt wurde, sind das unerläßliche Haltungen für die Kirche. Ohne diese kann sie vom Heiligen Geist nicht empfangen, was sie heute der Welt und den Menschen schuldet: Hoffnung, Frieden, Gerechtigkeit und Heil. Nur in der Bemühung um diese Haltungen Gottes Geist gegenüber können wir als einzelne und als Kirche zu jener Glaubensintegrität hinreifen, die Maria uns voraus hat. Maria, eine Frau, die Gott gefällt.

THERESIA HAUSER

Mögliche Bibelstellen: Lk 1,26–38
Lk 1,46–55
Lk 2,41–52
Apg 1,12–14; 2,1–13

Feurig hat sie geliebt

Elisabeth von Thüringen (1207–1231)

Elisabeth wird im Jahre 1207 in Ungarn geboren. Es ist die Zeit des Minnegesangs, der am Hof des thüringischen Landgrafen Hermann in den Gedichten und Liedern Walthers von der Vogelweide eine Blütezeit erlebt. Es ist aber auch die Zeit, in der sich viele Menschen auf das Evangelium zurückbesinnen, sich Armutsbewegungen anschließen oder durch radikale Hinwendung zu Gott und den Menschen ihre Umwelt erschüttern beziehungsweise vor den Kopf stoßen. Denken wir an Franz und Klara von Assisi, Dominikus, Katharina von Siena ...

Mit vier Jahren kommt die Königstochter von Ungarn auf die Wartburg. 14jährig wird sie 1221 mit dem Landgrafen Ludwig vermählt und erlebt eine kurze, glückliche Ehe. Ludwig stirbt auf dem Kreuzzug 1227.

Elisabeth verläßt die Wartburg, trennt sich von ihren Kindern, wird Terziarin des heiligen Franz von Assisi und pflegt in einem Siechenhaus, das sie selbst erbauen ließ, Kranke und Leidende. Elisabeth stirbt mit 24 Jahren.

»Feurig hat sie geliebt«, so Papst Gregor IX. Was ist das für ein Feuer, das verzehrt? Was ist das für eine Liebe, die sich eingegrenzt erfährt in Zeit und menschlichen Hindernissen? Was ist das für eine Frau, die der Leidenschaft so viel Raum läßt?

Was Elisabeth ausmacht, ist ihre Art, sich ganz auf das Leben einzulassen. Halbherzigkeit ist ihr fern. Sie geht aufs Ganze für ihr Leben, für ihre Beziehungen, für ihr waches Aufnehmen der lauten und leisen Töne in sich und den anderen. Diese Ganzheitlichkeit drückt sich aus.

Mit Leidenschaft hat sie reagiert. Leidenschaft – ein Wort, das es in unserem christlichen Leben und auch im christlichen Glauben eher schwer hat.

Doch auch Jesus war in seinen Worten an seine Freunde voll Leidenschaft. Auch die Briefe der Apostel geben Zeugnis und lassen eine Ahnung aufkommen, wie es ist, wenn Menschen von einer leidenschaftlichen Kraft erfüllt sind. Leidenschaftliche Menschen sind sehnsüchtige Menschen, die sich ein Empfinden für Glück und Zärtlichkeit, aber auch für Schmerz und Tränen bewahrt haben. Leidenschaftlich leben, das bedeutet auch, leiden zu müssen: leiden an der eigenen, oft unerfüllbaren Sehnsucht nach Gott, leiden an sich selbst, leiden an dem, was ist oder nicht ist.

Elisabeth ist eine Frau, die leidenschaftlich in Beziehung lebt, diese pflegt und Konsequenzen daraus annimmt. Ihre Beziehungen lassen sich nicht auseinanderdividieren: Hier Mensch, dort Gott. Sie geht aufs Ganze in ihrer Beziehung zu Ludwig, zu Gott und zu den ausgegrenzten Menschen.

Ludwig mischt sich seinerseits nicht in ihre Aktivitäten ein und versucht nicht, diese zu behindern; im Gegenteil: Er nimmt sie in Schutz vor Angriffen seiner Familie, die zum Beispiel nicht akzeptiert, daß Elisabeth alle Speisen verweigert, die den Untertanen von Steuereintreibern (unrechtmäßig) abgezwungen wurden. Er duldet es, daß sie sich von ihren Gespielinnen mit »Du« anreden läßt, ihre Kleider verschenkt und sich – entgegen der höfischen Sitte – bei Tisch neben ihren Gatten setzt: Elisabeth macht sich für ihn schön. Sie zeigt ihm, wie wertvoll seine zärtliche Geborgenheit ist, die er ihr schenkt. Sie hält es kaum aus, lange von ihm fern zu sein. Auf seinen Reisen begleitet sie ihn oft. Kommt es dennoch zur Trennung, so begrüßt sie ihn bei seiner Heimkehr stürmisch und »küßt ihn mit Herz und Mund und mehr denn tausend Stund«, wie der Chronist berichtet.

Nacht bricht über Elisabeth herein, als ihr Mann im Jahr 1227 das Kreuz nimmt, um im Heiligen Land die christlichen Stätten zu befreien. Elisabeth ist geschockt. Sie bricht zusammen. Beim Abschied reitet sie zwei Tagesreisen mit ihm. Dann kommt der Augenblick der Trennung. Die Chronik berichtet, daß sie sich lange umschlungen halten, um sich dann zum letzten Mal zu küssen. Ludwig kommt nur bis Brindisi. Dort überfällt ihn ein Fieber, an dem er stirbt. Bei der Botschaft: »Er ist tot«, schreit Elisabeth, die ihr drittes Kind erwartet, laut auf: »Tot ist er, dann ist mir die Welt tot und alles, was an ihr süß ist.« Sie läuft rasend durch alle Zimmer und Räume, stößt ihren Kopf gegen Wände und Türen. In ihrem Schmerz ist sie außer sich und hemmungslos, in ihrer Trauer grenzenlos.

Nach einem halben Jahr werden die Gebeine Ludwigs zurück nach Deutschland gebracht. Für Elisabeth bedeutet das nochmals eine Herausforderung, die sie nun in ihrer Beziehung zu Gott zum Ausdruck bringt. Leise weinend und um Haltung bemüht, sagt sie: »Herr, ich danke dir, daß du mir in deiner Barmherzigkeit mit den heißersehnten Gebeinen meines Ehegemahls Trost spendest. Du weißt: So sehr ich ihn auch liebte, ich will ihn dir nicht neiden. Er hat sich auf seinen und meinen Wunsch zum Schutz des Heiligen Landes geopfert. Könnte ich ihn wiederhaben, so wollte ich ihn gegen die ganze Welt eintauschen, selbst wenn ich mit ihm betteln gehen müßte. Aber gegen deinen Willen möchte ich ihn – dafür bist zu Zeuge – nicht um den Preis eines einzigen Haares zurückkaufen. Ich empfehle ihn und mich deiner Gnade. An uns geschehe dein Wille!«

Damit wird deutlich, wie Elisabeth liebt. Es geht immer ums Ganze. Die Trauer hat ihren Platz wie die überschäumende Freude, die Liebe zu Gott wie der Verlust des Geliebten. Ihre Beziehung zu Gott findet Ausdruck im Gedenken an Christi Leiden. Mit dieser Frömmigkeit ist sie ganz Kind ihrer Zeit. Ihr Leben ist ein Zeichen überströmender Liebe. Sie will sich selbst schenken, restlos, radikal Jesus nachfolgen, um so eine Antwort auf die menschgewordene Liebe Gottes zu geben. Gott hat sich grundsätzlich »mit dem wirklichen Fleisch unserer Menschlichkeit und Gebrechlichkeit« verbunden. Es gibt kein Elend mehr, keine Ohnmacht, keine Not, die nichts mit Gott zu tun haben. Die Armen sind die Adressaten der Liebe Gottes. Diese Liebe ist grenzenlos, bedingungslos und wird von Elisabeth erahnt, erkannt, erwidert – in gleicher Maßlosigkeit wie zu ihrem Mann Ludwig.

Der Franziskanertheologe Duns Scotus beschreibt die Liebe Gottes: »Gott ist so sehr Liebe, daß er nicht als Einsamkeit und Einzigkeit verstanden werden darf. Er ist nicht das für sich allein seiende, sich selbst genügende Wesen, wie ihn einige Philosophen sehen. Gott ist vielmehr lauter Verströmen, ganz und gar Hingabe.«

Er will darum eine Welt von Geschöpfen, die sich selbst und die anderen lieben, eine untereinander verbundene und vernetzte Schöpfung, eine Wirklichkeit, die sich durch Beziehung und Verbundenheit definiert und nicht durch Abgrenzung und Isolation. So ist es eine geradlinige Konsequenz, daß die Leidenschaft einer

Elisabeth sich in der Hinwendung zu den Armen ausdrückt. Wie Franziskus glaubt Elisabeth, daß Gott das Schwache, Niedrige und Verachtete erwählt hat.

In diesen Ärmsten und von der Gesellschaft Verachteten erkennt sie Christus – »Welches Glück für uns, so unseren Herrn baden und zudecken zu können!« (Libellus, 62) – und lebt somit leibhaftig das Wort des Evangeliums: »Was ihr dem Geringsten meiner Brüder getan habt, das habt ihr mir getan« (Mt 25,40). Ihre Hingabe geht dabei so weit, daß sie einen einäugigen Jungen, der an Krätze leidet, zu sich nimmt und ihn jede Nacht sechsmal, bisweilen auch öfter, auf den eigenen Händen zur Verrichtung seiner Notdurft hinausträgt; auch seine beschmutzten Leinentücher wäscht sie selbst (vgl. Libellus, 52; 61). Elisabeths schon erwähnte Fröhlichkeit verläßt sie auch in schweren Zeiten nicht; immer wieder mahnt sie ihre Gefährtinnen: »Ich habe euch gesagt, wir müssen die Menschen fröhlich machen« (Libellus, 57). So kümmert sie sich nicht nur um das körperliche Wohl der Kranken und Armen, sondern versucht auch, sie aufzumuntern, ihnen Trost zuzusprechen.

Elisabeth wagt sich, und ihre Art und Weise ist die Liebe – eine leidenschaftliche Liebe, die sich nicht aufspalten läßt und die keine Angst kennt.

Leidenschaftlich, feurig hat sie geliebt – eine Zeit wie die unsere tut gut daran, sich die Ganzheitlichkeit des Lebenszeugnisses von Elisabeth vor Augen zu führen. Absicherung, der Drang nach Geltung und Besitz sind Stolpersteine, die der Menschwerdung im Weg stehen können. Gefühlsarmut, Kälte und Mißtrauen breiten sich aus. Liebe und selbstlose Hingabe haben es schwer.

Wertschätzung, Treue und verbindliche Bejahung sind eher Mangelware. Der Hunger ist groß. Brot, das unter dem Mantel zur Rose wird, ist vonnöten, ist da in den vielfältigen Gaben und Charismen, in der Liebe, die heilt.

PAULIN LINK

Mögliche Bibelstelle: Mt 25,31–40

»Reich mir den frischen Wassertrunk heiliger Hoffnung«

Gertrud die Große von Helfta (1256–1302)

Bekehrung zur Mystik des Alltags: dem Geheimnis des Lebens auf der Spur

Das Leben einer Nonne im Kloster ist nicht besonders aufregend. Aufstehen, beten, essen, meditieren, arbeiten, studieren, schlafen – wie das Leben vieler Menschen ist es ein Kreislauf sich stets wiederholender Verrichtungen. Der Alltag ist durch Vorschriften und Verbote reglementiert. Für Gertrud die Große ist dies besonders gravierend. Geboren wird sie 1256, und bereits im Alter von fünf Jahren kommt sie ins Kloster Helfta. Wie es damals für Mädchen üblich ist, kann sie ihren Lebensweg nicht selbst bestimmen, sondern ihre Eltern treffen diese weitreichende Entscheidung. Für das Mädchen hat dies große Vorteile, denn in der dortigen Schule erhält sie eine solide Ausbildung. Sie lernt lesen, schreiben, Psalmensingen und wird in die Grundlagen der Wissenschaft und Theologie eingeführt. Gertrud ist zunächst eifrig bei der Sache. Aber im Alter von etwa 25 Jahren fällt sie in eine Lebenskrise, die mit ihrem Stand als Nonne verbunden ist. Das alltägliche Leben im Kloster ist auch für sie ermüdend und zermürbend. Sie studiert leidenschaftlich, hat aber als Frau nur geringe Möglichkeiten, dies auch anzuwenden. Die Universität ist ihr verschlossen, das Reisen zu berühmten Gelehrten unmöglich, das Predigen und Lehren nicht erlaubt. Das Wissen, das sie sich aneignet, läuft ins Leere. Gertrud weiß nicht wohin mit ihren Talenten, die sich zwar zeigen, aber keinen Ort der Bewährung erhalten. Sie stellt fest, daß sie im Kloster kein heiliges, sondern ein langweiliges Leben lebt. Der Trott alltäglicher Pflichterfüllung droht sie zu ersticken.

In dieser Situation der Not und Verzweiflung erfährt Gertrud ihre Bekehrung zur Mystik. Sie hat von einem Leben jenseits der Klostermauern geträumt. Doch nun offenbart sich ihr Christus als die Kraft, die ihren grauen Ordensalltag in neuen Farben zum Leuchten bringt. Sie erkennt, daß auch der zermürbende Alltag, daß jeder Augenblick des Lebens schöpferische Möglichkeiten birgt, die ihn erhellen und ihm eine neue Richtung geben. Diese schöpferischen Möglichkeiten liegen aber nicht einfach vor, sondern müssen gegen Widerstände und auch unter Schmerzen zu Tage gefördert werden. Das Klosterleben Gertruds macht deutlich, daß der Alltag eine geistliche Herausforderung ist. Seine Gefahr liegt darin, daß man der zermürbenden Macht des täglichen Einerlei erliegt. Die mystische Erfahrung widersteht dieser Gefahr. Sie bricht den Alltag auf seine schöpferische Kraft hin auf, indem sie ihn in seiner Einmaligkeit wahrnimmt und lebt. Die Schöpfungskraft Gottes erfüllt die Frau und befreit sie aus der Todesstarre der Verzweiflung. Gertrud gewinnt ihr Leben, indem sie seiner Bedrohung widersteht. In diesem Prozeß wird ihre eigene schöpferische Kraft freigesetzt, die zuvor blockiert und lahmgelegt war. In Gott wird der Mystikerin das Leben zugänglich. Sie erfährt eine Neuschöpfung, eine Metamorphose: »Und dann begannst du, Gott, in mir zu wirken, wunderbar und voller Geheimnis« (Leg. II, 23). Gertrud erfährt die Gnade, daß sie dem Zwang zur Wiederholung auch im Kloster nicht ausgeliefert ist. Nicht ihre äußere Lebensform muß sich ändern, sondern ihr Leben selbst. Indem sich die Mystikerin ihrem Schmerz und ihrer Sehnsucht stellt, kommt sie dem Geheimnis des Lebens auf die Spur. Sie erfährt den Alltag als den Ort, wo Gott im eigenen Leben geboren wird.

Die Bekehrung zur Seelsorge: Worte des Lebens finden

In Gertruds erster Vision spricht Christus der Mystikerin Worte des Trostes und der Verheißung zu: »Ich werde dich befreien, fürchte dich nicht.« Mit dieser Verheißung beginnt Gertrud, den Klosteralltag zum Ort ihres Lebens zu gestalten. Sie widersteht der lähmenden Wiederholung ihres Tagesablaufs und bringt sein schöpferisches Potential zum Blühen. Dieser Prozeß fordert alle ihre Talente, ihre gesamte Kreativität. Der Weg der Mystik, den Gertrud mit ihrer Bekehrung beginnt, führt sie zu den Menschen, mit denen sie den Alltag lebt. Das Kloster ist kein Ort, der die Nonne von der Außenwelt abschottet. Viele Menschen, berühmte und unbekannte, suchen hier Zuflucht mit ihren Sorgen und Nöten. Helfta ist ein Ort der Seelsorge. Dies gibt Gertrud die Möglichkeit, vielen zu begegnen, ihnen mit Rat und Hilfe beizustehen und selbst Hilfe zu erfahren. Aufgrund ihrer Mystik wird Gertrud eine hervorragende Seelsorgerin. Sie ist sensibel für das Verborgene, auf das es in der Seelsorge ankommt. Sie versucht, in das Herz eines Menschen zu sehen, das das Geheimnis des Lebens verborgen hält und doch offenbart. Es wirkt überall dort, wo Menschen ihrem Alltag geduldig und beharrlich das Leben abringen. Gertruds Aufgabe als Seelsorgerin besteht darin, die ratsuchenden Frauen und Männer auf diesem Weg zu unterstützen und auch herauszufordern. Sie offenbart Gott als die Macht, die dem Alltag seine erstickende Ohnmacht nimmt und ihn zu seiner schöpferischen Kraft befreit.

Damit dies gelingt, braucht Gertrud die Kraft von Worten, die Leben schenken. Ihre Berufung zur Seelsorge fordert sie heraus, sprachfähig zu werden. Denn das Hauptwerkzeug der Seelsorge ist die Sprache. Ihre Kunst besteht darin, in einer Situation der Bedrängnis die richtigen Worte zu finden, Worte, die die bedrängende Situation erschließen und auf das Leben hin öffnen. Das richtige Wort zur richtigen Zeit kann das Leben von Grund auf verändern. Diese Macht ist eine große Herausforderung für die Sprache selbst. Gertrud kann nicht auf ein vorgefertigtes Repertoire fertiger Sätze zurückgreifen. Sie muß die Sprache neu erfinden, damit sie die Situation tatsächlich trifft und über sie hinausführt. Im Gespräch mit Menschen, die auf der Suche nach dem Geheimnis ihres Lebens sind, findet die Mystikerin zu ihren Worten des Lebens. Sie findet zu ihrer Sprache.

Die Biographin Gertruds hebt deren große Sprachfähigkeit hervor und stellt bewundernd fest, »daß ihr immer ein göttliches und daher aufbauendes Wort gegenwärtig war« (Leg. I,1). Die Mystikerin ist fähig, die richtigen Worte zu finden. »Zahlreiche Menschen bezeugten, daß sie durch ein einziges Wort, das sie aus ihrem [Gertruds] Mund gehört hatten, zuweilen tiefer erschüttert wurden als durch eine lange Ansprache erprobter Prediger« (Leg. I,12). Die Bekehrung zur Mystik ruft eine neue Sprache hervor. Ihre Worte des Lebens, die sie in der Seelsorge findet, haben eine Bedeutung, die weit über den Rahmen ihres Klosters hinausreicht. Obwohl den Frauen des Mittelalters vorgehalten wird, daß sie in Politik und Kirche besser zu schweigen haben, ergreift die

Mystikerin öffentlich das Wort. Auch heute noch ist ihr erstes Buch, »Gesandter der Göttlichen Liebe«, bekannt. Aber es ist nicht ihr einziges Werk. Sie hat auch ein Exerzitienbuch geschrieben, die »Exercitia spiritualia«. Dessen »Geistliche Übungen« wollen aus Verzweiflung und Trostlosigkeit herausführen. Hier erweist sich Gertrud als Meisterin des geistlichen Lebens. Im Lauf der Jahre hat sich aus der Frau, die sprachlos und ohnmächtig war, eine Autorität entwickelt, deren Wort Gehör geschenkt wird. Sie ist eine Prophetin, die den Weg zur Quelle des Lebens weist.

Die heilige Hoffnung – Quelle des Lebens

Gertruds Spiritualität wurzelt in der Sehnsucht, das Leben in Fülle zu erfahren – trotz Krankheit und Verwundung, trotz Alter und dem drohenden Tod. Sie will der Schöpfungskraft Gottes Raum geben, wo auch immer sie lebt. Sie findet sich nicht mit den engen Grenzen ab, die ihr als Frau vorgegeben sind, sondern überwindet sie sensibel und mutig, schöpferisch und mit fröhlichem Herz. Auch sie erlebt viele Enttäuschungen in ihrem Leben. Sie leidet an ihrer eigenen Unzulänglichkeit genauso wie an äußeren Behinderungen, die nicht sein müßten. Sie wird verletzt, fühlt sich einsam und verlassen. Die Gefahr besteht, daß sie resigniert und vor Enttäuschung innerlich verbittert. Aber sie sucht Zuflucht bei der Weisheit Gottes, die das Leben von Grund auf erneuert. In den »Geistlichen Übungen« betet sie zu Gott: »Nimm mich auf in den Schoß deiner Liebe. Reiche mir den frischen Wassertrunk heiliger Hoffnung, auf daß ich lebe« (Ex. Spir. 106). Im Gebet bittet die Mystikerin um die Ermutigung, die sie braucht, um nicht der Resignation zum Opfer zu fallen. Ohne Hoffnung kann ein Mensch nicht leben. Aber die Hoffnung muß auf festen Grund bauen, sie darf keine Täuschung sein. Deswegen sucht Gertrud nach der »heiligen Hoffnung«. Diese führt nicht von der Welt weg, in der die Frau lebt, sondern stellt sich der Wirklichkeit so, wie sie ist. Die heilige Hoffnung entsteht aus dem realistischen Blick, der nichts verschleiert und schönredet. Zugleich zeigt sie auf, welche Wege aus der Sackgasse führen und wie die Trostlosigkeit zu überwinden ist. Sie ist heilig, weil sie die Kraft gibt, aufzustehen und neu zu beginnen.

Der »frische Wassertrunk heiliger Hoffnung« sind Worte des Lebens, die Hoffnung schenken, weil sie Zukunft eröffnen. Diese

Worte zu finden, ist nicht nur die Aufgabe einer Nonne des Mittelalters. Die Probleme, vor denen sie steht, sind zutiefst menschliche Probleme. Jedes Leben ist von Schicksalsschlägen bedroht, aber auch vom Trott der Gewohnheit und von der Mühle der Wiederholungen. Dazu kommen für eine Frau auch heute noch Hindernisse, die ihr aufgrund ihres Geschlechts in den Weg gelegt werden. Dies alles kann ihr das Leben schwermachen und es vergällen. Es drängt Frauen in die Rolle des Opfers, die alle Kraft lähmt. Die Mystik, so zeigt es Gertrud, hat jedoch die Macht, aus der Lähmung des Opfers herauszuführen. Die Bekehrung zur Mystik ist eine tiefgreifende Befreiung. Sie verweigert sich der Unterwerfung und schenkt die göttliche Kraft eines Widerstandes, der nicht verbittert, sondern das Leben neu eröffnet. »Reich mir den frischen Wassertrunk heiliger Hoffnung, auf daß ich lebe.«

Literatur

Gertrud die Große: Gesandter der Göttlichen Liebe. Ungekürzte Übersetzung von Johanna Lanczkowski, Heidelberg 1989 (= Leg.).
Exercitia Spiritualia. In: Das neue Gertrudenbuch. Hg. von Verkade, Willibrord, Beuron 1956 (= Ex. Spir.).
Bangert, Michael; Keul, Hildegund (Hrsg.): »Vor dir steht die leere Schale meiner Sehnsucht«: Die Mystik der Frauen von Helfta, Leipzig 1998.

HILDEGUND KEUL

Hinweis: Diese Predigt eignet sich besonders für den Gedenktag der heiligen Gertrud der Großen am 17. November (700. Todestag im Jahr 2002).

Mögliche Bibelstelle: Joh 10,10

Eine Frau, die »ihren Mann steht«!

Teresa von Avila (1515–1582)

Welch anstößige Überschrift! Nähme man sie wörtlich, könnte man wie im Evangelium gesagt bekommen: »Deine Sprache verrät dich«! (Mt 26,73). Die Frau, die wir in unsere Mitte stellen wollen, gehört zu jenen mutigen Frauen, von denen es gar nicht so wenige gab. Frauen, die sich in ihrer Situation zurecht fanden, Frauen, die ihre Umwelt beeindruckt haben, deren Lebenszeugnis bis heute nachwirkt. Die Frau, von der wir reden, ist gar zur Kirchenlehrerin erklärt worden: Es ist Teresa von Avila.

Mit zwanzig Jahren hat sich Teresa entschlossen, ins Kloster zu gehen; sie trat bei den Karmelitinnen in ihrer Heimatstadt ein. Der Stil im Kloster war nicht strenger und auch nicht frömmer, als es dem Durchschnitt der Zeit entsprach. Teresa sagt später, es seien Jahre der Mittelmäßigkeit gewesen. Doch sie hatte Zeit, sich in das betrachtende Gebet einzuüben. Erst durch außergewöhnliche Visionen wendete sich ihr Leben völlig. Teresa gründete am Rande der Stadt ein neues Kloster nach den alten, strengen Regeln. Sie hat sie aus der Vergessenheit wieder ans Licht geholt. Es wird erzählt, wie sie auf dem Weg zu ihrem neuen Kloster in einer Kirche Halt machte, nach einem kurzen Gebet ihre Schuhe auszog, sie in eine Ecke schleuderte und dünne Hanfsandalen überstreifte. Diese Zeichenhandlung sagte aus: Fortan wollte sie unbeschuhte Karmelitin sein. Ist eine solche Aktion nicht Hinweis auf ein etwas harmloses Gemüt? Doch man lasse sich nicht täuschen! Teresa war eine Frau mit kühlem Kopf und warmem Herzen. Sie reformierte den Karmel; sie gründete achtzehn Frauen- und fünfzehn Männerklöster.

Man kann sich vorstellen, daß so eine Frau Mißtrauen erregte. Sie war lange Zeit im Visier der Inquisition und auch einiger Theologen, die Anstoß nahmen an ihrem Lebensstil. Mit denen verbündeten sich all jene, die es ihr übelnahmen, daß sie als Frau die unglaublich anstrengenden Reisen auf sich nahm, um Klöster zu gründen. Damit hat sie jedoch keineswegs überall Anerkennung gefunden. Skandalös, welch »weltliche Geschäfte« sie besorgte! So lautete der Vorwurf, den sie sich aus manchen Kreisen für ihre großartigen Klostergründungen einheimste: Eine Nonne, die in der Welt herumreist! Die Dinge unternimmt, die »selbstverständlich« Männerangelegenheit sind! Bis nach Rom drangen die Gerüchte. Typisch ist die Stellungnahme von Papst Gregor XIII., der einen spanischen Diplomaten fragte, ob »diese sittenlose Nonne« ihre betriebsamen Klostergründungen nicht nur zum Vorwand nehme, »um ihren ausschweifenden Gelüsten zu frönen«? Doch Teresa tat, wozu sie sich berufen fühlte. Sie hat jedoch nie etwas auf eigene Faust unternommen, ohne sich den Rat ihres Beichtvaters einzuholen. Allerdings, sie gab sich nicht mit jedem zufrieden! Immer wieder ging sie auf die Suche, bis sie den richtigen fand!

Zugleich aber war Teresa erfrischend unbekümmert und souverän. Sie hat zum Beispiel damit kokettiert, daß Frauen zwar »dumm seien und keine guten Ratgeber« – wie alle Welt sage. Aber bisweilen brächten die Frauen doch einiges fertig, was erstaunlich sei! An ihren Vorgesetzten schreibt sie vom Erfolg in Sachen Klostergründung: »Ich möchte wetten, Ihr hättet das nicht so bald zustande gebracht!«

Solche Aktivität und zugleich solche Gelassenheit waren für Teresa nur möglich auf der Basis ihrer großen Gottesverbundenheit. Sie sah die Spannung zwischen Weltdienst und Gottesverbundenheit, sah ihr eigenes Leben und die Leidensgeschichte der Menschen im Angesicht des Gekreuzigten. Und all das verstand und deutete sie von Gott her. In einer seltenen Klarheit spricht aus ihren Schriften diese entschiedene Gottbezogenheit und zugleich eine ganz sensible Weltverantwortung.

Wie eng und unlöslich verbunden Teresa beides sieht, kann an einem ihrer Gebete deutlich gemacht werden. Sie schreibt in ihrem Werk »Weg der Vollkommenheit«: »O mein Jesus, so groß ist deine Liebe zu den Menschenkindern, daß man dir den größten Dienst erweist, wenn man sich nicht dir, sondern ihnen zuwendet, denn dann ist man dir am tiefsten verbunden. Solange wir in diesem sterblichen Leibe leben, sind alle Freuden der Erde, selbst wenn sie von dir geschenkt erscheinen, zweifelhaft, wenn sie nicht von der Liebe zum Nächsten begleitet werden. Wer den

Nächsten nicht liebt, liebt auch dich nicht, mein Herr, der du mit deinem Blute die große Liebe zu uns Adamskindern bezeugt hast.«

Solche Haltung läßt Teresa auch Stellung beziehen zur Situation der Frauen in ihrer Zeit. Sie haben in der Öffentlichkeit nichts zu sagen und zu suchen. Daher bezieht Teresa kritisch Position zur Männerwelt. Deren vornehmste Eigenschaft ist das Richten und Erobern. Doch hören wir sie im Originalton, ebenfalls mit einer Kostprobe aus dem »Weg der Vollkommenheit«. Auch hier schreibt sie betend: »Ist es nicht genug, Herr, daß die Welt uns Frauen eingeschlossen hält? Ist es denn so bestellt, daß wir in der Öffentlichkeit für dich nichts tun können, was der Mühe wert ist? Und sollten wir der Welt ihr Unrecht nicht vorhalten können? Solltest du eine so gerechte Bitte nicht erhören? Nein, Herr, ich kann es nicht glauben, wenn ich deine Güte und Gerechtigkeit betrachte. Denn du bist ein gerechter Richter und nicht wie die Richter dieser Welt, die alle Söhne Adams und daher Männer sind. Es gibt keine Tugend der Frau, die sie nicht mit Mißtrauen betrachten. Aber, mein König, es wird ein Tag kommen, an dem sie uns alle erkennen werden. Ich spreche nicht für mich selbst, denn die Menschen kennen inzwischen meine Verdorbenheit, und ich bin froh darüber. Aber wenn ich unsere Welt von heute sehe, dann finde ich es nicht gerecht, daß Menschen mit einem tugendhaften und starken Gemüt verachtet werden, einzig und allein weil sie Frauen sind.«

Dieser Text stammt nicht von einer Feministin aus unseren Tagen. Es ist das Gebet einer 51jährigen Frau im schon nicht mehr goldenen Zeitalter Spaniens. Teresa ist schon 31 Jahre lang im Kloster und hat nach langen inneren und äußeren Kämpfen eine Reformbewegung ihres Ordens in Gang gebracht. Es ist wohl kein Zufall, daß unser Text in der Originalhandschrift Teresas fast unleserlich ist. Ein kirchlicher Zensor hat versucht, diese Zeilen durchzustreichen. Es ist ihm nicht gelungen, sie ganz unleserlich zu machen! Auch das ist ein Stück Überlieferungsgeschichte der Frauen in der Kirche.

Als Teresa im Jahre 1566 diesen Text schrieb, war weltgeschichtlich einiges im Fluß. In Spanien war Philipp II. schon seit zehn Jahren an der Macht; deren Höhepunkt war bereits überschritten. Die Eroberungen Lateinamerikas hatten Reichtum und

Unrecht gebracht. Teresas Brüder sind an diesen Eroberungen aktiv beteiligt. Die Kriege mit den Niederlanden und England stehen vor der Tür. Elf Jahre zuvor war im Augsburger Religionsfrieden (1555) die Spaltung der Christenheit endgültig besiegelt worden. Drei Jahre zuvor (1563) war das Konzil von Trient zu Ende gegangen. Zwei Jahre zuvor war der Reformator Calvin (1564) gestorben.

Man kann sich gut vorstellen, daß diese Zeit des Umbruchs, in der Teresa lebte, eine Zeit war, in der angsthaftes Festhalten am Bisherigen ebenso verbreitet war wie ausgeprägter Reformwille. Teresa schreibt ihren Mitschwestern ins Stammbuch (ebenfalls in »Weg der Vollkommenheit«): »Meine Schwestern in Christus! Helft mir, die wirksame Erneuerung durch Rückbezug auf die Radikalität der Nachfolge Jesu von Gott zu erflehen! Aus diesem Grund hat der Herr euch hier versammelt; das ist eure Berufung; darin soll eure Beschäftigung bestehen … dafür sollen eure Tränen fließen, und darum sollt ihr beten – und nicht, meine Schwestern, um Dinge dieser Welt hier, worüber ich lache und zugleich betrübt bin, wenn man so etwas unserem Gebet empfiehlt … Die Welt steht in Flammen, sie wollen Christus gleichsam zum zweiten Mal verurteilen, denn Tausende von Zeugen erheben sich gegen ihn und wollen seine Werke zu Boden stürzen … Nein, meine Schwestern, nun ist keine Zeit, mit Gott über unwichtige Dinge zu verhandeln.«

In diesem Text wird deutlich: Teresa lebte nicht abgeschieden von Weltereignissen. Doch es war ihr wichtig, sich nicht in Alltagsverhältnisse zu verstricken, die als falsch und gottlos zu entlarven sind. Teresa will alle geistliche und reformerische Energie gleichsam auf einen Pol zusammenziehen, nämlich auf die Spannung von Kontemplation und Kampf. Das Bild, das sie dafür benützt, findet nicht unseren Gefallen. Frauen von heute wollen nicht »Fahnenträgerin im Kampf« sein. Doch dieses Bild zeigt, in welcher Zeit und in welcher Welt Teresa lebte. Sie will jedoch als Fahnenträgerin im Kampf nicht Waffengerassel zur Normalsituation erklären. Im Gegenteil. Ihr geht es um den Sieg über das alles und den Kampf gegen alles, was uns auf dem Weg der Nachfolge im Weg steht. Dafür trägt sie »die Fahne« voraus.

Sollte sich nun ein Bild von Teresa einprägen als Fahnenträgerin im Kampf, als aktivistische Gründerin von 33 Frauen- und

Männerklöstern, als Frauenrechtlerin und unerschrockene Reformerin – so wäre das alles nicht falsch, und doch wäre es einseitig gezeichnet. Denn die Basis ihres Redens und Tuns war ihre Verbundenheit mit Gott, von nichts zu erschüttern. Diese Haltung ist ausgesprochen in einem berühmt gewordenen Gebet der großen spanischen Karmelitin, Mystikerin, Theologin, Kirchenlehrerin. Es steht auch in unserem Gotteslob (5,2):

>>Nichts soll dich ängstigen,
nichts dich erschrecken,
alles geht vorüber.
Gott allein bleibt derselbe.
Alles erreicht der Geduldige,
und wer Gott hat,
der hat alles.
Gott allein genügt.<<

GABRIELE MILLER

Mögliche Bibelstellen: Psalm 46
Lk 8,1–3

In ihren Taten verkündete sie das Evangelium

Amalie Augustine von Lasaulx (1815–1872)

Im Treppenaufgang unseres Hauses hängt ein großes Bild von einer Frau in der Ordenstracht der Borromäerinnen. Ein Bekannter sah es bei einem Besuch und sagte: »Ach, ein Barmherziges Schwesterlein! Die kenne ich noch aus meiner Schulzeit.« Ich muß gestehen, daß diese Bemerkung mich verstimmt hat. Die leichtfertig gebrauchte Verniedlichungsform, ohne die Frau genauer anzusehen, der schnelle Rückschluß von der Ordenstracht auf die Person, die darin steckt – sofort war eine Beurteilung dieser Frau fertig. Mein Bekannter hatte seine eigene Erfahrung während der Schulzeit in dieses Bild hineinprojiziert, ohne die Frau auf dem Bild als eigene Person wahrzunehmen. Hätte er das Bild genauer betrachtet und sich obendrein bewußt gemacht, daß es inmitten einer Reihe von Porträts (alt-)katholischer Gestalten des 18. und 19. Jahrhunderts hängt, hätte ihm auffallen müssen, daß seine Bemerkung deplaziert war.

In der alt-katholischen Kirche wird Amalie von Lasaulx, die 1840 in die Kongregation vom heiligen Carl Borromäus eintrat und damit Schwester Augustine wurde, als Bekennerin verehrt. Ihr Name steht am 28. Januar, ihrem Todestag, im Liturgischen Kalender der alt-katholischen Kirche. In anderen kirchlichen Traditionen jedoch ist sie heute praktisch unbekannt. An ihrem Geburtsort (Koblenz) und dem Ort ihres Wirkens (Bonn) findet sie hin und wieder in stadtgeschichtlichen Werken Erwähnung, ansonsten ist ihr Andenken vergessen. Hat ihr Leben für uns heute noch eine Bedeutung?

Zu ihren Lebzeiten war Amalie Augustine von Lasaulx in ganz Deutschland bekannt. Insbesondere ihr Wirken als Krankenpflegerin in den Kriegen von 1864 und 1866 begründete ihren Ruf als »Engel des Trostes und der Erquickung« (Reinkens) für die Verwundeten und Sterbenden. Auf Geheiß des Mutterhauses der Borromäerinnen zogen Sr. Augustine und mehrere andere Schwestern ihrer Kongregation als Krankenpflegerinnen in den deutsch-dänischen Krieg. In unmittelbarer Nähe des Kriegsschauplatzes pflegte Schwester Augustine Sterbende und Verwundete.

Die Verwundeten konnten oft nur notdürftig versorgt werden; da Medikamente fast völlig fehlten, war Wein häufig das einzige, was zur Linderung der Schmerzen gereicht werden konnte. Viele Soldaten erlagen ihren Verwundungen bei vollem Bewußtsein, da sie nicht schnell und fachgerecht operiert werden konnten. Andere überlebten den Krieg, kehrten aber als Zerschnittene zurück. Sr. Augustines besonderes Mitgefühl galt den verwundeten dänischen Soldaten, die aus dem Lazarett hinaus als Kriegsgefangene »irgendeine Festung beziehen (mußten), auf wie lange Zeit, weiß Gott«. Kein Wort der Verherrlichung des Krieges oder des Triumphalismus nach gewonnener Schlacht ist von Amalie von Lasaulx zu hören; statt dessen wünschte sie die Herren am grünen Tisch, »deren Losung immer Krieg ist«, an ihre Seite, auf daß sie die grausamen Folgen des Krieges erkennen sollten. Die Erlebnisse dieses Krieges haben Amalie von Lasaulx' weiteres Leben geprägt. Den Krieg selbst verabscheute sie als »schauderhafte Geißel für die Länder und Familien, die er trifft!«, aber die Pflege der Verwundeten machte sie glücklich. Hier konnte sie ihre Begabungen und Kräfte voll und ungehindert entfalten. Ihr Organisationstalent und ihre Führungsqualitäten, insbesondere aber ihre Beziehungsfähigkeit zu anderen Menschen kamen ihr bei der Sorge für die Leidenden vieler Nationen zugute.

Infolge ihrer Arbeit als Krankenpflegerin in diesem und im deutsch-österreichischen Krieg hatte Sr. Augustine sich einen weit über Bonn hinausgehenden Ruf erworben: Unabhängig von Stand, Nation und Konfession nahm sie ihren Mitmenschen in seiner Hilfsbedürftigkeit wahr und kam ihm zu Hilfe. Für viele ihrer Zeitgenossinnen und Zeitgenossen wurde Amalie von Lasaulx ein Symbol christlicher Nächstenliebe – eine »Barmherzige Samariterin« des 19. Jahrhunderts. Die Bedeutung des Lebens der Amalie von Lasaulx erschöpft sich jedoch nicht in ihrer pflegerischen Tätigkeit, obwohl ihre hingebungsvolle Sorge und ihre kritische Bewertung des Krieges als Geißel für alle betroffenen Völker gerade in unserer Zeit Gehör und Achtung verdienen. Was war die Quelle ihrer schier unerschöpflich sprudelnden Lebenskraft, mit der sie Notwendiges tat?

Ganz einfach: In ihrem und ihrer Nächsten erkannte sie Christus. Die konfessionelle oder nationale Zugehörigkeit eines Menschen trat in der Begegnung in den Hintergrund. Dies zeigen ihre Freundschaften mit evangelischen und jüdischen Männern und Frauen ihrer Zeit ebenso wie ihre Pflege jedes Menschen ohne Ansehen seiner Person, seines Standes oder seiner Nation. Durch ihre Freundschaften, mehr noch durch ihre Begegnung mit verschiedenen evangelischen Soldaten im deutsch-dänischen Krieg erhielt der Protestantismus für sie eine ganz neue geistliche Qualität. Für sie war es ein »Zerrbild von Frömmigkeit«, wenn die Beziehungsfähigkeit des Menschen zu anderen Menschen als Konkurrenz zu der geistigen Gemeinschaft mit Gott aufgefaßt wurde. Denn das biblische Gebot der Gottesliebe und der Nächstenliebe war für sie *ein* Gebot (vgl. Lk 10,33). Gottesliebe ohne Menschen- und Nächstenliebe war für sie ebenso undenkbar wie Nächstenliebe ohne Gottesliebe. Diese Einsicht lag ihrem Verständnis von Freundschaft zugrunde. Freundschaft als eine besondere Ausdrucksform der Menschenliebe und Krankenpflege als Ausdruck der Nächstenliebe waren für sie der Weg, die menschlichen Gefühle zu »veredeln« und zu Gott hinzuführen. Für Sr. Augustine stand fest, daß die biblische Frohe Botschaft für alle Menschen da ist, weil alle Menschen vor Gott gleich sind. Sie war davon überzeugt, daß ihr in dem oder der verletzten und verletzbaren Nächsten Gott begegne. Die Geschöpflichkeit des Menschen erfuhr bei ihr eine hohe Bewertung. Immer wieder betonte diese Ordensfrau, daß die Gefühle des menschlichen Herzens nicht abgetötet, sondern in die menschliche Persönlichkeit integriert werden müssen. Denn für Amalie von Lasaulx war eine »ganzheitliche« Glaubensentwicklung nur unter Einbeziehung der gesamten menschlichen Existenz, das heißt, aller geistigen, seelischen und körperlichen Bezüge möglich.

Die zunehmende Prägung der kirchlichen Frömmigkeit in der damaligen katholischen Kirche in einer heute weitgehend nicht mehr nachvollziehbaren Weise und insbesondere die Hinwendung zur Verehrung Marias, wie sie etwa in der dogmatisierten Lehre von der »Unbefleckten Empfängnis« (1854) ihren Ausdruck fand, konnte Amalie von Lasaulx nicht mitvollziehen.

Amalie Augustine von Lasaulx versuchte, einen in der biblischen Botschaft verwurzelten Glauben zu leben, und erkannte dabei Jesus Christus als Liebenden und als nahen Erlöser. Die Menschwerdung des Sohnes Gottes, des Erlösers, war für sie der Kern des Glaubens. Einer Freundin schrieb sie: »Gott wußte wohl sehr gut, daß dem armen Menschenherzen es zu schwerfallen würde, den Glauben an ihn in allen Momenten des Lebens aufrechtzuerhalten, und deshalb dennoch denselben zu seinem inneren Frieden bedürfe. Deshalb schickte er ihm einen persönlichen, sichtbaren Erlöser, dem wir nähertreten können und in jeder Lage des Lebens einen Halt an ihm finden. Gott selbst mag allerdings uns oft in unerreichbarer Ferne erscheinen und da anfangen, wo unser Wissen aufhört.« Amalie Augustine von Lasaulx hat sich zeit ihres Lebens gegen engherzige Auffassungen der christlichen Frohbotschaft gewehrt, die Menschen in ihrem Glaubenswachstum behindern und die Liebe Christi verdunkeln. Es ging ihr um die Nachfolge Christi in seiner Liebe. Diese Liebe hat für sie auch mütterliche Qualität: »So wie er (= Christus) soll auch unsere Liebe eine treu überwachende Mutter für die wankenden Schritte der andern werden.«

Amalie von Lasaulx war mehr als eine fromme, gläubige Frau im guten Sinne. Sie hat ihre Frömmigkeit im Leben umgesetzt. Dies wird nicht zuletzt an der Art und Weise deutlich, wie sie das St. Johannis-Hospital in Bonn seit dessen Eröffnung im November 1849 als Oberin leitete. Denn sie übertrug die Einsicht, dasjenige nicht aus dem Herzen zu tilgen, was uns von Gott gegeben ist, auch auf ihre Mitmenschen und Mitschwestern: Aus dieser Haltung heraus hat sie die ihr untergebenen Schwestern darin bestärkt, selbständige Menschen zu werden. Sie achtete die innere Freiheit des Menschen wie ein Heiligtum und förderte bei den ihr unterstellten Schwestern eher deren eigenständiges Denken und Handeln als eine Unterordnung unter sie als Obere um jeden Preis. Sie schuf in ihrem Haus eine Atmosphäre der gegenseitigen Akzeptanz und Achtung.

Ihre Vorstellungen fanden nicht nur ein positives Echo, da sie ja in letzter Konsequenz die in der Kongregation damals übliche Praxis der Gehorsamsforderung in Frage stellte. Sr. Augustine gehörte zu denen, die ihren auferlegten Pflichten mit großem Eifer nachkamen und auch den Gehorsam gegen ihre geistlichen Oberen beachteten. Begrenzt wurde dieser Gehorsam gegen die Oberen für sie jedoch durch den Gehorsam gegen Gottes Gebot, wie sie es im gläubigen Gewissen erkannt hatte. Wäre nicht das Erste Vatikanum gekommen, wäre Sr. Augustine als hochgeachtete Ordensfrau in die Geschichte eingegangen. Da sie den universalen Rechtsprimat und die Unfehlbarkeit des Papstes, die 1870 in Rom zur verbindlichen Glaubenslehre erhoben wurden, ablehnte und sie auch nicht aus Gehorsam anzuerkennen bereit war, sondern ihrem Gewissen folgte, wurde sie zur Verfemten, zur kirchlichen Unperson. Der Grund für ihre Ablehnung der Papstlehren lag darin, daß für sie Christus allein der Herr der Kirche war.

Was ist die Bedeutung ihres Lebens für uns heute – so haben wir uns am Anfang gefragt. Ihre Bedeutung ist zu finden in ihrem Bekenntnis zum Evangelium Christi. Für sie hieß Bekenntnis zum Evangelium, sich nicht durch die Urteilsmaßstäbe der Umwelt beschränken zu lassen, sondern dem im Evangelium erkannten Gotteswillen mutig zu folgen. Auf ihrem Grabstein in Weißenthurm werden zwei Texte aus dem Neuen Testament genannt. Der eine – aus Offenbarung 14,13 – preist die Toten selig, »die im Herrn schlafen, denn sie ruhen aus von ihren Mühen und ihre Werke folgen ihnen nach«. Alle, die ihre Tätigkeit als Barmherzige Schwester kennen, werden diesen Text für passend halten. Der andere Text stammt aus dem Römerbrief und lautet: »Ich schäme mich des Evangeliums nicht; denn es ist eine Kraft Gottes zum Heil für jeden, der daran glaubt« (Röm 1,16). Wer immer diesen Text für ihren Grabstein bestimmt hat, hat das Geheimnis ihrer Kraft erkannt und der Nachwelt offengelegt: Sie lebte und handelte aus der Erkenntnis der Frohbotschaft, die für sie Gotteskraft (V. 16) und Offenbarwerdung der Gerechtigkeit Gottes (V. 17) war. Aus dieser Gotteskraft heraus wurde sie zur Bekennerin, widerspenstig und »unverschämt« im Sinne des Evangeliums.

Das Eintreten für die erkannte Wahrheit und die eigene Wahrhaftigkeit waren ihr wichtiger als Position und Ansehen. Am 7. November 1871 erfolgte ihre Amtsenthebung, weil sie nicht zur Anerkennung der neuen vatikanischen Lehren bereit war und sich damit auf die Seite der altkatholischen Reformbewegung stellte. Schwerkrank wurde sie schließlich eine Woche später nach Vallendar gebracht, wo sie bereits am 28. Januar 1872 starb. Ein würdiges kirchliches Begräbnis wurde ihr verweigert. Unter dem Beten von drei Vaterunsern wurde sie in Anwesenheit ihrer engsten Freunde und Verwandten im Grab ihrer Eltern zur letzten Ruhe gebettet. Es war ihre Christusbindung, die sie alle Demütigung ertragen ließ. Auch das Argument, daß sie ihres Seelenheils verlustig gehe, wenn sie sich nicht »bekehre«, konnte sie nicht irre machen, denn: »Wir finden ihn, Christus, immer, wenn die jetzige Kirche uns auch nicht den Weg zu ihm zu zeigen vermag«, schrieb sie.

Das Leben und Sterben der Bekennerin Amalie Augustine von Lasaulx war geprägt von Hingabe und Widerstand. Sie war stark in der Kraft Gottes und verkündete in und durch ihr Handeln das Evangelium als Gotteskraft für alle, die glauben.

Literatur

Berlis, Angela, Sie war ein großer, freier Geist. Amalie Augustine von Lasaulx (1815–1872), in: Ökumenisches Forum. Grazer Jahrbuch für konkrete Ökumene 18 (1995) 289–300.

Von Hoiningen-Huene, Christine, Erinnerungen an Amalie von Lasaulx, Schwester Augustine, Oberin der Barmherzigen Schwestern im St. Johannishospital zu Bonn, Gotha 1878.

Kraft, Erentrud, Merkwürdige Frauen, hg. vom Bund altkatholischer Frauen Deutschlands, Bonn 1991, 48–52.

Reinkens, Joseph Hubert, Amalie von Lasaulx. Eine Bekennerin, Bonn 1878.

Die Zitate stammen in der Regel aus den genannten Biographien; die aus dem Krieg von 1864 sind unveröffentlichten Briefen aus dem Familiennachlaß von Lasaulx entnommen.

ANGELA BERLIS

Mögliche Bibelstellen: Lk 10,25–37
Röm 1,8–17
Offb 14,13

Vom Kreuz Gesegnete

Edith Stein (1891–1942)

Vor kurzem fragte mich ein bildender Künstler, mit welchem Symbol denn Edith Stein dargestellt werden könnte. Mir ging einiges durch den Kopf: Buch und Schreibstift vielleicht, denn sie war Studierende und Lehrende und Schreibende, oder ein jüdisches Symbol wie der siebenarmige Leuchter oder der Davidsstern, denn sie stammte aus dem Judentum, hat ihr Jüdisch-Sein nie verleugnet und ist ihrer jüdischen Herkunft wegen in den Tod geschickt worden, oder gar das internationale Frauensymbol ♀, denn sie war in ihrer Jugend eine leidenschaftliche Frauenrechtlerin und hat später auf so besonnene wie stringente Weise die Frauenfrage auf katholischem Hintergrund durchdacht und öffentlich darüber gesprochen.

Trotzdem sagte ich nach kurzem Zögern: Ich glaube, letztlich ist für Edith Stein doch das Kreuz das Symbol, das sie am tiefsten zeichnet und auszeichnet. Sie hatte als Ordensnamen – im Karmel verstanden als Adelstitel – gewünscht und erhalten: Teresia Benedicta a Cruce – vom Kreuz Gesegnete. Sie sah sich also auch selbst »im Zeichen des Kreuzes«.

An das Kreuz zu erinnern – und damit an Schmerz, Leid, Tod –, ist heutzutage nicht immer willkommen, auch nicht unter Christinnen und Christen. Um nicht mißverstanden zu werden: Auch ich glaube nicht, daß das Kreuz *das* christliche Hauptthema ist; Menschwerdung, Auferstehung, Hoffnung sind genauso zentral. Aber Edith Stein ist eine Gestalt, die uns mahnt, der dunklen Seite des Lebens nicht auszuweichen, ihr standzuhalten, sie auszuhalten. (In diesem Sinne ist es angemessen und sinnvoll, zum Beispiel heute, am Fest Kreuzerhöhung, ihrer zu gedenken.)

Stellen wir uns zunächst ihr Leben und ihre Persönlichkeit vor Augen. Danach wollen wir versuchen, Edith Steins Bedeutung für uns heute herauszuarbeiten. Geboren wurde sie am 12. Oktober 1891 in Breslau, als siebtes, lebendes Kind von Auguste und Siegfried Stein. Der Vater, ein Holzhändler, starb, als sie noch keine zwei Jahre alt war. Auf den Tag ihrer Geburt fiel in jenem Jahr der Jom Kippur, das Große Versöhnungsfest, der höchste jüdische Feiertag – in seinem Ernst, seiner Würde, seiner Buß- und Umkehrbereitschaft unserem Karfreitag vergleichbar. Der im traditionellen Sinn frommen jüdischen Mutter war dieses Geburtsdatum sehr wichtig, und sie versuchte, das ihrer heißgeliebten Jüngsten nahezubringen. Insgesamt jedoch gelang es der vielbeschäftigten, erfolgreichen Geschäftsfrau nicht, ihren beiden Söhnen und fünf Töchtern – über äußere Riten hinaus – eine tiefere jüdische Religiosität zu vermitteln. Edith wuchs insofern eher in einer liberalen, stark von kulturellen Interessen geprägten Atmosphäre auf.

Das hellwache Kind, dem Lesen und Lernen alles bedeuteten, kam mit etwa dreizehn in eine tiefe Krise, verließ die Schule, verlor ihren Kinderglauben und gab das Beten bewußt auf, weil es ohne einen Glauben an Gott sinnlos sei. Etwa ein Jahr verbringt sie in der ganz a-religiösen Familie ihrer ältesten Schwester Else in Hamburg. Danach nimmt sie ihre Gymnasial-Ausbildung wieder auf und legt Ostern 1911 ein glänzendes Abitur ab.

Sofort beginnt sie in Breslau das Studium: Germanistik, Geschichte, Philosophie inklusive Psychologie und Pädagogik. In dieser Zeit kämpft sie für das Wahlrecht von Frauen, nimmt an pädagogischen Experimenten teil, hat einen großen Freundeskreis, der viel in der Natur wandert …

Nach vier Semestern wechselt sie 1913 nach Göttingen, wo sie bei dem Philosophen Edmund Husserl, dessen phänomenologische Methode sie begeistert, weiterstudiert und 1916 bei ihm promoviert.

Zwischenzeitlich ist der Erste Weltkrieg ausgebrochen. Im Hochgefühl des Mithelfen-Wollens – Edith Stein fühlte als preußische Patriotin – leistet sie 1915 für etwa acht Monate als Hilfsschwester Sanitätsdienst in einem Seuchen-Lazarett in Mährisch-Weißkirchen. Da kommt sie hautnah in Berührung mit Schmerz, Leid, Tod; auch mit der im Glauben begründeten Ergebung in Leid und Tod von einfachen Soldaten, die sie beim Sterben begleitet.

Ab Herbst 1915 wird sie aber notwendiger im Schuldienst gebraucht, wofür sie bereits ihr Staatsexamen abgelegt hatte. Daneben schreibt sie ihre Promotion, was sie oft an den Rand ihrer körperlichen und geistigen Kräfte bringt. Zur selben Zeit zeichnet sich die Katastrophe des Ersten Weltkriegs immer deutlicher ab.

Edith Stein arbeitet von Herbst 1916 bis Frühsommer 1918 als private Assistentin bei Professor Husserl in Freiburg. Dann kehrt sie – ernüchtert und etwas enttäuscht von dieser Tätigkeit – nach Breslau zurück, gibt dort auf privater Basis philosophischen Unterricht und hilft in der Familie mit, engagiert sich vorübergehend auch politisch. Mehrmals bemüht sie sich vergeblich, an einer Universität Fuß zu fassen – aber da liegen zwei Stolpersteine: Sie ist *Frau*, und sie ist *Jüdin*.

Neben anderen Todesnachrichten trifft sie 1917 der Kriegstod von Adolf Reinach, einem jungen Göttinger Dozenten, schwer. Tief beeindruckt ist sie, als sie seine Witwe gefaßt und getröstet findet – das Ehepaar Reinach hatte kurz zuvor zum evangelischen Glauben gefunden. Jahre später, längst im Karmel, äußert Edith Stein, daß ihr hier die hoffnung- und sinngebende Kraft des christlichen Kreuzes zum ersten Mal aufgegangen sei.

In den folgenden drei, vier Jahren ringt sie um ihren Weg. Sie beschäftigt sich viel mit religiösen Fragen, liest Kierkegaard, die spanischen Mystiker, die Exerzitien des Ignatius von Loyola.

Nach langem inneren Ringen, begleitet von menschlichen Enttäuschungen, trifft sie als Dreißigjährige nach der Lektüre der Lebensbeschreibung der Teresa von Avila die Entscheidung, sich in der katholischen Kirche taufen zu lassen. Das geschieht am 1. Januar 1922, nach damaligem liturgischen Kalender dem Fest Jesu Beschneidung. Gefirmt wird sie am 2. Februar 1922 – dem Fest der Darstellung Jesu im Tempel. Ihre Eingliederung ins Christentum geschieht also auf dem Hintergrund von Jesu Eingliederung ins Judentum. Stets wird sie sich wie die Jüngerinnen und Jünger Jesu, wie die Urchristen, als Judenchristin fühlen und darauf stolz sein.

Kurz die weiteren Stationen: Rund acht Jahre war sie Dozentin am Lehrerinnen-Seminar der Dominikanerinnen in Speyer, daneben widmete sie sich der wissenschaftlichen Arbeit und später öffentlicher Vortragstätigkeit, vor allem zur Frauenfrage. Noch einmal versuchte sie, sich an einer Universität zu habilitieren. 1932 erfolgte die Berufung an das katholische »Institut für wissenschaftliche Pädagogik« in Münster, jedoch muß sie bereits im Februar 1933, ihrer jüdischen Herkunft wegen, ihre Dozententätigkeit dort einstellen. Das aber macht ihr den Weg frei in den Karmel, wohin es sie schon lange zog. Als sie sich ihren Lebenswunsch erfüllte und 1933 in den Kölner Karmel eintrat – alle früheren Lebenswünsche: Ehe, Mutterschaft, wissenschaftliche Laufbahn – waren ja bereits durchkreuzt, da treibt es sie in ihrem Inneren zur »Stellvertretung«. Früher und hellsichtiger als die meisten ahnt sie, daß Schlimmes kommen wird – für Juden, für Christen, für das ganze deutsche Volk, ja für die Welt. Die Nationalsozialisten haben die Macht übernommen in Deutschland; sie wollen das jüdische Volk ausrotten. Gefragt, was sie im Karmel sucht, antwortet sie, daß sie Anteil haben möchte am Kreuz Christi.

Ihr Eintritt: 14. Oktober 1933 – Einkleidung im April 1934 – Ewige Profeß im Frühjahr 1938.

Nach der Pogrom-Nacht vom 9. November 1938 übersiedelt sie in den Karmel von Echt in den Niederlanden. Dort wird sie durch die Gestapo am 2. August 1942, zusammen mit ihrer Schwester Rosa und vielen weiteren katholisch getauften Jüdinnen und Juden verhaftet. Es war ein Racheakt wegen einer Kanzelverkündigung der holländischen katholischen Bischöfe zur Judenverfolgung. Als sie innerhalb von zehn Minuten das Kloster verlassen muß, bleibt das nicht ganz vollendete Werk »Kreuzeswissenschaft« zurück – eine Studie über den spanischen Mystiker und Ordensvater Johannes vom Kreuz.

Sie selbst landet zuerst im Durchgangslager Amersfort und dann im Lager Westerbork, wo sie sich liebevoll um andere, besonders Kinder kümmert. Von dort wird sie am 7. August in Viehwaggons abtransportiert. Nach heutiger Kenntnis folgt bei der Ankunft in Auschwitz-Birkenau am 9. August 1942 die sofortige Vergasung. Im Judentum wird an diesem Tag der Zerstörung des ersten und zweiten Tempels gedacht. Hier kann man nur schweigend Gottes Barmherzigkeit anrufen: Millionen lebendiger Tempel der Einwohnung Gottes sind hier wahnhaft und mit krimineller Energie zerstört worden.

Was bedeutet *uns* Edith Stein, die am 1. Mai 1987 von der Kirche seliggesprochen wurde und voraussichtlich am 11. Oktober 1998 in Rom heiliggesprochen werden wird?

In Edith Stein wird mehreres geehrt und anerkannt:

Die *neuzeitliche Frau*, die ihre Anlagen entfaltet – sie studierte Germanistik, Geschichte, Pädagogik und Philosophie.

Die *alleinstehende, berufstätige Frau*, die ihre Fähigkeiten in das öffentliche Leben einbringt – sie arbeitete viele Jahre als Lehrerin, Assistentin, Dozentin, Übersetzerin, Schriftstellerin und war eine gefragte und engagierte Vortragsrednerin, besonders zur Frauenfrage.

Die *mitmenschlich-solidarische Frau* – sie pflegte während des Ersten Weltkriegs als Hilfsschwester in einem Seuchenlazarett und entzog sich weder in ihrer Familie noch in ihrem Freundes- und Schülerinnenkreis zahllosen Beanspruchungen.

Die *suchende*, um ihre geistig-geistliche Orientierung *ringende Frau*, die über Jahre hin sozusagen glaubens-los gelebt hat, aber stets mit hohem Ethos, mit einem wachen Gespür für Unrecht. Gerade dieser Aspekt dürfte für orientierungsuchende Menschen heute von Bedeutung sein, auch für Eltern, deren Kinder religiös-kirchliche Bindungen hinter sich gelassen haben.

Die *tief religiöse Frau*, die im »Stehen vor Gott für andere«, der Losung des Karmel, ihre Erfüllung fand – bis zur letzten Konsequenz in der Annahme ihres Kreuzes. Was sie in ihrem Ordensnamen zum Ausdruck bringen wollte, erfüllte sich in ihrem Leben und Sterben: Benedicta a Cruce, vom Kreuz Gesegnete.

Und die *Frau, die in die klaffende Lücke zwischen Judentum und Christentum trat*, aus deren angenommenem Versöhnungsopfer eine bessere, gemeinsame Zukunft von Juden und Christen erhofft werden kann.

In all diesen Aspekten ist und bleibt Edith Stein eine Anfrage an uns, eine Aufgabe für uns.

Literatur

Stein, Edith, Werke. Bd. I–XIV, Freiburg i. Br.
Auskünfte und Angaben über Sekundärliteratur sind zu erfahren bei:
  Karmel »Maria vom Frieden«, Vor den Siebenburgen, 50676 Köln, oder bei:
  Edith-Stein-Karmel, Neckarhalde 64, 72070 Tübingen.

RUTH AHL

Mögliche Bibelstellen: Mk 8,34–38
par Mt 16,24–27

Im Vertrauen in den »Meister des Unmöglichen«

Die Kleine Schwester Magdeleine Hutin (1898–1989)

Magdeleine Hutin lebte von 1898 bis 1989, eine Frau unserer Zeit. Ihr Name ist weniger bekannt als der der Ordensgemeinschaft, die sie gegründet hat, die Kleinen Schwestern Jesu. Das Leben der Magdeleine Hutin kann uns Ermutigung sein, unserer eigenen Berufung auf die Spur zu kommen und ihr zu trauen. Sie ist als Frau trotz Krankheit, trotz familiärer Hindernisse, trotz kirchlicher Widerstände ihrer eigenen Intuition treu geblieben und hat in der offensichtlichsten Ausweglosigkeit noch daran festgehalten. Kleine Schwester Magdeleine ging einen gleichzeitig sehr sanften und doch hartnäckigen Weg in der Kirche. Sie kann Beispiel geben, mit einer ähnlichen Entschlossenheit die eigenen Gaben in eine von Männern geprägte Kirche einzubringen. Deshalb will ich Ihnen etwas ausführlicher ihr Leben vorstellen.

Magdeleine Hutin hatte schon sehr früh eine Vorstellung davon, wie sie in der Nachfolge Jesu leben wollte. Sie war geprägt durch ihren Vater, der als Militärarzt in Tunesien seine Gesundheit für einen kleinen Araberjungen ruinierte und doch immer mit großer Liebe von Afrika sprach. Sie war berührt durch das einfache Leben von Charles de Foucauld, der mit großer Achtung vor dem Islam als Einsiedler unter den Tuareg lebte und ihnen die Liebe und Freundschaft Gottes bringen wollte.

Aus familiären und gesundheitlichen Gründen sollte es zwanzig Jahre dauern, bis sie sich im Alter von 38 Jahren selber auf den Weg nach Algerien machen konnte. Sie tat es zunächst nur, um zusammen mit einer jungen Frau, die einen ähnlich radikalen Weg der Armut suchte, ihrer ganz eigenen Berufung zu folgen. Später gründete sie dort die erste Gemeinschaft bei den Nomaden.

Doch zunächst beginnt sie 1936 in der Nähe von Algier, mitten in einem moslemischen Viertel, in einem armseligen Haus ein Zentrum einzurichten, so wie es damals caritativen Einrichtungen entsprach. Der große Andrang von Frauen, Kindern, Kranken und Armen macht daraus bald eine Krankenstation, eine Nähstube und einen Ort, an dem Suppe verteilt wird.

Sie ist glücklich, den Menschen helfen zu können, doch bleibt neben dieser extremen Aktivität kein Raum mehr für Stille und Gebet. Um mehr Klarheit über ihre Berufung zu bekommen, macht sie ein Noviziat bei den Weißen Schwestern und beginnt in dieser Zeit, an den Konstitutionen für die spätere Gemeinschaft der Kleinen Schwestern zu arbeiten. Im Dialog mit ihrem geistlichen Begleiter begreift sie immer mehr, daß die schon bestehenden Gemeinschaften nicht ihrer persönlichen Berufung entsprechen. Ohne die anderen Gemeinschaften zu kritisieren oder zu hinterfragen, ist ihre eigene Entscheidung ganz klar: Sie möchte nicht als Klausurierte hinter Klostergittern leben und doch ganz und gar eine Kontemplative sein: »Kontemplativ mitten in der Welt« – wie sie es ausdrückt. Damit stößt sie auf Unverständnis und Ratlosigkeit, denn sie läßt sich unter die beiden damals gängigen Modelle nicht einordnen. Entweder waren die Gemeinschaften kontemplativ und damit klausuriert und von der Welt abgeschieden; oder sie lebten mitten in der Welt und hatten einen sozialen, karitativen oder erzieherischen Auftrag in einer Gemeinde, einem Krankenhaus, einer Schule.

Ihre Vision ist eine ganz eigene: Sie will mitten unter den Menschen von ihrer Hände Arbeit und gleichzeitig als Kontemplative leben. Als Nomadin unter Nomaden, als Arbeiterin unter Arbeitern, als Mensch unter Menschen. Der einzige »Auftrag«, den sie dabei verwirklichen möchte, ist das »Apostolat der Freundschaft«: das heißt absichtslos, gratis mit den Menschen zu leben, um ihrer selbst willen. Sie will den Menschen helfen, »wie man seinen Freunden, seinen Brüdern, seinen Mitmenschen helfen würde«, nicht mehr, aber auch nicht weniger. Lebensstil, Arbeit, Gastfreundschaft, alles soll dazu dienen, das Evangelium zu verwirklichen.

Sie kommt nicht als die Überlegene, als Gebende, als Lehrende, sondern als Nachbarin, die im gleichen Wohnblock lebt, als Arbeiterin, die unter den gleichen harten Arbeitsbedingungen in der Putzkolonne arbeitet. Damit findet sie in der Kirche wenig Verständnis. Selbst ein mit ihr freundschaftlich verbundener Bischof drückt sehr anschaulich aus, wie sehr die Kirche gezwungen war, mit diesen Frauen umzudenken: »Nichts hatte mich darauf vor

bereitet, für diese Kontemplativen offen zu sein, die die Spiritualität der Karmelitinnen mit der Spiritualität einer Schwester des
heiligen Vinzenz von Paul verbanden. Die Bischöfe der Missions-
länder, die auf Ordensfrauen warteten, die als Lehrerinnen, Kate-
chetinnen oder Krankenschwestern arbeiteten, waren verwirrt,
Ordensfrauen als Putzfrauen oder als Ziegenzüchterinnen zu sehen. So mußte auch ich im Kontakt mit ihnen eine andere Form
des kontemplativen Lebens lernen: die Verknüpfung der schein-
baren Wirkungslosigkeit des Gebets mit dem Eintauchen unter
die Verachtetsten dieser Welt.«

Sie stößt auch auf Ablehnung bei den anderen Ordensfrauen,
die ihr sagen, sie sei keine Ordensfrau, wenn sie in der Fabrik arbeite. Man wirft ihr vor, die »geistliche Würde« zu verletzen. Gegen solche Kritik setzt sie ihr Ideal der Menschlichkeit. Sie
schreibt: »Wichtiger als dein Dasein als Ordensfrau ist dein Dasein als Mensch und Christ. Lebe es in der ganzen Fülle und
Schönheit, die in diesen Worten liegt. Christus, unser Gott, ist
wahrer Mensch: Scheue dich nicht davor, ganz und gar Mensch
zu sein. Je tiefer dein Menschsein reicht, desto völliger kannst du
es Gott schenken.« Magdeleine hat einen besonderen Blick für die
Menschen, die in der Kirche nicht vorkommen: Zigeuner und Zir-
kusleute, Schausteller und Arbeitslose, Gefangene und Prostitu-
ierte. Sie stellt fest: »Niemand ist bei den Nomaden der Wohnwagen und Zelte… niemand im Wald bei den Ouldémés; bei den
Pygmäen und den Bushmen… keiner in den Elendsvierteln, von
denen jetzt so viel gesprochen wird… keiner bei den Prostituier-
ten und bei den Gefangenen, die nur von oben herab betrachtet
werden…« (141) Ihr Ziel ist es nicht, sie zum Glauben zu bekehren und in die Kirche zu bringen, sondern mitten in deren Leben
Kirche zu sein. Nicht nur der Tabernakel, den sie in ihren Woh-
nungen und Wohnwagen bei sich hat, sondern ihr ganzes Dasein
ist Ausdruck für die Gegenwart Gottes.

Daß sie auf einer Stufe mit den einfachen und armen Menschen
leben möchte, drückt Magdeleine bereits bei ihrem ersten Besuch
bei Papst Pius XII. aus, indem sie sich ihm als »Kleine Schwester
von-gar-nichts« vorstellt. Damit drückt sie eine Radikalität von
Armut aus, die in Rom lange nicht akzeptiert wird. Sie will, im
Unterschied zu den anderen Ordensgemeinschaften, nicht nur die
persönliche Armut jeder einzelnen Kleinen Schwester, sondern

die Armut der Gemeinschaft insgesamt. Keine Besitztümer, keine Einrichtungen, keine Geldanlagen.

Sie muß viel kämpfen, aber ihr Glaube, daß auch verhärtete Strukturen und distanzierte Kirchenmänner zum Werkzeug Gottes werden können, ist bergeversetzend. Und wenn es um den Geist der Gemeinschaft geht, entfaltet sie ihre kämpferische Seite, der langfristig niemand zu widerstehen vermag. In Rom muß sie um die Berufung der Kleinen Schwestern hart kämpfen.

Am Ende hat sie all ihre Visionen verwirklicht und einem ganz neuen Ordensideal Raum verschafft. Sie hat es hartnäckig getan, jedoch nie, indem sie die Autoritäten umgangen hat, sondern indem sie – wie sie sagt – die »traditionellsten Autoritäten« dazu bewegt hat, »die kühnsten Neuerungen anzunehmen …« Besonders waghalsige Unternehmen startet sie am liebsten in Rom, unter den Augen der kirchlichen Autorität.

Magdeleines Kirchenverständnis ist in jeder Hinsicht extrem: Sie ist extrem in ihrer Loyalität und Liebe zur Kirche. Nie hätte sie etwas gegen das Einverständnis der Kirchenvertreter getan. Sie ist auch extrem in ihrer inneren Freiheit. Für diesen Gehorsam verleugnet sie keines ihrer Ideale.

Am Ende hat sie alles realisiert, was ihrem Ordensideal entsprach. Sie bleibt beharrlich, bringt ihr Anliegen immer wieder vor, geht behutsame und unerwartete Schritte, mit denen sie die Wirklichkeit prägt und verändert. Sie lebt in einer großen Treue zu ihren eigenen Intuitionen und weiß sich darin getragen und geführt von Jesus, dem »Meister des Unmöglichen«, dem sie sich blind anvertrauen kann, weil er sie selbst durch die dunkelsten Zeiten ihres Lebens wieder ans Licht geführt hat. Kleine Schwester Magdeleine hat einen Traum von Kirche gelebt, der von einer ungeheuren Weite geprägt ist. Wie Charles de Foucauld gehört ihre besondere Zuneigung dem Islam. Die ersten Gemeinschaften beginnen in islamischen Ländern. Dort lebt sie auch in großer Freundschaft mit den verschiedenen orientalischen Kirchen, denen sie sich ganz tief zugehörig fühlt. Sie hat sich mit großem Respekt in den Dialog und die Begegnung mit jeder Religion gewagt, ohne daß Juden, Moslems, Buddhisten Angst haben mußten, vereinnahmt zu werden. Zutiefst katholisch, hat sie eine ökumenische Weite gelebt, die von einer großen Achtung vor anderen Religionen geprägt ist.

Als sie in Israel die erste Gemeinschaft in einem arabischen Viertel gegründet hat, bemüht sie sich kurze Zeit später, in einem jüdischen Viertel eine Wohnung zu finden und dort mit ein paar Kleinen Schwestern zu beginnen. Die orientalischen Kirchen, denen sie sich ganz besonders verbunden fühlt, haben bald begriffen, daß Kleine Schwester Magdeleine eine ehrliche Freundin ist, die mit großer Wertschätzung an ihrem liturgischen Reichtum teilnahm und die die Unterschiede nicht zu überwinden sucht, sondern als Bereicherung sehen kann.

Mit einer unglaublichen Sicherheit ist Kleine Schwester Magdeleine »verrückte« Wege gegangen, weil gerade die menschlich gesehen verrückten Projekte in den Augen Gottes besonders weise sind. Sie hat Mauern und Barrieren zwischen Ländern, Religionen und sozialen Schichten überwunden und hat der Kirche in den Augen vieler kirchenferner und skeptischer Menschen ein menschliches Gesicht gegeben. Sie hat dies aus einer großen inneren Klarheit und Stärke getan, aber vor allem in einem bergeversetzenden Glauben.

Ihre ganze Geschichte, so sagt sie, läßt sich so zusammenfassen: »Gott hat mich bei der Hand genommen und ich bin ihm blind gefolgt ... in der offensichtlichsten Finsternis, in der verwirrendsten Abwesenheit menschlicher Mittel, aber mit einem unbegrenzten Vertrauen in die Allmacht Jesu, den Meister des Unmöglichen.«

Literatur

Daiker, Angelika, Kontemplativ mitten in der Welt, Freiburg [2]1992.

ANGELIKA DAIKER

Mögliche Bibelstellen: Mk 6,6b–9
Joh 1,35–39

Zeugin gelebter Liebe

Margarete Sommer (1893–1965)

»Die schwersten Wege
werden alleine gegangen,
die Enttäuschung, der Verlust, das Opfer
sind einsam.«

Diese Eingangszeilen eines Gedichtes von Hilde Domin fallen mir ein, wenn ich an Dr. Margarete Sommer denke. Ihr Leben enthält eine wichtige Botschaft an uns: Man darf Unrecht nicht hinnehmen, und man muß gegen Gewalt und Terror eindeutig Stellung beziehen.

Am 21. Juli 1893 wurde Margarete Sommer in Berlin geboren, sie promovierte nach dem Studium der Volkswirtschaft an der Friedrich-Wilhelm-Universität in Berlin und starb 72jährig am 30. Juli 1965. Nüchterne Lebensdaten. Aber was liegt dazwischen? Sie weisen hin auf eine bewegt-grausame Zeit – auf die Zeit der Schreckensherrschaft des Nationalsozialismus. Nach dem Studium war Margarete Sommer als Dozentin an einer Wohlfahrtsschule tätig. Sie wurde jedoch schon nach einem Jahr wegen ihres Bekenntnisses zur katholischen Kirche entlassen.

Zu diesem Zeitpunkt holte Prälat Bernhard Lichtenberg sie in den kirchlichen Dienst und übertrug ihr Aufgaben, die in jener Zeit nur von engagierten Laien zu bewältigen waren. Der damalige Bischof Konrad Graf von Preysing berief Dr. Margarete Sommer 1939 als erste Leiterin des Referates Frauenseelsorge ins Bischöfliche Ordinariat Berlin. Die Zeitumstände brachten es mit sich, daß der Diözesanfrauenreferentin bald weitere Aufgaben übertragen wurden. Margarete Sommer hatte die zunehmende Unmenschlichkeit der »braunen Diktatur« erkannt. Ihr politischer Scharfsinn ließ sie zur aufmerksamen und kritischen, aber auch analytischen Beobachterin des Geschehens werden. Ihre Verschwiegenheit und ihr Takt machten sie zu einer der wichtigsten Mitarbeiterinnen des Bischofs von Berlin. Dieser hatte im Jahre 1938 das »Hilfswerk beim Bischöflichen Ordinariat Berlin« (HBOB) gegründet. Die unter diesem Namen so harmlos klingende Institution diente der Hilfe für bedrängte Katholiken jüdischer Herkunft, aber auch anderen NS-Verfolgten. 1941 übertrug der Bischof ihr die Leitung dieser Institution, sie gab aber die Arbeit in der Frauenseelsorge nicht auf.

Die nur wenigen erhaltenen Quellen über das Wirken des Hilfswerks sind ein beredtes Zeugnis des christlich motivierten Widerstandes gegen die Nazi-Machthaber. Was wurde getan, um Menschen zu retten?

Viele Menschen suchten das in der Schönhauser Allee damals eingerichtete Büro auf. Allein in der Zeit von September 1938 bis März 1939 wurden ungefähr 3500 Besucher und Besucherinnen registriert, die in Auswanderungsfragen Beratung und Hilfe suchten. Nahezu 2000 Briefe waren in diesem Zeitraum zu erledigen. Hinzu kamen 50 bis 70 Telefonate täglich.

Eine weitere Aufgabe sah Margarete Sommer anfangs darin, eine »Kinderverschickung« zu organisieren. Das war für nicht wenige Angehörige »nichtarischer« Katholiken ein – wie sich später herausstellte – rettender Weg ins Ausland. Wesentlich dramatischer vollzog sich die Arbeit des Hilfswerks, nachdem es ab 1940 zu planmäßigen und massenhaften Abtransporten in die Vernichtungslager im Osten kam – zunächst nur von Juden, später aber auch von »nichtarisch versippten« Angehörigen, wie es im damaligen Sprachgebrauch hieß.

In ungezählten und teilweise äußerst riskanten Aktionen versuchte Margarete Sommer, verzweifelten Hilfesuchenden beizustehen. Sie unternahm Behördengänge, versteckte Angehörige und untergetauchte Flüchtlinge, drang trickreich und furchtlos in Sammelstellen und Deportationslager ein, um Nachlässe und Briefe zu »schmuggeln« oder auch nur, um letzte Gespräche zu führen und Trost zu spenden. Mehrfach wurde sie selbst verwarnt und mit Verhaftung bedroht. Kein Weg schien ihr zu weit, keine Hürde zu hoch, wenn es darum ging, eine Nachricht zu überbringen, eine Verhaftung zu verhindern, eine heimliche Ausreise zu organisieren oder verwaiste Kinder zu versorgen.

Durch ein von ihr gegründetes Haus für Erbkranke konnte sie viele vor der drohenden Sterilisation bewahren. Wo immer möglich, vertrat sie Bedrohte vor Gericht, und durch die Übernahme von Patenschaften für »katholische Nichtarier« und sogenannte Mischlinge war sie ein häufiger, von den Nazis ungern gesehener Gast in den Sammellagern der Juden. Den bedrängten Christen brachte sie wie in der Urkirche die Kommunion als Trost und Stärkung in die Elendsquartiere.

Die Arbeit des Hilfswerks geschah im Geheimen. Nur ein sehr kleiner Kreis in der Nähe des Bischofs war informiert. Auch die Eingaben und Proteste des Bischofs von Berlin gegen Willkür und unmenschliche Anordnungen des Staates gingen meistens auf Margarete Sommers Initiative zurück. Sie machte die Vorarbeiten. In mehreren für den Vatikan bestimmten geheimen Berichten schilderte sie die verzweifelte Lage der Deportierten und von Abschiebung bedrohten Menschen: »Sinnlose, planlose Flucht und steigende Selbstmordziffern sind das Ergebnis. Auch unter unseren katholischen Nichtariern verzweifelte Selbstmordversuche. Einige sind schon tot…«, heißt es in einem Bericht an den Breslauer Bischof Kardinal Bertram, den damaligen Vorsitzenden der Deutschen Bischofskonferenz.

Margarete Sommer wurde zur Helferin und Trösterin ungezählter von Verfolgung und Tod bedrohter Menschen, vor allem der Juden. Sie half als verlängerter Arm des Bischofs ohne Rücksicht auf die eigene Sicherheit. Viele Männer, Frauen und Kinder bewahrte sie vor dem sicheren Tod. Furcht um ihre eigene Person oder Angst vor der allgegenwärtigen Staatspolizei schienen ihr ebenso fremd zu sein wie die Vorstellung, etwas Besonderes geleistet zu haben. In dem Bewußtsein, »die schwersten Wege werden alleine gegangen«, ging sie die schwersten Wege zu den Menschen in Not und Bedrängnis.

Bis zum Ende des Krieges hatte Dr. Sommer ein gut funktionierendes Netz aus Informanten und Helfern und Helferinnen aufrechterhalten, die praktisch alle ihr Leben riskierten, um untergetauchte Juden zu unterstützen. Offiziell wurde das Hilfswerk schon 1946 aufgelöst, aber die sozial-karitative Arbeit ging noch bis 1952 weiter. Bereits im November 1949 trat Margarete Sommer mit der Mitgliedsnummer 46 in die »Gesellschaft für christlich-jüdische Zusammenarbeit« ein. Sie befaßte sich sehr bald mit Fragen der Entschädigungsgesetze für die Menschen, die wegen ihrer Rasse verfolgt worden waren.

In den Kriegsjahren und danach war die Frauenarbeit für Margarete Sommer immer ein wichtiges Feld, das sie gern und intensiv bearbeitete. Die Entwicklung der Frauenseelsorge und Frauenbildung, die Gründung des Diözesanverbandes der Katholischen Frauen- und Müttergemeinschaften (heute kfd) in Berlin ist aufs engste mit ihrem Namen und ihrem Wirken verbunden. 1960 verabschiedete sie sich aus dem aktiven Berufsleben.

In der Gedenkstunde anläßlich der Wiederkehr ihres 100. Geburtstages am 21. Juli 1992 zeichnete die damalige Vorsitzende des Diözesanrates in Berlin den Lebensweg und das Lebenswerk von Dr. Margarete Sommer nach und sagte unter anderem: »Wir danken Margarete Sommer, Zeugin gelebter Liebe.«

In einem Gedenkgottesdienst und in Feierstunden wurde an den mutigen Einsatz dieser Frau erinnert. Seitdem trägt eine Straße in Berlin ihren Namen. Ein gutes Zeichen für die schweren Wege, die Margarete Sommer in Berlin gegangen ist. Allein. Sie wußte: »Stehenbleiben und sich umdrehen hilft nicht. Es muß gegangen sein.« (Hilde Domin)

ANNELIESE KNIPPENKÖTTER

Mögliche Bibelstelle: 1 Kor 13,1–8a

Wegbereiterin des Weltgebetstags der Frauen

Helen Barrett Montgomery (1861–1934)

»Liebe Frauen in den Kirchen,
die Synode von Indianapolis hat ihre letzte Sitzung beendet.
Während ich in meinem Hotelzimmer sitze und auf meinen Zug
warte, möchte ich Euch einen persönlichen Brief schreiben. Ich
möchte Euch sagen, was mein Herz erfüllt.

Als erstes danke ich Euch für Eure großartige Unterstützung.
Ich weiß, daß ich Eure Vertreterin war und daß meine Wahl von
seiten unserer Kirche eine Anerkennung der wirkungsvollen Arbeit der Frauenorganisationen zu Hause und in anderen Ländern
war. (…) Ich weiß, daß Ihr für mich gebetet habt, weil Ihr mir das
gesagt habt, und weil die Kraft Eurer Gebete in meinem Leben
gegenwärtig war. Gottes Gegenwart war bei unserer Konferenz
spürbar. Auf beiden Seiten gab es ernsthafte Überzeugungen,
aber auch Höflichkeit und Fairneß und einen Geist gegenseitiger
Nachsicht und Hilfsbereitschaft. Gott hat uns vor der Spaltung
bewahrt. Er hat uns fähig gemacht, die Dinge zu betonen, in denen wir uns nicht unterscheiden.

Über dem Podium hingen während der Konferenz die Worte eines chinesischen Christen: Agreed to differ but resolved to love –
Mit Unterschieden einverstanden, aber zum Lieben entschlossen.
Diese Worte drückten den Geist der Einheit und des Glaubens
aus, der uns verbunden hat.«

Die Frau, die im Jahr 1922 diese Sätze schrieb, war Helen Barrett Montgomery. Als erste Frau nicht nur in Amerika, sondern
weltweit, war sie im Jahr 1921 in das höchste Leitungsamt einer
Kirche gewählt worden. Als Präsidentin der Northern Baptist
Convention, einer der größten nordamerikanischen Kirchen jener
Zeit, hatte sie diese nicht nur ein Jahr lang überzeugend geleitet,
sondern hatte sie auch mit demokratischer Offenheit, theologischer Weisheit und kluger Führung durch die schwere Krise eines
Fundamentalistenstreits geführt. Soeben hatte die fast 2000 Mit-

glieder zählende Jahreskonferenz mit großer Mehrheit ein fundamentalistisches Glaubensbekenntnis abgelehnt, das die Kirche gespalten hätte. Statt dessen wurde bekräftigt, »daß das Neue Testament genügender Grund unseres Glaubens und Handelns ist und daß wir keine andere Erklärung brauchen«.

Wer war diese Frau, die in den Stunden höchster Ehrung und im Augenblick des Erfolgs nie vergaß, daß sie nur stellvertretend im Rampenlicht stand – stellvertretend für all die vielen Frauen, deren Respekt und Zuneigung sie in Jahrzehnten gemeinsamen Engagements für die Weltmission gewonnen hatte?

In Deutschland kennen wir Helen Barrett Montgomery als eine der Wegbereiterinnen des ökumenischen Weltgebetstags der Frauen, zusammen mit Lucy Waterbury Peabody, mit der sie eine jahrzehntelange kreative Freundschaft verband. Beide Frauen waren überzeugte Baptistinnen, aber genauso unermüdlich traten sie für ökumenische Zusammenarbeit ein und regten eine Vielzahl ökumenischer Projekte an, von denen einige sie überdauerten. Gleichaltrig, beide 1861 geboren, beide begabte Rednerinnen und Organisatorinnen, ergänzten und inspirierten sie sich gegenseitig. Manchmal übernahm die eine eine wichtige Führungsposition, während die andere sie schwesterlich aus dem Hintergrund unterstützte, manchmal die andere. Dabei scheuten sie beide weder das Risiko noch offene Worte. Der Angriff der baptistischen Fundamentalisten galt sowohl der ökumenischen Kooperation mit anderen Kirchen als auch einem ganzheitlichen Verständnis von Mission, das vor allem die amerikanischen Frauen in ihren Frauen-Missionsgesellschaften entwickelt und in die Tat umgesetzt hatten. Mission beschränkte sich nach ihrem Verständnis nicht auf das Predigen, sondern sie geschah auch im Unterrichten, im Heilen und im sozialen Dienst. In all dem wurde das Evangelium verkündigt. So verwirklichten Helen Montgomery und Lucy Peabody, was so selten gelingt – Zusammenarbeit aus Vertrauen, ohne heimliche oder offene Konkurrenz. Beide verband dabei ein gelebter persönlicher Glaube und eine Vision des Reiches Gottes, in dem »nicht Männer noch Frauen, nicht Sklaven noch Freie« sind, sondern in dem alle eins sind in Christus Jesus (vgl. Gal 3,28).

Helen Montgomery nennt dies schon 1910 »die Magna Charta der christlichen Frauen«. Sie schreibt: »Paulus sieht klar, daß in der großen Demokratie Christi allen gleichermaßen die Pflicht der Unterordnung und des Dienstes auferlegt ist. Dort werden die geehrt, die am meisten lieben. Es ist noch nicht erschienen, was wir sein werden, aber es ist schon offenbar, daß der Geist Jesu, wie er uns im Wort seiner Wahrheit kundgetan ist, schon eine neue Welt schafft – nicht eine Männerwelt, hart, grausam und bitter gegenüber den Schwachen, und nicht eine Frauenwelt, schwach, sentimental, fad, sondern eine Welt der Menschlichkeit.« In der Bibel, so sieht es Helen Montgomery, sind die Prinzipien artikuliert, die endlich zur völligen Emanzipation der Frauen führen werden. »Die Demokratie des Neuen Testaments empfing ihr Siegel und ihre Inspiration aus den Lehren und dem Handeln Jesu. Er nahm die alte Lehre der Propheten wieder auf, die durch die Vorurteile von Jahrhunderten verdunkelt war, und räumte mit entwürdigenden Sitten auf. Er saß müde an der Quelle und sprach mit einer Frau, zur Empörung seiner Jünger, für die das ganz unter der Würde eines heiligen Mannes und eines Rabbis war. Er staunte über den Glauben von Frauen. Er allein unter den Lehrern der Religionen hatte ein Wort der Hoffnung für die Hure, und einer Frau vertraute er zuerst die Botschaft von der Auferstehung an. Es ist nicht verwunderlich, daß seine Jünger sich nicht sofort zur Höhe seines Beispiels und seiner Lehre aufschwingen konnten.«

Helen Barrett Montgomery gehörte einer Generation von Frauen an, der im Vergleich zu ihren Müttern ganz neue Lebensperspektiven offenstanden. Sie konnte an einem der neugegründeten Colleges studieren. Helen war eine begeisterte Studentin. Dabei mußte sie ihr Studium selbst finanzieren. Ihr Vater war Pfarrer, und zunächst wählte sie vor allem ihm zuliebe alte Sprachen mit Griechisch als Schwerpunkt. Daraus erwuchs eine lebenslange wissenschaftliche und unterrichtliche Beschäftigung mit dem Neuen Testament. Schon im College spürten alle, welch große Ausstrahlung diese junge Frau hatte, wie sehr sie andere motivieren und mitreißen konnte, wie einfühlsam in die Nöte anderer sie aber auch war. Mit 26 Jahren wurde ihr von zwei Colleges das Amt der Präsidentin angeboten. Helens Eltern wünschten sich einen solchen Berufsweg für ihre Tochter. Doch sie entschied sich für die Heirat mit Will Montgomery. Ungewöhnlich und ihrer Zeit weit voraus war dann auch diese Ehe, die lebenslang von tiefer Liebe und gegenseitigem Respekt getragen war. Will Montgomery, selbst später ein erfolgreicher Geschäftsmann, war sich der Fähigkeiten und der hervorragenden Ausbildung seiner Frau bewußt. »Sie würde Dinge tun können, die ich nie tun konnte«, sagte er später. »Deshalb beschloß ich, mich nie einzumischen, wenn ein Ruf an sie erging.« Helen und Will hatten keine eigenen Kinder. Der Adoptivtochter Edith galt dann beider ganze Liebe. Wenn Helen unterwegs war, kümmerte sich Will um die Tochter und nahm sie auch einmal zu einem Baseballspiel mit. Der Freiraum, den sich beide gewährten, entsprang dem Bewußtsein der viel größeren Befreiung durch Christus. »Das Evangelium ist im Begriff, alle Gefängnisse, Privilegien und jede Unterdrückung zu zerbrechen. Vielleicht wird das Gefängnis des Geschlechts das letzte Gefängnis sein, das zerbrochen werden wird«, schrieb Helen. Beide verstanden diese Befreiung als uneingeschränkte Befreiung zum Dienst am Evangelium, zum Teilen von Geld und Zeit. Zeitlebens gaben sie alles Geld, das sie erübrigen konnten, für gute Zwecke, in kargen Zeiten genauso wie später, als sie zu großem Wohlstand gekommen waren. Ihre Zeit zu teilen war für beide die größere Entbehrung. Aber »wenn unsere Missionarinnen tun, was sie tun müssen, habe ich kein Recht, dich zurückzuhalten«, sagte Will, als es darum ging, daß Helen im Jahr des großen Jubiläums der Frauen-Missionsgesellschaften 1910/11 monatelang von zu Hause weg sein würde. Von Küste zu Küste war das Team der Organisatorinnen damals unterwegs. Fast zweihundertmal sprach Helen bei ökumenischen Frauenversammlungen, oft vor Tausenden von Frauen. Voll anerkennender Bewunderung schrieb ein Reporter, »daß die Frauen sich und ihre Stimmen so beherrschten, daß sie mühelos die größten Säle ausfüllten. Die Zeit scheint vorüber zu sein, in der Frauen nicht zu hören sind!« Bei diesem Jubiläum kam die unglaubliche Summe von einer Million Dollar für Frauencolleges in Asien zusammen. Am wichtigsten jedoch war die Entstehung ökumenischer Frauengruppen im ganzen Land, durch deren gemeinsames Engagement dann auch der Weltgebetstag zur weltumspannenden Bewegung wurde.

Helen Barrett Montgomery – eine begnadete Frau, wie es sie nur alle paar Jahrzehnte gibt? Sicher. Ihre Bücher über die Mission und die Situation von Frauen in vielen Ländern wurden von Tausenden von Frauen gelesen und erlebten hohe Auflagen. Ihre Übersetzung des Neuen Testaments aus dem Griechischen ins

Englische war die erste Übersetzung durch eine Frau, schon damals in frauengemäßer Sprache. Sie wurde 1924 zum hundertjährigen Jubiläum der baptistischen Bibelgesellschaft gedruckt.

Doch die Frau mit diesen glänzenden Gaben blieb immer bescheiden – demütig, hätte man früher gesagt. Vierundvierzig Jahre lang war Helen die Lehrerin einer Sonntagsschulklasse von zuletzt 200 Frauen, während Will gleichzeitig die Männer unterrichtete. Im Gespräch mit den Frauen und in ihren Predigten an vielen Sonntagen formten sich ihre theologischen Einsichten. Helen Montgomery engagierte sich für die Verbesserung der Schulen und der Lage sozial benachteiligter Frauen. Mit einer der führenden Frauen der Bewegung für das Frauenwahlrecht, Susan Anthony, war sie befreundet. Politisches und kirchliches Engagement gingen für Helen Barrett Montgomery Hand in Hand. Beides entsprang für sie der Bürgerschaft im Reich Gottes.

Bilder von Helen Montgomery vermitteln etwas von der Wärme und Klarheit, die von ihr ausgingen. Die Direktheit und der Weitblick, mit denen sie die Menschen ihrer Zeit anredete, sprechen auch noch zu uns. Sie war eine Beterin, und die Bibel selbst war für sie das größte Gebetbuch. Menschen aus ihrer nächsten Umgebung sagten im Rückblick auf ihr Leben: »Ihre Methode bestand nie in Unterdrückung, sondern immer in Ermutigung. Je älter sie wurde, um so unwiderstehlicher wurden ihr Humor und ihr freundliches Lachen, gleichgültig, welche Verpflichtung sie übernommen hatte. Sie begegnete allen Menschen mit dem gleichen Respekt. Sie hat immer praktiziert, was sie gepredigt hat.«

Literatur

Montgomery, Helen Barrett, Western Women in Eastern Lands: Fifty Years of Woman's Work in Foreign Missions, New York 1910.
Montgomery, Helen Barrett, From Jerusalem to Jerusalem, Cambridge, Mass.: Central Commitee, 1929.
Hitch Abbott, Conda Delite, Envoy of Grace, American Baptist Historical Society 1997.

HELGA HILLER

Mögliche Bibelstelle: Gal 3,28

»Wir alle sind Geistliche« – Begegnung mit einer Pionierin des Glaubens

Madeleine Delbrêl (1904–1964)

»Wir alle sind Geistliche« – so lautet der Titel eines theologischen Buches. Das mag den einen eine Selbstverständlichkeit sein – für andere klingt es ganz ungewohnt. Immerhin hat es sich seit Jahrhunderten so eingespielt, daß wir mit dem Wort »Geistliche« einen ganz bestimmten Stand in der Kirche, eine ganz bestimmte Berufung und Lebensform assoziieren: nämlich die Berufung der Priester und Ordensleute. Ein geistliches Leben zu führen schien ihnen vorbehalten zu sein – während den sogenannten »Weltleuten« oder Laien immer nur die »zweitbeste« Möglichkeit offenstand: sich in ihrer irdischen, profanen Welt zu bewegen und zu versuchen, auch dort gute Christen und Christinnen zu sein. Das religiöse Leben erschien dann meist als etwas, was zum normalen Leben noch irgendwie dazukommt: an Sonntagen oder zu bestimmten Festzeiten – und vermittelt durch diejenigen, die dafür zuständig sind –, eben die sogenannten »Geistlichen«.

In der urchristlichen Gemeinde war das anders. Dort gab es kein Mehr oder Weniger an »Geistlich-Sein«; alle, die sich Jesus Christus anvertrauten, waren von ihm her grundsätzlich mündig, in einer eigenständigen Beziehung zu Gott zu leben, ohne Vermittlung durch andere. Und ebenso mündig und kompetent, diesem Gott Raum zu schaffen in den Umständen ihres Lebens und dadurch die Welt mitzugestalten. Taufe und Firmung waren dabei die sichtbaren Zeichen für eine solche Bevollmächtigung.

Im Lauf der Kirchengeschichte hat sich da vieles verdunkelt. Erst in unserem Jahrhundert sind wir dabei, den ursprünglichen Kern wieder auszugraben.

So etwas geschieht nicht in Theorien. Dafür braucht es Menschen, die eine Vision in sich tragen, die dieser Vision sozusagen eine sichtbare Gestalt verleihen. Es braucht Menschen, die das le-

121

ben, was in anderen noch unaussprechlich ist, was sie unruhig macht, was eine unbestimmte Suche in ihnen auslöst.

Eine solche Gestalt ist die Französin Madeleine Delbrêl, die von 1904 bis 1964 gelebt hat. An ihr können wir ablesen, worin ein zentraler Aufbruch der Kirche des 20. Jahrhunderts besteht. Nicht zu Unrecht wird sie eine prophetische Gestalt genannt – ja, sogar eine »Prophetin der Nachkonzilszeit«, weil sie vieles vorweggenommen hat, was uns in den achtziger und neunziger Jahren beschäftigt. Wer war diese Frau?

Sie wurde 1904 in Südfrankreich geboren, in eine religiös gleichgültige Familie hinein. »Mit fünfzehn war ich strikt atheistisch und fand die Welt täglich absurder«, schreibt sie. Nach einer Zeit intensiver Suche und tiefer Lebenskrisen – vor allem einer Verlobung, die sich wieder auflöste – kommt es zu einer Wende durch eine einschneidende Gotteserfahrung. Sie verzichtet daraufhin auf eine vielversprechende künstlerische oder akademische Laufbahn und läßt sich zur Sozialarbeiterin ausbilden. Ihre Lebensaufgabe sieht sie darin, den Glauben genau dort zu bezeugen, wo er unbekannt ist: im atheistischen Milieu einer französischen Arbeiterstadt, in der Bannmeile von Paris. Dort lebt sie dreißig Jahre lang mit ein paar Gefährtinnen; sie arbeitet im Sozialdienst, später gibt sie den Beruf zugunsten ihrer kleinen Gemeinschaft auf und lebt als Hausfrau, empfängt die zahlreichen Gäste, die in ihr »Haus der offenen Tür« kommen und meist in irgendeiner Not sind. Weil sie jeden Tag mit Menschen konfrontiert ist, die dem Glauben fernstehen, sieht sie sich dazu herausgefordert, zum Kern der christlichen Botschaft vorzudringen. Und da findet sie zu einer ganz einfachen Grundlinie: mitten im zwanzigsten Jahrhundert zu versuchen, das zu leben, was Jesus gelebt hat – seine Liebe zu Gott und zu den Menschen. Und dies mit keinen anderen Stützen und Regeln als die, die allen Christen und Christinnen gegeben sind: das Evangelium und die Sakramente, vor allem Taufe und Firmung.

Madeleine Delbrêl war selbst mehr oder weniger außerhalb der christlichen Tradition aufgewachsen. So konnte sie ganz unbelastet und unbefangen den Finger auf eine wunde Stelle in dieser Tradition legen: daß den meisten Gliedern des Volkes Gottes die geistliche Mündigkeit abhanden gekommen war. Zweierlei wurde ihr dabei wichtig: die Frage, wie ganz normale Menschen –

»Leute von der Straße«, wie sie gerne sagte – gottverbunden leben können, ohne ein klösterliches Leben nachzuahmen. Oder anders gefragt: Wie kann heute eine Spiritualiät des Alltags aussehen? Und ein zweites: Wie kann der Glauben weitergegeben werden in einer Zeit, in der sich immer weniger Menschen dafür interessieren? Ohne in plumpe Bekehrungsversuche zu verfallen, ohne aufdringlich und überheblich zu sein?

Bei der ersten Frage und Suche nach einer Spiritualität des Alltags war ihr selbstverständlich, daß die Botschaft Jesu an keine Voraussetzungen und Privilegien gebunden ist. Alle können sie empfangen und weitergeben. Sie formulierte es einmal so: »Wir Leute von der Straße glauben aus aller Kraft, daß diese Straße, daß diese Welt, auf die uns Gott gesetzt hat, für uns der Ort unserer Heiligkeit ist.«

Heilig zu werden – oder eben: geistliche Menschen zu werden – das war für Madeleine Delbrêl ein Geschehen, das mitten im Alltag stattfindet. Es beginnt da, wo ein Mensch aufmerksam wird für das, was sich in ihm selbst und um ihn herum bewegt. Da, wo Begegnung möglich wird, wo Raum ist für ein personales Geschehen. Wo das Herz beteiligt ist.

Wer die Botschaft Jesu empfangen und nach ihr leben will, sagt sie, muß seine »sämtlichen inneren Kräfte zur Verfügung stellen«. Denn »nirgendwo als in unserem Leben strömt, von morgens bis abends zwischen den Ufern unserer Häuser, Straßen, Begegnungen, das Wort, in dem Gott gegenwärtig sein will«.

In dieser Spiritualität gibt es keine Aufspaltung in ein profanes und ein sakrales Leben. Überall ist Gott am Werk und wartet darauf, von uns erkannt und aufgenommen zu werden. Jeder Augenblick kann in seiner Tiefe ausgelotet werden, kann ein Ausgangspunkt für die Begegnung mit Gott werden. Und das, was uns jeden Tag widerfährt an Beglückung und an Enttäuschung, ist nicht Ausdruck einer anonymen Schicksalsmacht, sondern kann und darf mit ihm in Kontakt gebracht werden. Es gibt dann so etwas wie eine Geschichte, die Gott mit jedem und jeder von uns hat, die darauf wartet, entziffert zu werden.

Und auch das zweite – die Verkündigung des Glaubens – wird dann zu einer Gabe, die grundsätzlich allen gegeben ist. Für Madeleine Delbrêl geht es zuallererst darum, zu versuchen, im Alltag »die Gebärden Jesu nachzuahmen«. Das kann geschehen durch einen aufmerksamen Blick, durch das rechte Wort zur rechten Zeit, durch viele kleine oder auch große Zeichen von Herzensgüte. Auf diese Weise werden wir, wie Madeleine Delbrêl sagt, zu einer »Übergangsstelle der Gnade«. Etwas von der Liebe Gottes verleiblicht sich durch uns, erreicht das Herz eines anderen Menschen – auch dann, wenn er dem Glauben und der Kirche fern steht.

Und hin und wieder kann es geschehen, daß wir auch für andere deuten dürfen, was ihnen geschieht: daß das Leben keine sinnlose Farce ist, sondern einen Ursprung und ein Ziel hat. Und daß dieser Ursprung und dieses Ziel sichtbar und greifbar geworden ist in einem Menschen, der gelebt hat: Jesus Christus.

In dieser Weise Zeugnis zu geben von unserer Hoffnung, ist etwas ganz anderes als der Wunsch, einen Menschen zu bekehren. Das bleibt Gott überlassen – davon war Madelein Delbrêl zutiefst überzeugt. Es ging ihr nicht in erster Linie darum, möglichst viele Menschen wieder zurück zur sichtbaren Kirche zu bewegen. Statt dessen war sie leidenschaftlich daran interessiert, der Liebe Raum zu geben, Gott dadurch ankommen zu lassen in der Umgebung, in der sie lebte.

In einem Gedicht hat sie einmal zusammengefaßt, was sie zu leben versuchte. Es trägt die Überschrift »Liturgie der Außenseiter« und spielt in einem Pariser Café, in dem sie sich abends gerne aufhielt. Gerade in diesem Gedicht kommt zum Ausdruck, wie sehr sie davon überzeugt war, daß unser ganz normales irdisches Leben sozusagen der Stoff ist, aus dem unser geistliches Leben gemacht ist:

»Du hast uns heute Nacht
in dieses Café *Le Clair de Lune* geführt.
Du wolltest dort du selbst sein, in uns,
für ein paar Stunden der Nacht.
Durch unsere armselige Erscheinung,
durch unsere kurzsichtigen Augen,
durch unsere liebeleeren Herzen
wolltest du all diesen Leuten begegnen,
die gekommen sind, die Zeit totzuschlagen.
Und weil deine Augen in den unseren erwachen,
weil dein Herz sich öffnet in unserm Herzen,

fühlen wir,
wie unsere schwächliche Liebe aufblüht,
sich weitet wie eine Rose,
zu einer Stätte der Zuflucht, zärtlich und ohne Grenzen
für all diese Menschen, die hier um uns sind.
Das Café ist nun kein profaner Ort mehr,
dieses Stückchen Erde, das dir den Rücken zu kehren schien.
Wir wissen, daß wir durch dich
ein Scharnier aus Fleisch geworden sind,
ein Scharnier der Gnade,
das diesen Fleck Erde dazu bringt,
sich mitten in der Nacht
fast wider Willen
dem Vater allen Lebens zuzuwenden.
In uns vollzieht sich das Sakrament deiner Liebe.
Wir binden uns an dich
mit der ganzen Kraft unseres dunklen Glaubens,
wir binden uns an sie
mit der Kraft eines Herzens, das für dich schlägt,
wir lieben dich,
wir lieben sie,
damit ein Einziges mit uns allen geschehe.«

Der Liebe und der Sehnsucht Gottes Raum zu geben, da, wo wir
sind: das ist die Weise, wie wir alle befähigt und beauftragt sind,
als geistbegabte Menschen zu leben.

Literatur

Von Madeleine Delbrêl

Christ in einer marxistischen Stadt. Hg. und eingeleitet von Victor Conzermius,
   Frankfurt 1974.
Wir Nachbarn der Kommunisten. Diagnosen, Einsiedeln 1975.
Gebet in einem weltlichen Leben, Einsiedeln 1974.
Frei für Gott. Über Laien-Gemeinschaften in der Welt, Einsiedeln 1976.
Der kleine Mönch. Ein geistliches Notizbüchlein, Freiburg 1981.
Leben gegen den Strom. Anstöße einer konsequenten Christin, Freiburg 1992.

Über Madeleine Delbrêl
Boehme, Katja, Gott aussäen, Würzburg 1997.
De Boismarmin, Christine, Madeleine Delbrêl. Ein Leben unter Menschen, die
   Christus nicht kennen, München 1986; [2]1996.

Fuchs, Gotthard (Hg.), »… in ihren Armen das Gewicht der Welt«. Mystik und Ver-
antwortung: Madeleine Delbrêl, Frankfurt 1995.
Heimbach-Steins, Marianne, Unterscheidung der Geister – Strukturmoment
christlicher Sozialethik. Dargestellt am Werk Madeleine Delbrêls, Münster;
Hamburg (Lit) 1994.
Schleinzer, Annette, Die Liebe ist unsere einzige Aufgabe. Das Lebenszeugnis von
Madeleine Delbrêl, Ostfildern 1994.

ANNETTE SCHLEINZER

Mögliche Bibelstellen: Röm 5,5
1 Kor 12,4–11

»Das wahre Bewußtsein haben wir nur von den Dingen, die wir selbst erlebt haben«

Rigoberta Menchú (geboren 1959)

Mit diesem Satz von Rigoberta Menchú haben mein Mann und ich vor einigen Jahren zu unserer Hochzeit eingeladen. Ich stehe nach wie vor zu diesem Satz, der meinen Erfahrungen entspricht.

Unsere Familie hat für zwei Jahre im Ausland gelebt. Erst jetzt weiß ich, wie das wirklich ist: im Ausland leben. Natürlich hatte ich auch vorher eine Idee davon. Doch das richtige, das »wahre Bewußtsein« wie Rigoberta Menchú es nennt, habe ich erst dort gefunden. Und ich weiß eigentlich auch, wie weh es meinen Kindern tut, wenn sie hinfallen und sich das Knie aufschlagen. Aber erst, als ich letzten Sommer selbst gestolpert bin und nach Jahren wieder einmal beide Knie blutig hatte, wußte ich, wie fürchterlich das brennt und daß der Schmerz so richtig erst nach einigen Sekunden durch den ganzen Körper zieht. »Das wahre Bewußtsein haben wir nur von den Dingen, die wir selbst erlebt haben.«

Bei unserer Hochzeit sorgte der Satz von Rigoberta Menchú für viel Gesprächsstoff. Einige fanden den Satz sehr gut. Doch andere konnten mit diesem Satz nichts anfangen oder lehnten seine Aussage ab. Sie sagten: Dann können wir ja auch beispielsweise nicht über Krieg sprechen, wenn wir noch nie einen erlebt haben. Ich meine, daß wir sehr wohl darüber reden können – doch wir werden anders darüber sprechen als die, die schon einen Krieg erleben mußten. Wir können zuhören, uns vieles vorstellen. Wir können Entsetzen teilen, das Geschehene analysieren, zu Urteilen kommen und heute, wann immer möglich, Frieden stiften und Kriege vermeiden. Diejenigen aber, die selbst Krieg erlebt haben, verfolgt wurden, im Bunker saßen, Sterben sahen, hungerten, haben zudem ein anderes, ein weiteres, von Rigoberta Menchú eben als »wahr« beschriebenes Bewußtsein. In diesem Sinne verstehe ich den Satz von Rigoberta Menchú.

Wer ist diese Frau, die einen solchen Satz schreibt? »Das wahre Bewußtsein haben wir nur von den Dingen, die wir selbst erlebt haben.« Rigoberta Menchú lebt in Guatemala, einem Land Mittelamerikas, das sich durch seine landschaftliche Schönheit auszeichnet und den Paradiesvogel, den Quetzal, als Nationaltier führt. Sie liebt ihr Land und die Menschen ihres Landes, die in den letzten Jahren unbeschreiblich gelitten haben.

Die Ureinwohner Guatemalas, die Indígenas, werden seit Jahrzehnten verfolgt und unterdrückt. Militär und Großgrundbesitzer teilten das Land unter sich auf und beuteten die Menschen als billige Arbeitskräfte aus, nachdem sie ihnen ihr Land weggenommen hatten. Einheitssprache wurde Spanisch. Der Kampf der Indígenas um ihr Land und ihre Kultur, um ihre Sprache und ihr Leben erwiderte das Militär in den achtziger Jahren mit der brutalen Politik der »verbrannten Erde«: 440 Dörfer wurden dem Erdboden gleichgemacht, eine Million Menschen wurden innerhalb des Landes vertrieben, 150 000 Menschen flohen über die Grenze nach Mexiko. Menschen, die das Regime anklagten, verschwanden spurlos auf ihrem Weg zur Arbeit, beim Einkaufen, auf den Feldern, wurden von zu Hause abgeholt. Sie verschwanden – und kehrten nie wieder zurück.

Im Leben von Rigoberta Menchú findet sich die Geschichte ihres Volkes wieder: Ihr Vater besetzte 1980 gemeinsam mit 38 Indígenas und Campesinos die spanische Botschaft. Sie protestierten gegen die widerrechtliche Landvertreibung durch die Militärs von ihren Feldern. Die Botschaft wurde, obwohl ein friedlicher Auszug schon vereinbart worden war, gestürmt und in Brand gesetzt. Der Vater von Rigoberta Menchú kam mit den Besetzern und dem Botschaftspersonal ums Leben. Ihre Mutter wurde nur wenige Zeit später im Hochland Guatemalas vergewaltigt und brutal ermordet. Sie hatte dem Militär nicht verraten, wo sich Kleinbauern versteckt hielten. Ein Bruder wurde Opfer, als ihr Geburtsort Chimel dem Boden gleichgemacht wurde. Ein weiterer Bruder starb an den Folgen von Insektiziden, die auf den Baumwollplantagen der Südküste eingesetzt wurden.

In Guatemala ist Rigoberta Menchú zur Symbolfigur der Indígenas gegen ethnische und kulturelle Diskriminierung geworden: Sie prangert die Menschenrechtsverletzungen, die ihrem Volk angetan werden, öffentlich an und ruft zugleich zum Dialog zwi-

schen Opfern und Tätern auf. Für ihren Mut, den sie mit unzähli-
gen Frauen und Männern Guatemalas teilt, wurde sie 1992 mit
dem Friedensnobelpreis ausgezeichnet. 500 Jahre nach der Ankunft der spanischen Eroberer war das zugleich eine Geste der
Achtung gegenüber den Indígena-Völkern Lateinamerikas.

Rigoberta Menchú steht für die Botschaft, daß wir uns gegen
Unrecht und Gewalt wehren müssen, daß wir Widerstand leisten, widerstehen. Das gelingt jedoch nur überzeugend, wenn
wir den Dialog suchen, das Geschehene ansprechen, erinnern
und versöhnen. Rigoberta Menchú macht weiter mit ihrer Arbeit, geht weiter den schwierigen Weg von Widerstand und Versöhnung. Am 26. April 1998 ist einer ihrer bekanntesten Mit-
streiter ermordet worden: Bischof Juan Gerardi – mit einem
Betonklotz in seiner Garage erschlagen. Er hatte das »Projekt zur
Wiedergewinnung der historischen Erinnerung« geleitet. Mit
mehr als 500 Mitarbeiterinnen und Mitarbeitern dokumentiert
dieses Projekt systematisch die Menschenrechtsverletzungen der
vergangenen Jahre. Das stumme Leiden der Menschen wird hier
zur Sprache gebracht, die Namen der Täter und die Orte der
Verbrechen werden genannt. Erst dann kann wirklich Versöhnung geschehen.

Rigoberta Menchú lebt in Guatemala. Sie und alle Frauen und
Männer im Widerstand gegen Unrecht und Gewalt brauchen
unsere Solidarität. Wir sind ihnen, wie ich meine, doppelt verpflichtet: Zum einen sollten wir um sie wissen. An vielen Orten
überschneiden sich die Leben der Menschen Guatemalas und Lateinamerikas mit unserem Leben: Wenn wir Produkte wie Kaffee,
Tee, Honig, Kakao kaufen, haben wir die Wahl zwischen fair ge-
handelten Produkten oder Massenware. Politikerinnen und Poli-
tiker werden bei öffentlichen Diskussionen noch viel zu wenig an-
gefragt zum Thema Menschenrechtsverletzungen und Eine Welt.
Unterschriftenaktionen üben Druck auf die Politik im In- und
Ausland aus. Wir können Menschen unsere Stimme geben, die
viel zu wenig gehört werden, indem wir von ihnen und ihrem Leben erzählen in unserem Alltag, in Schule und Politik, in Gebeten
und Fürbitten, leise und laut, privat und öffentlich. Jede und jeder
von uns ist gefragt, die je eigenen Möglichkeiten zu finden, wie
wir unsere wechselseitige Abhängigkeit und Verantwortung in
der einen Welt anderen bewußt machen und selber danach leben.

Und zum anderen sind wir den Menschen Guatemalas verpflichtet, ihre Botschaft zu hören. Was bedeuten Widerstand und Versöhnung hier bei uns? Die Aufarbeitung unserer nationalsozialistischen Vergangenheit ist eine große der vielen Aufgaben. Weitere Aufgaben finden sich im Alltag. Auch hier heißt es oft genug Widerstand leisten gegen das gebotene, immer mehr, immer schneller, immer besser, immer schicker. Wie schwierig ist es doch, den Kindern nicht die Markenhosen zu kaufen, die Sachen vom letzten Sommer zu tragen und auf der Autobahn nicht zu rasen – oder gar Bahn zu fahren. Rigoberta Menchú zeigt uns in ihrem Lebenszusammenhang, wie wichtig es ist, für Kultur und Werte einzustehen. Wir werden hier dafür nicht mit dem Leben bedroht. Und doch machen wir uns viel zu wenig bemerkbar. Eine Freundin erzählte, wie sich in einer Straßenbahn bei einer Fahrkartenkontrolle herausstellte, daß ein Fahrgast keine gültige Karte hatte. Er war Ausländer. Sofort kamen die Bemerkungen: »Sag' ich ja, die sind alle Kriminelle.« »Sofort ausweisen sollte man den.« Diese Bemerkungen haben meine Freundin erschrocken, gelähmt. Sie hat nichts gesagt. Zu Hause war sie beschämt über ihr Schweigen.

Rigoberta Menchú ruft uns durch ihr Zeugnis auf, die Dinge, die wir erleben, mit wachem, mutigem Bewußtsein zu gestalten. Sie ist keine Heilige. Sie ist bestimmt nicht ohne Fehler. Sie erhält für ihre Arbeit Zustimmung und Kritik. Für mich ist sie schon oft Gedankenanstoß und Hilfe geworden. Ihr Satz »Das wahre Bewußtsein haben wir nur von den Dingen, die wir selbst erlebt haben«, verpflichtet mich, die Augen aufzumachen, zu leben. Die nächste Aufgabe ergibt sich daraus von selbst: Gutes bewahren und dem Schlechten widerstehen.

Literatur

Rigoberta Menchú, Ein Leben in Guatemala, Göttingen.
Albert Sterr, Lautloser Aufstand im Land der Maya, Köln 1994.
Weitere Informationen sind zu bekommen bei: Infostelle Guatemala, Romero-Haus, Heerstr. 205, 53111 Bonn. – Christliche Initiative Romero (CiR), Frauenstraße 3–7, 48143 Münster. – Casa Alianza, Kinderhilfe Guatemala e. V., Rathausplatz 10A, 53604 Bad Honnef.

KARIN DIERKES

Mögliche Bibelstelle: Röm 5,3–5

ZUR BIBEL

Eva – Stammutter aller Menschen

Vom Ursprung des Weiblichen (Gen 2,18–23)

Im ersten Buch der Bibel steht sie, die Frau, die alles veränderte, was bis dahin war. Sie trägt im zweiten Kapitel des Buches noch keinen Namen, sie ist einfach ein Mensch, aber ein Mensch, mit dem die Menschwerdung begann. Eva, Mutter aller Lebendigen, nennt man sie später. Und wie sich bei näherer Betrachtung zeigen wird, ist sie nicht nur Mutter aller Lebendigen, weil sie leibliches Leben gebären konnte. Sie wird Mutter, Stammutter der Lebendigen, weil Menschsein mehr ist als leibliches Leben. Auch Menschen, die nie geboren haben, werden im Laufe der Geschichte Menschen zur Menschwerdung verholfen haben, bis auf den heutigen Tag.

Lassen Sie uns näher hinschauen auf die Wurzeln und auf den Schlußpunkt und damit auf die Krönung von Gottes Schöpfung.

Es fällt schwer, sich Eva als einen konkreten Menschen vorzustellen. Der Anfang ist zu weit weg. Auf Eva schauen heißt, auf die Wurzeln der Menschwerdung schauen. Und dabei ist es eher hilfreich, keinen konkreten Menschen vor Augen zu haben. Eva steht für mehr als nur für eine einzige Frau. Sie ist nicht einfach eine von den vielen bedeutenden Frauengestalten, die im Laufe der Geschichte ihre Nachfolgerinnen sein werden. Sie steht für den Anfang der Geschichte des Menschen überhaupt.

Mit dem Blick auf die Wurzeln steht die Frage für mich: Wodurch wird der Mensch zum Menschen? Ich sehe den Anfang. Ein Mensch allein inmitten einer wunderbaren Schöpfung, allein mit einer phantasievollen Fülle von Bäumen, Pflanzen und sicher wunderschönen Blumen. All das allein konnte dem ersten Menschen nicht genügen, um sich selbst als Mensch zu entdecken, um sich selbst zu finden. Einen Spiegel brauchte er, der erste, einsame Mensch, die erste Hälfte des Menschen, um zu erkennen, wer er selber ist, nämlich ein Mensch – kein Baum, kein Strauch. Selbst die lebendigen Tiere, so sehr sie den Schmerz der Einsamkeit lindern können, konnten dem Menschen nicht das geben, wonach er sich im Tiefsten sehnte, nach der Erfahrung einer wahren, tiefen, menschlichen Freundschaft, einer ergänzenden und erfüllenden Partnerschaft, nach einer befruchtenden, bereichernden Kommunikation.

Gib dem Menschen zu essen und zu trinken, versorge ihn mit allem, was sein Leib braucht, aber rede nicht mit ihm. Er wird keine Chance haben zu überleben, er wird sterben. Grausame Experimente haben das belegt. Menschen können auch totgeschwiegen werden. Die Sprache erst läßt ihn leben, macht den Menschen zum Menschen.

Der Mensch wird zum Leben erweckt durch Kommunikation, durch Kommunikation im Wort und auch in der Gestik, durch Begegnung und Austausch mit einem anderen Menschen. Adam konnte das erste Wort sprechen, weil ein menschliches Gegenüber da war. Er kann die lebensnotwendige Ansprache, das Angenommensein durch das Wort eines anderen Menschen erfahren. Er kann sich entwickeln, sein Geist kann wachsen, seine Seele zum Durchbruch gelangen. In Eva bekam er ein menschliches Du, dem er zuhören konnte. Dieses Werk Gottes war ein Mensch wie er selbst, mit Gefühlen, Sehnsüchten und eigenen Gedanken. Von wem hätte der erste Mensch ein ermunterndes Lächeln erwarten können, wen hätte er selbst anlächeln können? Wer hätte ihn befähigt zur Liebe, wen könnte er selbst in Freiheit und von ganzem Herzen lieben? Wie könnte sich die Liebe weiterentwickeln? Das geschieht wohl nicht in Einsamkeit. So wird das erste Gespräch, die Zuwendung von zwei Menschen auch der Beginn eines Dialogs mit dem Schöpfer selbst und der Beginn einer möglichen Liebe zu ihm.

Die Frau als Mensch dem Manne gleich, aber mit mehr weiblichen Anteilen ausgestattet, ist auch anders in ihrem Fühlen, Denken und Handeln. Deshalb kann sie als Ergänzung und als Bereicherung erfahren werden. Mit Eva wurde die Herausforderung des Lebens geschaffen. Weil es diesen zweiten Menschen, die zweite Hälfte des Menschen gibt, kann Neues, kann anderes erlebt werden. Der Mann kann sich nun messen am Gegenüber, kann über sich hinauswachsen, weil ein menschliches Du ihn fordert. Wer würde das Beste aus dem Menschen herausholen, wenn nicht einer, der ihm gleich ist, aber doch ungleich genug für

Neues. In all dem wird die erste Frau, wird Eva zur Mutter, zur Stammutter wahren menschlichen Lebens.

Und dann brauchte der Mann nicht einmal den Finger zu rühren, um das zu bekommen, wodurch menschliches Leben seinen Anfang nahm. Wie sollte er auch, unfertig wie er war, irgend etwas zu diesem Wunderwerk der Schöpfung beitragen können? Die Vollendung der Schöpfung wurde im Schlaf gewirkt, einfach so. Ein Geschenk von einem Schöpfer, der liebt. Gott schenkt nicht selten etwas im Schlaf. Das hat er noch nach Jahrmillionen bis auf unsere Tage durchgehalten. Davon haben unzählige Menschen bis auf den heutigen Tag Zeugnis gegeben. Morgens aufwachen mit einer guten bis göttlichen Idee, ausgeruht und voll neuer Kraft für die Umsetzung der geschenkten Idee. So schenkt bis heute ein schöpferischer, phantasievoller Gott.

Die zweite Hälfte, die bessere Hälfte, wie heute immer noch Männer liebevoll sagen, hat der Schöpfer aufgehoben bis zuletzt. Dabei werde ich erinnert an den besten Wein, der bis zum Schluß aufgehoben wurde. Ich werde erinnert an die größte Überraschung, die wir gerne bis zum Schluß aufheben. Ich muß schmunzeln über den Humor, den ich aus dem biblischen Schöpfungsbericht herauslese. Und ich denke, daß auch die erste Hälfte Mensch, der männliche Teil, darüber schmunzeln kann. Denn er hat keinen Grund, sich geringer einzuschätzen, nur weil er nicht die Krönung, der Abschluß des Schöpfungsvorganges ist. Auch er darf mit Stolz und Freude sagen, daß ebenso Eva nur Mensch werden konnte durch ihr Gegenüber, eben durch die männliche Seite in ihr und durch die vermehrten männlichen Anteile in ihrem Gegenüber. Was ihm fehlt, findet er bei ihr. Was ihr fehlt, findet sie bei ihm.

Sie ist eine Seite der zwei Seiten, ein Teil des einen Ganzen und damit lebensnotwendige Ergänzung. Wie aufeinander verwiesen, eine Seite für die andere Seite, Part an Part, Partner und Partnerin. Der Mann erkannte in der Frau Bein von seinem Bein und Fleisch von seinem Fleisch. Am Anfang der Schöpfung waren beide noch in einem wahrhaft paradiesischen Zustand, da keiner dem anderen etwas vorzumachen brauchte. Keiner mußte dem anderen irgendwie vortäuschen oder ihm gar einreden, daß er selbst doch mehr sei, überlegen oder gar wichtiger als die andere Hälfte. Ich bin Bein, und du bist Bein. Ich bin Fleisch, und du bist Fleisch, war die schöpferische Erkenntnis der paradiesischen Zeit.

Seite an Seite konnten sie sich herausfordern lassen von dem, was die Zukunft, was die Natur, was die Schöpfung und letztlich der Schöpfer an Herausforderungen für den ganzen Menschen bereithielt und für uns heute noch bereithält. Keiner hat den Schöpfungsauftrag alleine zu gestalten. Gemeinsam können sie die Aufgaben angehen.

Und so hat der Schöpfer erst mit Eva sein eigenes Bild vollendet. Erst in der Zweisamkeit ist das Bild des Schöpfers sein Bild. Denn unser Gott, an den Christen glauben, ist kein einsamer Gott. Durch Christus können wir glauben, daß dieser Gott dreifaltig ist. Es heißt, dieser Gott war von ewigen Zeiten in sich selbst Gemeinschaft. Er war von Anfang an auch Wort. »Und das Wort war bei Gott, und Gott war das Wort.« Er ist Schöpfer, der selbst Zuneigung und Liebe ist zum Sohn, ein Gott der Kommunikation zwischen Vater, Sohn und Geist. Dieser Gott erschafft als Bild der göttlichen Gemeinschaft, als Bild göttlicher Kommunikation zwei Menschen und befähigt sie, einander zum Leben zu verhelfen.

Und so begann mit Eva die Entdeckungsreise in ein neues Leben. Es wird eine Reise aufeinander zu. Es wird aber auch, wie die Geschichte zeigt, eine Reise gegeneinander und aneinander vorbei. Die Reise ist noch nicht zu Ende. Auf dieser Entdeckungsreise suchen wir noch bis heute einen Namen füreinander, einen Namen, der wirklich das Wesen des anderen trifft, der ihm im Innersten gerecht wird. Viele Namen sind schon gefunden. Mann und Frau, Vater und Mutter, Gefährte und Gefährtin, Partnerin und Partner, vielleicht auch schon DU, Gottes Bild, das mir zur Menschwerdung verhilft. Jede und jeder möge den Namen suchen für die Menschen an seiner Seite.

Das alles aber begann mit Eva. Sie war der Abschluß und die Krönung im Schöpfungsplan und doch zugleich der Anfang eines neuen Lebens, die Stammutter eines geistigen, eines seelischen Lebens, eines Lebens in und durch Gemeinschaft.

RITA REPPERMUND

Die Suche nach dem eigenen Wert

Sarah und Hagar (Gen 16,1–16)

Eine Frauengeschichte: Zwei Frauen kennen sich lange, sehr lange. Von Anfang an haben sie eine ungleiche Beziehung. Die eine hat das Sagen – und die Macht. Die andere ist in der Rolle des Dienens und nimmt sich zurück. Das ist in Ordnung so für beide Frauen, schließlich ist die eine die Herrin und die andere ihre Dienerin. Lange geht sie gut, die Beziehung ihrer Abhängigkeit – bis die eine unter dem zu leiden beginnt, was sie nicht kann. Die Herrin, sie ist wunderschön, beliebt, begehrenswert, sorgt für ihren Hausstand, aber: sie ist kinderlos. Immer mehr erfährt sie das als Makel, fast schon als Fluch, wo sie doch von Gott mit einer großen Nachkommenschaft gesegnet sein sollte. Zumindest ihr Mann. Nein, das kann sie nicht so laufenlassen – sie muß etwas unternehmen. Und klug, wie sie ist, spannt sie ihre Dienerin für die Nachkommenschaft ein – quasi als Leihmutter. In ihrer Kultur war das legitim, was aber nicht half, die Probleme, die damit verbunden waren, zu meistern. Denn jetzt wird es schwierig zwischen den beiden. Die Dienerin wird schwanger vom Mann der anderen, und wie sie merkt, daß ihr Bauch wächst, da wächst auch die Überheblichkeit: Ich kann etwas, was du nicht kannst. Ich habe etwas, was du nicht hast. Also bin ich mehr wert als du. Die lange Zeit des Dienens ist vorbei. Jetzt kann sie zeigen, daß sie jemand ist. Und die Herrin spürt: Hier verliert sie an Achtung. Das ist wie Salz auf ihre Wunde! Reicht es nicht, daß sie sich in ihrem Inneren so wertlos vorkommt ohne das Vermögen, Kinder zu gebären, muß die andere sich gleich so offenkundig über sie stellen? Sie hält diese Erniedrigung nicht länger aus, auch nicht das ständige Voraugenhaben ihres eigenen Unvermögens. Wild entschlossen holt sie sich bei ihrem Mann die Erlaubnis zu handeln: »Deine Magd ist in deiner Hand. Tu mit ihr, was dir gefällt.« Und die Herrin handelt. Tief gekränkt behandelt sie die andere mit großer Härte, bis die Schwangere vor ihr in die Wüste flieht.

Die Herrin versucht die Frage nach ihrem eigenen Wert mit Macht zu klären, ihre Dienerin hatte es mit Überheblichkeit versucht. Beides hat ihre Beziehung nicht weitergebracht. Beides hat nur Verliererinnen geschaffen. Und wirkliche Wertschätzung hat keine von ihnen erfahren. Nicht die Herrin, die ihre Magd und Leihmutter in die Wüste schickt, und nicht die Dienerin, die mit ihrer vermeintlichen Wertsteigerung der Schwangerschaft jetzt mutterseelenallein in der Wüste sitzt.

Sarah und Hagar – kein Modell für eine geglückte Beziehungsgeschichte. Neid und Eifersucht, Macht und Ohnmacht, Stolz und Überheblichkeit, Demütigung und gesellschaftliche Bestätigung bestimmen ihr Zusammensein. Hier kämpfen zwei Frauen um die Anerkennung, um ihre Daseinsberechtigung, um ihren Selbstwert. Und das verbindet sie mit vielen Frauengeschichten von uns heute. Die leidige Frage: Welche Frau ist die bessere? Die ihrer scheinbar vorgegebenen Bestimmung als Hausfrau und Mutter nachkommt oder die sich im Beruf verwirklicht? Oder gar nur die, die beides mit den kühnsten Jonglierkünsten scheinbar gelassen unter einen Hut bringt? Welche Frau findet gesellschaftlich mehr Anerkennung: die »ihren Mann steht« oder die ihre weiblichen Reize ausspielt? Wie oft schaut frau nach rechts und links und vergleicht sich mit den anderen: Was habe ich, was die andere nicht hat? Was kann ich besser? Wo kann ich bei der anderen eine Schwäche entdecken?

Konkurrenz als Thema unter Frauen wird selten zur Sprache gebracht. Geredet wird mehr über die Solidarität. Und dabei erlebe ich viel inneres und äußeres Konkurrieren um die Gunst, um den eigenen Platz, um Anerkennung gerade auch in Frauengruppen. Ich glaube, es fällt uns so schwer, über dieses Rivalisieren zu sprechen, weil es ein existentielles Ringen in uns berührt. Hinter dem ständigen Vergleichen steht die große Frage nach dem eigenen Wert: Wer bin ich? Was sind meine Fähigkeiten? Welchen Wert habe ich? Und: Wer gibt mir die Berechtigung für mein Leben?

Fragen, die mich in meinem Kern angehen. Die ich nicht so einfach lösen kann. Vor allem nicht, wenn ich mich auf andere beziehe. Fragen, denen ich nicht ausweichen kann. Irgendwann – und immer wieder – muß ich mich ihnen stellen und werde merken, wie die Frage nach mir und meinem Wert zu einer Frage nach meinem Glauben wird: In welchen großen Zusammenhang weiß ich mich eingebettet? Welche Rolle spielt Gott für mich? Was traue ich Gottes Kraft und Macht zu? Was ist meine spirituelle Quelle? Auf einmal werden Lebens- und Glaubensfragen wie bei einem Teppich untrennbar miteinander verwoben. Beziehungen zu Menschen kann ich beenden, die Beziehung zu meinem inneren Kern, der über mich hinausweist, nicht.

Vielleicht müssen wir uns wie Sarah und Hagar für eine Zeit aus Beziehungen lösen, um unseren inneren Wert zu entdecken. Hagar, deren Name »Flüchtende« bedeutet, sucht sich die Einsamkeit der Wüste. Und hier hat sie die Begegnung mit einem Boten Gottes, der ihr ihr Schicksal in einen neuen Zusammenhang stellt und ihr eine große Wertschätzung zuspricht. Sie bekommt eine eigene Verheißung: »Deine Nachkommen will ich so zahlreich machen, daß man sie nicht zählen kann.« Hagar ist nicht mehr nur die Dienerin, die stellvertretend für Sarah deren Berufung austrägt. Gott ist auch auf ihrer Seite, auf der Seite der Magd, der Ausländerin, der abhängigen Dienerin. Die Botschaft des Engels befreit sie aus der Zuschreibung: »Du bist Magd von« und gibt ihr einen eigenen Stand und Wert. Mit diesem Selbststand kann Hagar auch ausführen, was der Bote Gottes weiter von ihr fordert. Sie kann innerlich gestärkt zurückkehren zu dem Ort, an dem sie Kränkung erfahren hat. Hagar hat Bestärkung erfahren und kann mit Gottes Segen eine alte Situation neu gestalten. Selbstbewußt gibt sie dem Ort, an dem sie ihre Lebendigkeit neu entdeckt hat, einen Namen, was nach der Schöpfungsgeschichte nur dem Mann vorbehalten war. Sie nennt den Ort: »Brunnen des Lebendigen, der nach mir schaut.« Ein wunderbarer Name für einen Ort, an dem alte, verhärtete Muster ins Fließen kommen und ich meinen inneren Wert erfahre! Ein Ort der Gottesbegegnung und der Selbstbegegnung. Ein Brunnen, an den ich wie zu einer Quelle immer wieder hinkommen und neu auftanken kann.

Hagars Weg zu dieser Kraftquelle führte sie in die Wüste, ins Alleinsein, in die Stille. Wo meine Quellen der Lebendigkeit liegen, kann ich nur erfahren, wenn ich mich auf die Einsamkeit von Wüstenerfahrungen einlasse. Und da kann ich mich nicht mehr mit anderen vergleichen, da muß ich zunächst einmal meine Verletzungen und Kränkungen anschauen. Ein erster Schritt, um am Brunnen des Lebendigen neuen Wert zu schöpfen. Nach der Geschichte bleibt Hagar eine nochmalige Demütigung nicht erspart, aber ihre Verheißung, auf die kann sie sich verlassen. Ihr Sohn Ismael wird Vater eines großen Volkes. Bis heute beziehen sich die Beduinenvölker auf Hagar und Ismael. Sein Name »Gott hört« bleibt für Hagar auch in schweren Zeiten ein tragender Zuspruch.

Und Sarah? Sie hat einen langen Weg, um immer mehr auf ihren eigenen Wert und auf Gottes Verheißung zu vertrauen. Ihre Geschichte ist ein lebenslanges Ringen von Glaube und Unglauben. Das macht sie mir sehr nah in meinem Suchen. Sarah bringt eine große Verheißung mit. Von außen meint man, daß sie ihren Platz in Gottes großer Menschheitsgeschichte gefunden hat. Aber sie kann es immer wieder nicht glauben. Es ist schwer für sie, so lange auf die Erfüllung zu warten. Sarah muß lernen, loszulassen und sich nicht als Bestimmerin des Schicksals aufzuspielen. Und das ist ein harter Weg. Gott läßt es sich nicht aus der Hand nehmen, für ihre Verheißung zu sorgen. Sarah lacht, als Gott in hohem Alter noch einmal eine bevorstehende Schwangerschaft bekräftigt. Ist es ein Lachen aus Unglauben? Mir gefällt die Interpretation, daß es ein Lachen der Erlösung ist. Sarahs Lachen ist die Antwort auf die Erkenntnis, daß bei Gott nichts unmöglich ist. Sarah lernt, ihren Vorstellungen und Maßstäben nicht mehr hinterherzulaufen, sondern auf ihren Wert, so wie sie ist, zu vertrauen. »Vom krampfhaften Tun zum gelassenen Sein« könnten wir ihren Glaubensweg, der sie mit Gottes Hilfe zu sich selber führt, überschreiben. Ein Weg, der kein leichter ist – auch für Sarah nicht, die immer wieder in ihr altes Handlungsmuster hineinfällt und sich auch, als beide Söhne, Ismael und Isaak, da sind, ins Schicksal einmischt.

Ob Sarah und Hagar ihre Beziehungsgeschichte je klären konnten? Uns wird nichts davon überliefert. Das war sicher nicht der Blickwinkel der biblischen Autoren. Aber vorstellen könnte ich es mir schon. So wie jede ihren eigenen Weg mit Gottes Hilfe findet, die eine im Brunnen des Lebendigen, der nach ihr schaut, die andere im Ringen ums gelassene Sein, muß sich jede nicht mehr messen im Vergleich zur anderen und als bessere bestehen. Wer seinen Wert in sich spürt, kann die andere in ihrer Eigenart lassen und die Verschiedenheit als Bereicherung erfahren. Das wünsche ich auch uns – und unseren bunten, lebendigen Frauengeschichten.

Susanne Herzog

Zwei Schwestern … und ein Mann

Rahel und Lea (Gen 29,31–30,8)

Rahel und Lea, zwei Schwestern, die verschiedener nicht sein könnten und die doch untrennbar zusammengehören.

Rahel, die jüngere, ist meist draußen und hütet die Herden ihres Vaters Laban. Lea dagegen ist bei den Zelten. Rahel ist schön, sie hat Charme, ein anmutiges junges Mädchen, der Augapfel ihres Vaters. Lea kann da nicht mithalten. Ihre Augen waren matt, heißt es in der Bibel. Sie hat keine Ausstrahlung, nichts, womit sie einen Mann hätte anziehen können …

Rahel und Lea – zwei Mädchen an der Schwelle zum Frau-werden. Ihr Weg ist schon vorgezeichnet, es gibt nur den einen: Sie werden verheiratet werden, und ihr Stolz wird sein, ihrem Mann möglichst viele Söhne zu schenken. So war das damals zu den Zeiten Abrahams, Isaaks und Labans, zu den Väterzeiten, und es wurde von niemandem in Frage gestellt.

Eines mittags, als Rahel wie immer die Tiere zum Brunnen führt, ist da unter den anderen Hirten, die sie kennt, ein fremder, junger Mann, der sie mit einem Kuß begrüßt. Es ist Jakob, ihr Verwandter aus dem fernen Beerscheba. Rahel bringt ihn nach Hause, und ihr Vater Laban merkt gleich, daß Jakob nur noch Augen für seine schöne Tochter hat. Er merkt aber auch, daß Jakob ein tüchtiger junger Mann ist, und so macht er ihm einen Vorschlag: Wenn er sieben Jahre für Rahel dienen würde, dürfe er sie zur Frau nehmen.

»Jakob diente also sieben Jahre um Rahel. Weil er sie liebte, kamen sie ihm wie wenige Tage vor. Dann aber sagte er zu Laban: Gib mir jetzt meine Frau, ich will zu ihr gehen« (Gen 29,20f.). So wird die Hochzeit vorbereitet. Alle Männer kommen zum Fest, und am Abend führt Laban den glücklichen Jakob ins Brautgemach. Als er aber am nächsten Morgen aufwacht, entdeckt Jakob den Betrug. Laban hat ihm nicht seine geliebte Rahel zur Frau gegeben, sondern Lea, die ältere Schwester, untergeschoben – Lea, die immer im Schatten der schönen, anmutigen Rahel gestanden war.

Jakob stellt Laban zur Rede: »Warum hast du mir das angetan? Habe ich dir nicht um Rahel gedient?« (Gen 29,25). Worauf ihm Laban, das alte Schlitzohr, erwidert: »Es ist hierzulande nicht üblich, die Jüngere vor der Älteren zur Ehe zu geben« (Gen 29,26). Jakob begehrt auf. So läßt er nicht mit sich handeln. Laban muß ihm auch Rahel zur Frau geben, für die er allerdings nochmals sieben Jahre bei seinem Schwiegervater arbeiten muß. So sind schließlich die beiden ungleichen Schwestern Jakobs Frauen.

Nur aus der Männerperspektive?

Wie mag es für Rahel und Lea gewesen sein? Die Bibel erzählt die Geschichte nur aus der Perspektive Jakobs. War Rahel auch in ihn verliebt? Wußte sie von dem Brauttausch mit ihrer Schwester, hatte sie gar eingewilligt? Und Lea, die ja merken mußte, daß Jakob nur Augen für Rahel hatte? Wie erlebte sie wohl ihren maßlos enttäuschten Bräutigam? Waren ihr die Umstände egal, wenn sie nur einen Mann bekam?

Verborgene und verschwiegene Frauenschicksale in einer patriarchalen Lebensordnung? Nicht ganz. Der Erzähler – und mit ihm gewissermaßen das Augenmerk Gottes – wenden sich plötzlich Lea und Rahel zu. Ihr harter Kampf um Ansehen und Lebensglück kommt in den Blick.

Gen 29,31–30,8 lesen.

Gott kommt ins Spiel, aber der Fortgang der Geschichte wirft dennoch viele Fragen auf: Ist Gott parteiisch? Warum öffnet er Leas Schoß und Rahels verschließt er? Warum andererseits ist sie soviel schöner als Lea, warum gehört nur ihr die Liebe ihres Mannes?

Lea und Rahel – sind sie nichts als bedauernswerte Opfer des Patriarchats, das den Frauen keinen eigenständigen Wert zuerkannte? Die sich notfalls ihre Kinder ertrotzen mußten, indem sie ihre Mägde zu ihren Nebenfrauen machten?

Entweder – oder

Für mich steckt mehr hinter der alten Erzählung. Beide Schwestern verkörpern eine zutiefst menschliche Erfahrung, die auch heute nichts von ihrer Aktualität verloren hat. Sie sind eingezwängt in die fatale Alternative: entweder – oder. Entweder Lea oder Rahel. Nur eine kann die Siegerin sein. Nur eine kann die Liebe ihres Mannes gewinnen. Nur eine kann das größere Ansehen haben. Nur eine kann im Recht sein.

Auch heute kämpfen wir Frauen oft gegeneinander, weil wir meinen, nur das eine *oder* das andere kann richtig sein. Und so verteidigen wir den einen Lebensentwurf gegen den andern: Berufstätigkeit gegen den Einsatz in der Familie. Selbständig und aus eigener Kraft zu leben gegen die Fähigkeit, sich einzufügen und einzubringen in ein größeres Ganzes. Kämpferischen Mut gegen einlenkendes Verstehen, fordernde gegen hingebende Liebe. Ganz aus Gefühl und Intuition zu leben gegen ein vernunftgesteuertes Handeln … Eine endlose Liste. Jede kennt da ihre persönlichen ausweglosen Alternativen: entweder – oder!

Muß man sich nicht entscheiden, Stellung beziehen, Partei ergreifen? Auch zwischen Rahel und Lea? Ist mir Rahel näher, verstehe ich ihren Kampf um eigene Kinder, wünsche ich ihr Glück und Erfüllung – oder gilt meine Sympathie Lea, der Zurückgesetzten. Finde ich es gerecht, daß Gott ihr so viele Söhne schenkt, die er der schönen, stolzen Rahel vorenthält?

Sowohl – als auch

Lea und Rahel gehören zusammen, sie sind Schwestern. Beiden fehlt etwas. Aber beide ergänzen sich auch, weil jede ihren ganz eigenen Lebensreichtum hat: Rahel die Liebe ihres Mannes und Lea ihr Mutterglück. Sie könnten sich versöhnen, wenn sie einander ihren Reichtum gönnten, aber auch das wertschätzten, was sie selbst haben. Wenn sie aus dem fatalen »entweder – oder« zu einer Haltung des »sowohl als auch« finden könnten. Das bedeutet letztlich, darauf zu vertrauen, daß Gott für beide ein erfülltes Leben bereit hält, auch wenn es je verschieden verläuft. Aber dazu müssen sie die alte Geschwisterkonkurrenz hinter sich lassen, die Angst, daß die Liebe des Vaters nur einer allein gehören kann.

Der weitere Verlauf der Geschichte ist ein Hinweis darauf. Nachdem Jakob lange Jahre bei Laban gedient hat, möchte er wieder in seine Heimat zurückkehren – natürlich nicht mit leeren Händen, sondern mit seinen Frauen, Kindern und seinen Herden … So fragt er seine beiden Frauen um ihr Einverständnis, und sie sind bereit, ihre Heimat und ihren Vater zu verlassen, ja Rahel nimmt sogar heimlich die Götterbilder ihres Vaters mit. Sie wagen es also, den Vater und damit die Prägungen und Verletzungen aus der Kindheit hinter sich zu lassen, sie wollen sich nicht mehr fremdbestimmen lassen, sie ziehen aus den zu engen Korsetten ihrer Lebensentwürfe aus in ein neues Land. Und sie nehmen ihre Götterbilder mit, weil sie endlich zu ihren eigenen Bildern werden sollen, zu segensreichen Begleitern ihres eigenen und einzigartigen Lebens.

Den Aufbruch wagen

Rahel und Lea halten uns einen Spiegel vor – in ihrer ausweglosen Rivalität eine gegen die andere, aber auch in ihrem Mut zum gemeinsamen Aufbruch. Sich von diesem Mut anstecken zu lassen, dazu gehört einiges: nämlich die alten Denk- und Wertemuster in Frage zu stellen. Habe ich in dem, was mir wichtig ist im Leben, wirklich schon die ganze Fülle der Möglichkeiten in den Blick genommen? Oder war mein Blick nur auf bestimmte Dinge fixiert? Altes aufzugeben ist immer mit Angst verbunden. Was kommt da Neues auf mich zu? Muß ich mir womöglich auch eingestehen, daß ich bisher so vieles ausgeklammert habe?

Rahel und Lea wagen den Ausbruch gemeinsam – und das könnte auch uns Frauen ermutigen, unsere Verschiedenheiten als Chance zu begreifen. Ob wir verheiratet oder ledig sind, Kinder haben oder nicht, emanzipiert oder eher traditionell eingestellt sind. Ob wir in der Kirche eine Heimat haben oder uns fremd in ihr fühlen, ob wir forsch oder zaghaft, tüchtig oder verträumt, jung oder alt sind. Wenn wir neugierig aufeinander wären, statt uns mit Vorurteilen aus dem Weg zu gehen, könnten wir uns gemeinsam auf Entdeckungsreise machen: Was hat eine andere in ihrem Leben verwirklichen können, was wurde ihr geschenkt, und wie ist eigentlich mein Leben verlaufen? Ohne Wertung, ohne die Frage, welche hat es besser gemacht, sondern mit dem immer neuen Erstaunen über die große Fülle des Lebens. Vielleicht würde uns das helfen, auch aus manchen Engführungen unseres Lebens herauszufinden zu dem, was Gott in uns als Fülle und Reichtum angelegt hat.

MECHTHILD ALBER

Tun, was wir für richtig halten

Schifra und Pua (Ex 1,15–21)

Vielleicht kennen Sie die Situation: Eine Aufgabe kommt auf Sie zu, von der Sie befürchten: Das kann ich nicht. Etwas wird von Ihnen erwartet, von dem Sie spüren: Das will ich nicht. Eine Anfrage wird an Sie gestellt, von der Sie wissen: Eigentlich müßte ich ablehnen.

Wie verhalten Sie sich? Können Sie sagen: Das ist mir zuviel, das überfordert mich? Oder: Damit bin ich nicht einverstanden, das geht gegen mein Gewissen?

Oft fehlt uns der Mut, nach unserem Gespür, nach unserem eigenen Empfinden zu handeln. Wir erleben uns angepaßt, nehmen doch an – und nehmen hin. Oft fühlen wir uns ohnmächtig, das zu tun, was wir für richtig halten angesichts vorgegebener Situationen im privaten Bereich, angesichts vorherrschender Machtstrukturen in Wirtschaft und Gesellschaft, auch in der Kirche. Oft hält uns vom klaren Nein die Sorge ab, es stehe zuviel auf dem Spiel: das Ansehen, der Arbeitsplatz, eine Freundschaft.

Ausgesprochen viel, ja alles stand auf dem Spiel für Schifra und Pua, den beiden hebräischen Hebammen, wie uns das Buch Exodus berichtet. Sie erhielten vom Pharao den ausdrücklichen Befehl, alle neugeborenen Knaben der Hebräer sofort bei der Geburt zu töten. Mit diesem heimtückischen Plan wollte der mächtige Herrscher Ägyptens verhindern, daß die unterdrückten Hebräer sich weiter vermehrten und zu einem großen Volk erstarken würden. Er befürchtete nämlich, sie könnten sich dann mit seinen Feinden verbünden und gegen ihn kämpfen. Das wollte er mit allen Mitteln verhindern. Doch sein Plan schlug fehl. Schifra und Pua machten nicht mit. Sie weigerten sich. Damit hatte der Pharao nicht im geringsten gerechnet. Frauen hatten sich damals – und nicht nur damals – einfach zu fügen! Sie waren im Grunde rechtlos. Und die beiden Hebammen zählten als Sklavinnen sowieso nicht.

Als solche hatten sie blind zu gehorchen und widerspruchslos jedweden Befehl auszuführen – so dachte der Pharao.

Und Schifra und Pua – wie dachten sie? Wie mag es ihnen ergangen sein? Was hat der Befehl zu töten in ihnen ausgelöst? Als Hebammen, als Geburtshelferinnen waren sie doch dem Leben verpflichtet! Und jetzt sollten sie – auf allerhöchste Anordnung – Leben vernichten!

Da machten sie nicht mit. Sie blieben fest. Diese beiden Frauen ließen sich nicht einschüchtern – auch vom Pharao nicht. Sie taten weiterhin unbeirrt das, was sie für richtig hielten: Sie dienten dem Leben! Leben schützen, Leben erhalten, war ihnen heilig. Mutig und entschieden umgingen sie den brutalen Befehl. Sie wagten es, Widerstand zu leisten. Schifra und Pua waren sich bewußt: Wir riskieren viel, wir setzen unser Leben aufs Spiel. Und dennoch sagten sie: Nein!

Dem Pharao blieb ihre Gehorsamsverweigerung nicht verborgen. Er stellte sie zur Rede. Ihre listige Ausrede lautete: »Bei den hebräischen Frauen ist es nicht wie bei den Ägypterinnen, sondern wie bei den Tieren: Wenn die Hebamme zu ihnen kommt, haben sie schon geboren« (Ex 1,19).

Woher nahmen die beiden Frauen den Mut, dem Pharao dieses »Märchen« aufzutischen? Hatten sie keine Angst? Die wird nicht ausgeblieben sein. Aber sie waren zu zweit und haben sich wohl gegenseitig Mut gemacht. Und das Vertrauen der gebärenden Frauen gab ihnen die Kraft. Vor allem aber vertrauten Schifra und Pua auf den Gott des Lebens, auf den Gott Israels. Ihm fühlten sie sich verpflichtet. Er stand für sie über dem Pharao. Ihr Gottvertrauen war so groß, ihr Glaube an den Leben schenkenden und Leben schützenden Gott so lebendig, daß die Angst um das eigene Leben schwand. Sie waren tief überzeugt: Gott ist da. Er steht zu uns, steht hinter uns. Er will, daß wir dem Leben dienen, es schützen und bewahren – es nicht zerstören. Und Gott war auf der Seite von Schifra und Pua, er hat sie bestätigt: »Er verhalf den Hebammen zu Glück und schenkte ihnen Kindersegen« (Ex 1,20–21), heißt es im Schrifttext.

Es ist wohltuend und befreiend, solchen biblischen Frauengestalten zu begegnen: Frauen, die von Gott und seinem Dasein so berührt, so durchdrungen, so erfüllt sind, wie die beiden Hebammen. Frauen, die aus der Tiefe ihrer weiblichen Existenz heraus wissen, was sie wollen. Frauen, die sich nicht scheuen, nein zu sagen; die im Vertrauen auf Gott das tun, was sie für richtig halten. Frauen, die listig und entschieden auftreten, auch einem »Pharao« gegenüber.

Diese Frauen der Bibel machen uns Mut, dem, was in uns lebt, Raum zu geben, dem inneren Empfinden, das oft unterdrückt nicht zum Leben kommen darf, Beachtung zu schenken. Sie ermutigen uns, in uns selbst lebendig werden zu lassen, was unser Leben trägt, was uns immer wieder neu hoffen, neu stark sein läßt und uns untereinander und mit ihnen verbindet: der Glaube an den Gott, der das Leben will, der da ist und zu uns steht, der uns trägt und hält.

Diese Frauen der Bibel machen uns Mut, unerschrocken, entschieden und unkonventionell für das einzustehen, was uns wichtig ist. Sie zeigen uns: Wir brauchen uns von Anordnungen und Erwartungen und in schwierigen Situationen nicht niederdrücken zu lassen. Er, der Gott Israels, ist mit uns. Er ist uns Stütze, Rückhalt und Schild.

Wir dürfen uns entscheiden für das, was uns zum Leben dient. Wir dürfen uns zu Wort melden. Wir dürfen nein sagen. Wir dürfen uns widersetzen. Gott selbst ermutigt uns dazu. Er will, daß wir »Leben haben und es in Fülle haben« (Joh 10,10). Er sagt uns: Entdeckt eure Eigenart und bringt sie zur Entfaltung. Steht zu euch, traut euch und tut, was ihr für richtig haltet.

Die beiden Hebammen haben es gewagt, ihr Leben zu leben. Sie haben dem Pharao widerstanden. Sie haben getan, was sie für richtig hielten und was ihnen wichtig war. Und wir? Werden wir es ihnen gleichtun? Werden wir bei der nächsten Aufgabe, die auf uns zukommt, mutig entscheiden und klug handeln wie Schifra und Pua? Ich wünsche es uns.

Roswitha Müller

Tatsächlich – er ist Jahwe

Das Lied der Mirjam (Ex 15,20–21)

Vermutlich haben ihr noch die Knie gezittert, als Mirjam anfing zu trommeln, zu tanzen und ihr Lied zu singen. Denn das, was sie erlebt hat und was sie jetzt zu diesem Tun bewegt, liegt eben erst hinter ihr und ist in ihrer Erinnerung noch ganz frisch. Es geht um den Exodus, den Durchzug der Israelitinnen und Israeliten durchs Rote Meer, den großen Weg der Befreiung aus der Knechtschaft in Ägypten. Mirjam und die Frauen waren »live« dabei. Sie haben alles hautnah mitbekommen, von der ersten bis zur letzten Stunde. Viel haben sie dabei durchlebt und auch durchlitten:

Da war am Anfang, noch in Ägypten, die Entscheidung zu treffen, alles zurückzulassen. Sie mußten den Mut fassen, wirklich aufzubrechen, und die Hoffnung nähren, daß alles anders und besser werden könnte. Auf der Flucht, die Verfolger im Nacken, kam dann die Angst ums eigene Leben und der Kampf mit der Verzweiflung, daß alles umsonst gewesen sein könnte. Schließlich, als sie tatsächlich heil angekommen waren, spürten sie, noch ungläubig, Erleichterung und Freude; andererseits erschauerten sie, als sie die Ägypter tot am Strand liegen sahen. Dazu muß man sich noch die sicherlich großen körperlichen Strapazen ihrer ungewöhnlichen Wanderung denken. Sie müssen völlig erschöpft gewesen sein, nun, nachdem sie am rettenden Ufer standen und alle Anspannung von ihnen abfiel.

Mirjam und die Frauen erstaunen mich in dieser Situation. Wie in aller Welt bringen sie es nach all dem noch fertig, zu trommeln und zu singen? Woher nehmen die Frauen jetzt noch die Kraft zu tanzen? Das Ritual scheint keinen Aufschub geduldet zu haben – es mußte hier sein und es mußte sofort sein.

Versuchen wir, dem, was sich hier abgespielt hat, anhand der wenigen Zeilen, die uns davon berichten, auf die Spur zu kommen. »Singt dem Herrn ein Lied, denn er ist hoch und erhaben! Rosse und Wagen warf er ins Meer«, so singt Mirjam. Bei diesen

Worten, die der Prophetin in den Mund gelegt werden, handelt es sich um einen sehr alten Text, gedichtet vor etwa dreitausend Jahren. In der Forschung ist man sich sicher, daß es einer der ältesten Texte in der Bibel überhaupt ist. In wenigen Worten faßt Mirjam von der eben erst erlebten Exoduserfahrung das zusammen, was ihr das Allerwichtigste daran war. Sie erzählt das Ereignis aber nicht nur, sie deutet es zugleich. Für Mirjam ist es kein Zufall, daß sie und mit ihr das ganze Volk mit heiler Haut davongekommen sind. Es ist für sie auch nicht das Ergebnis ihrer eigenen Leistung: Für sie ist Rettung geschehen, weil Gott sich zugunsten seines Volkes eingemischt hat. *Er* ist es gewesen, der Rosse und Wagen ins Meer geworfen hat. Mit diesem Eingreifen hat er sie endgültig von allem befreit, was knechtet und versklavt. Darin hat er sich als hoch und erhaben erwiesen.

Ein entscheidendes Wort des hebräischen Textes erkennt man in der Übersetzung leider nicht mehr. Es ist die Bezeichnung, mit der Mirjam den rettenden Gott beim Namen nennt: »Singt dem Herrn«, heißt ursprünglich: »Singt *Jahwe*«.

Unter diesem Namen kennen die Israelitinnen und Israeliten ihren Gott erst seit kurzem. Als »Jahwe« hatte sich Gott dem Mose am brennenden Dornbusch vorgestellt. Diese Begegnung war der Auftakt für den Auszug aus Ägypten gewesen. Mose hatte dort von Gott den Auftrag erhalten, das israelitische Volk in seinem, Jahwes Namen, in die Freiheit zu führen. Jahwe bedeutet: »Ich bin der, der da ist.« Dieser Name ist zugleich Programm. Gott verspricht damit, daß er immer an der Seite derer sein wird, die ihn als Gott annehmen wollen.

Dort am Dornbusch war es noch ein Versprechen. Jetzt hat er dieses Versprechen eingelöst – und eine Frau hat es verstanden und in Worte gefaßt. Mirjam ist die erste, die Gott als Jahwe bestätigt. Sie bekennt ihn jetzt, im Anschluß an den Exodus, als den, der für sie und für ihr ganzes Volk dagewesen ist. Mirjams Lied ist somit nichts anderes als ein uraltes Glaubensbekenntnis – vor Gott und vor den Menschen.

Gott will sie mit ihrem Lied mitteilen: »Das, was du über dich gesagt hast, hat mich in meinem Innersten berührt. Wir sind durch schwere Zeiten gegangen – aber gerade in dem, was wir durchgemacht haben, haben wir dich erfahren als den, der an unserer Seite ist und für uns kämpft. Dir verdanken wir alles: unsere

Rettung und unser Leben. Wir wissen nun, daß wir uns auf dich verlassen können. Du bist Jahwe – unser Gott.« Was könnte man seinem Gott Schöneres sagen?

Die Menschen hat sie eingeladen, an dem, was ihr aufgegangen ist, teilzuhaben. Ihr Bekenntnis kann anderen den Blick dafür öffnen, daß auch sie in ihrem Leben dem hilfreichen Eingreifen Gottes auf die Spur kommen können. Das gilt für Mirjams eigenes Volk, alle, die mit ihr zusammen aus Ägypten ausgezogen sind, ebenso wie für alle, die ihr Lied später gehört und gelesen haben. Es gilt immer noch – auch für uns.

Momente wie diese, in denen wir Gottes Da-Sein in unserem Leben ganz intensiv erfahren, fallen uns in der Regel nicht in den Schoß. Mit Erklärungen wie: »Das war Zufall« oder »Glück gehabt« oder auch »Ich habe das ganz allein hingekriegt«, sind wir meist schneller. Gerade deshalb sind aber solche Momente, in denen uns Gottes Nähe aufgeht, wenn sie geschehen, Kostbarkeiten. Flüchtige Kostbarkeiten allerdings! Wie schnell haben wir sie wieder vergessen – spätestens dann, wenn ein neues Ägypten uns wieder versklaven will.

Ich glaube, Mirjam hat trotz ihrer Erschöpfung Gott als Jahwe mit Tanz, Trommelschlag und Gesang gefeiert, weil sie ganz intuitiv um die Kostbarkeit dieser Erfahrung wußte, die sich in ihrem Innersten meldete und dann groß werden wollte.

Auf die Frauen ist der Funke übergesprungen. Sie haben sich mitreißen lassen von Mirjams Freude über ihre Entdeckung. Erst durch ihr Mittun, durch ihr Einstimmen in Mirjams Musik und Tanz ist das Ganze zu einem großen Fest der Freude und der Dankbarkeit geworden.

Ihre Art, dieses Ereignis zu feiern, bringt mir bei: Wenn du spürst, wie Gott in deinem Leben als Jahwe wirkt, dann gib diesem Erlebnis Raum: Laß es aufleben und laut werden! Stell nicht nur fest, daß es so ist, sondern feiere es mit Leib und Seele. Preise deinen Gott dafür, daß er an deiner Seite steht – und wenn du kannst, tu es mit Bewegung, Musik, Gesang, mit Lachen und Tanzen. Oder finde eine ganz andere Form, die zu dir paßt. Erzähle anderen, was du entdeckt hast, und lade sie ein, diese Freude mit dir zu teilen.

Nicht, daß Gott es nötig hätte, auf diese Art in den Himmel gehoben zu werden – aber *wir* haben es nötig. Es tut uns gut – ich möchte sogar sagen, es ist wichtig für das Gelingen unseres Lebens –, daß wir es uns immer wieder vor Augen halten und die Erkenntnis feiern, daß nicht alles von uns abhängt. Das soll keine Herabwürdigung unserer eigenen Leistungen und Verdienste sein. Es ist vielmehr die Feier der Erfahrung, daß Gott uns, unser Leben, unser Vorwärts-kommen-Wollen und unsere Wagnisse trägt.

Zunächst ist es Dank für bereits erfahrenen Beistand Jahwes in dem, was war. Daraus kann aber noch mehr werden: Ich meine die Hoffnung, daß Gott auch künftig Jahwe (»Ich bin der, der da ist«) für uns sein wird.

Wie heilsam, wie entlastend wäre es für uns, könnten wir uns diese Erkenntnis auch in neuen, notvollen Zeiten wieder herholen: Wir würden uns künftig weniger auf uns selbst und mehr auf ihn verlassen. Wir würden ihn beherzter als Jahwe, »Gott für uns«, in die Pflicht nehmen. Wir würden die ungeheure Last, alles selber machen zu müssen, auf seine Schultern legen.

Mirjams Bekenntnis macht mich sicher: Er kann die Last tragen – und uns dazu.

Martina Feddersen

Was Solidarität zwischen Frauen vermag

Rut und Noomi (Rut 1,6–19)

Die »schönste aller Idyllen« hat es Johann Wolfgang von Goethe einmal genannt. Wenn er damit das alttestamentliche Buch Rut als dichterisch vollendete Erzählung charakterisieren wollte, gebe ich ihm recht. Wenn er mit der »Idylle« allerdings das Schicksal und die Erlebnisse der Frau Rut gemeint hat, dann melde ich meine Zweifel an; denn so »idyllisch« scheint mir der Weg dieser Frau nun ganz und gar nicht zu sein. In jedem Fall: Es war ein weiter Weg für diese – aus jüdischer Sicht – dunkelhäutige Heidin, ehe sie als Urgroßmutter Davids in die Geschichte Israels und in den Stammbaum Jesu einging.

Doch versuchen wir, die wichtigsten Stationen nachzugehen, auch wenn es niemals möglich ist, in dürren Worten diese feingesponnene Erzählung wiederzugeben. Der Anfang von Ruts Geschichte führt uns in ihre Heimat Moab. In dieses fruchtbare Wein- und Weideland zwischen dem Toten Meer und der arabischen Wüste ist einst ein Mann mit seiner Familie wegen einer Hungersnot aus dem jüdischen Betlehem ausgewandert. Seine beiden Söhne heiraten Moabiterinnen, eine davon ist Rut. Nacheinander aber sterben der Mann und seine beiden Söhne, und Ruts Schwiegermutter Noomi beschließt, in ihre Heimat Betlehem zurückzukehren. Am Jordan, der Grenze nach Juda, fordert sie ihre Schwiegertöchter auf, wieder zu ihren Familien zurückzukehren. Die eine geht. Rut aber weigert sich und versichert ihrer Schwiegermutter: »Wohin du gehst, dahin gehe auch ich, und wo du bleibst, da bleibe auch ich. Dein Volk ist mein Volk, und dein Gott ist mein Gott. Wo du stirbst, da sterbe auch ich, da will ich begraben sein« (Rut 1,16f.). Bewegende Worte – von Frau zu Frau, wohlgemerkt. Das kann man sich nicht deutlich genug in Erinnerung rufen; denn diese Verse sind beliebt geworden in einem Zusammenhang, in den sie eigentlich nicht gehören – nämlich als Schrifttext für Hochzeitsgottesdienste.

Es ist Erntezeit, als die beiden Frauen in Betlehem ankommen. Für Noomi ist es die Rückkehr in die Heimat, in der sie mit viel Anteilnahme willkommen geheißen wird. Von Rut, der fremden Moabiterin scheint zunächst niemand Notiz zu nehmen, bis sie auf dem Feld den reichen Gutsbesitzer Boas kennenlernt, der sie überaus freundlich und zuvorkommend behandelt. Als Rut ihrer Schwiegermutter von dieser Begegnung erzählt, erkennt Noomi in Boas einen Verwandten ihres verstorbenen Mannes und damit die Chance, ihrer Schwiegertochter erneut »ein Heim zu verschaffen, in dem es ihr gutgeht« (Rut 3,1), wie es im Text heißt. In Israel gab es nämlich die Regelung der sogenannten »Schwagerehe«, die den nächsten männlichen Verwandten eines Verstorbenen verpflichtet, dessen Witwe zu heiraten, die als Teil des Erbes galt. Zum einen kam dies einem Versorgungsschutz für die Frauen gleich. Zum anderen aber bestimmte das Gesetz, daß der erstgeborene Sohn aus einer solchen Schwagerehe den Namen des Verstorbenen tragen soll, um dessen Namen und Nachkommenschaft auf immer zu sichern. Und jetzt kommt Noomis Stunde: Mit List fädelt sie eine nächtliche Begegnung zwischen Rut und Boas ein, um diesen an seine Heiratspflicht als Verwandter zu erinnern. Ihr Plan gelingt. Boas nimmt Rut zur Frau. Rut bringt einen Sohn zur Welt, der sich einmal als Großvater Davids in den Geschichtsbüchern wiederfinden sollte.

»Wohin du gehst, dahin gehe auch ich, und wo du bleibst, da bleibe auch ich.« So oft ich die Geschichte der Rut lese, immer bleibe ich an diesen Worten hängen: »Wohin du gehst, dahin gehe auch ich, und wo du bleibst, da bleibe auch ich.« Sie sind Dreh- und Angelpunkt der Geschichte. Alles hängt an ihnen, alles entscheidet sich mit ihnen: der weitere Weg Ruts, ihr Schicksal, ihre Zukunft; der weitere Weg Noomis, ihr Schicksal, ihre Zukunft. Wäre Rut wie ihre Schwägerin am Jordan umgekehrt – Noomi hätte in Betlehem das Dasein einer armen Witwe führen müssen, für die sich niemand verantwortlich fühlt. Wäre Rut am Jordan umgekehrt – sie hätte Boas nie kennengelernt, sie hätte nie ein zweites Mal geheiratet, hätte nie Kinder gehabt, was für eine Frau in der damaligen Zeit Fluch und Schande bedeutete.

Aber das alles konnte Rut im entscheidenden Moment an der Grenze nicht wissen. Was sie wissen konnte: daß sie im judäischen Betlehem eine leidlich geduldete Fremde sein wird. Was sie wissen konnte: daß der Gott ihrer Heimat Moab nicht der Gott Israels ist; daß der Schritt über die Grenze zugleich ein Schritt in einen neuen Glauben ist. Was sie wissen konnte: daß ihre Zukunft völlig unsicher, ungesichert ist. Nein, sie hatte nichts zu erwarten.

Und dennoch sagt Rut: »Wohin du gehst, dahin gehe auch ich, und wo du bleibst, da bleibe auch ich. Dein Volk ist mein Volk, und dein Gott ist mein Gott.«

Wenn ich es genau betrachte, dann ist die Geschichte der Rut eigentlich die Weggeschichte von Rut und Noomi. Die Geschichte einer Weg- und Schicksalsgemeinschaft zweier rechtloser Frauen, die in einer patriarchalen Gesellschaft um ihr Überleben kämpfen. Und am Anfang dieser Geschichte steht dieses entschiedene Versprechen: »Wohin du gehst, dahin will auch ich gehen!« Mir scheint sicher, daß die beiden verwitweten Frauen einzig und allein aus diesem Versprechen, aus dieser Gemeinschaft die Kraft schöpften, selbst aktiv zu werden, um aus ihrer eigentlich völlig hoffnungslosen Lage doch noch einen Weg in die Zukunft zu bahnen.

An Noomi wird mir dies ganz besonders deutlich: Noch als sie in ihrer Heimat Betlehem ankommt und die Frauen dort fragen: »Ist das nicht Noomi«, erwidert sie: »Nennt mich nicht mehr Noomi, die Liebliche, sondern Mara, die Bittere; denn viel Bitterkeit hat der Allmächtige mir getan. Reich bin ich ausgezogen, aber mit leeren Händen hat der Herr mich heimkehren lassen.« Und welche Wandlung geschieht mit ihr, als ihr Rut von der Begegnung mit Boas berichtet. Plötzlich sieht sie dank ihrer Schwiegertochter ein Licht am Horizont; sie sieht eine Lösung, einen gangbaren Weg für sie beide, heraus aus ihrer vorher so ausweglosen Situation. Es ist, als erwache sie aus einer Lethargie, sie schmiedet Pläne, rät als ältere, erfahrene Frau, wie sich die junge Rut Boas nähern soll. Und: Ihre Pläne gehen auf – zum Vorteil beider. Rut ohne Noomi, Noomi ohne Rut – jede für sich allein hätte nichts vermocht. Doch Rut und Noomi zusammen sind für mich ein faszinierendes Beispiel dafür, welche Kraft einem auch in scheinbar ausweglosen Situationen erwächst, wenn zwei an einem Strang ziehen.

Auch wenn uns Jahrtausende trennen, auch wenn das Gesellschaftsgefüge, in dem wir leben, nicht annähernd vergleichbar ist mit dem von Rut und Noomi – diese beiden Frauen bleiben für mich dennoch ein ebenso faszinierendes wie herausforderndes Beispiel für das, was möglich ist, wenn sich Frauen aneinander solidarisch erweisen. Und ich werde das Gefühl nicht los: Ich – oder darf ich sogar sagen: Wir Frauen können auch Jahrtausende später noch viel von den beiden lernen!

Doch bei alledem: Es hieße wohl, nicht die ganze Tiefe der Geschichte von Rut und Noomi ausgelotet zu haben, würde man ihren Glauben aus dem Spiel lassen. Da ist Rut, die zu ihrer Schwiegermutter sagt: »Dein Gott ist mein Gott«, und die sich damit zu einem Gott bekennt, der doch in unbegreiflich harter Weise ihre Schwiegermutter mit Leid geschlagen hat. Mann und Söhne sind tot, Noomi einem ungewissen Schicksal überlassen. Und dennoch scheint Ruts Vertrauen in diesen Gott größer und stärker zu sein als ihre Fragen. Da ist Noomi, die zu den Frauen von Betlehem sagt: »Reich bin ich ausgezogen, aber mit leeren Händen hat der Herr mich heimkehren lassen.« Sie begreift also ihr Leid als ein von Gott zugefügtes Leid. Genauso wie sie später die schicksalswendende Begegnung zwischen Rut und Boas als Zeichen dafür deutet, daß der »Herr seine Gunst den Lebenden und Toten nicht entzogen hat« (Rut 2,20).

Der Gott, von dem aus Noomi ihr Leben deutet, der Gott, in den Rut ihr Vertrauen setzt, ist der Gott, der von sich selbst sagt: »Jahwe – ich bin der, als der ich da sein werde« – je neu, je nach Situation anders, aber da – immer. Es ist der Gott, der sich immer als ein Gott der Wegbegleitung erwiesen hat: in der großen Geschichte Israels ebenso wie in den vielen kleinen Geschichten, in denen Menschen miteinander gegangen sind und sich aneinander solidarisch erwiesen haben – wie in der Geschichte von Rut und Noomi. Es ist der Gott, der im Buch des Propheten Jesaja sagt: »Fürchte dich nicht, denn ich bin mit dir; hab keine Angst, denn ich bin dein Gott. Ich helfe dir, ja, ich mache dich stark, ja, ich halte dich mit meiner hilfreichen Rechten. Denn ich bin der Herr, dein Gott, der deine rechte Hand ergreift und der zu dir sagt: Fürchte dich nicht, ich werde dir helfen« (Jes 41,10.13).

Gottes Zusage einer Weggemeinschaft, ohne die ich mir nicht vorstellen kann, woher die Kraft zur Solidarität mit anderen erwachsen sollte; Gottes Zusage einer Weggemeinschaft, die jedem Menschen immer gilt und galt: Rut und Noomi und jeder einzelnen von uns.

Bärbel Deifel-Vogelmann

»Sie gürtet ihre Hüften mit Kraft«

Gottes und der Frauen Weisheit
(Sir 24,1–2.13–20; Spr 31,10–31)

Zwei Frauengestalten begegnen uns in den beiden Bibeltexten: die göttliche Weisheit, die als Frau auftritt, und dann die starke, selbstbewußte Frau aus Sprüche 31. In je eigener Sprache erzählen sie von Gott. Auf den ersten Blick erschließt sich der Zusammenhang nicht: hier die göttliche Weisheit, im Schöpfungsakt an Gottes Seite, jauchzend die Schöpfung begrüßend – dort die Frau, die einen Gutshof samt Familie erfolgreich bewältigt. Doch wie bei zwei Seiten einer Medaille, die göttliche Seite, Frau Weisheit, und die menschliche Seite, die starke Frau, geben sie ihre je eigene Antwort auf die in Israel schon damals gestellte und auch für heutige Menschen wichtige Frage: Wo läßt sich Gott heute erfahren? Wie ist dieser Gott Israels, und welches Verhältnis hat er zu den Menschen?

Die starke Frau betreibt völlig selbständig einen Haushalt, der schon mehr ein Gutshof ist. Alles läuft wunderbar, die Mitglieder der Familie und des Betriebs sind versorgt, die Frau wird wegen ihrer Tüchtigkeit gerühmt. Gott, oder das, was sie von Gott glaubt, kommt in dem Text eigentlich nicht vor, nur am Ende heißt es inmitten des Loblieds auf diese tüchtige Frau: »Nur eine gottesfürchtige Frau verdient Lob.« Was hat aber die schon fast beängstigende Tüchtigkeit der Frau mit Gott zu tun, warum wird sie als gottesfürchtig beschrieben? Zeigt sich am Ende gar die Gottesfürchtigkeit einer Frau darin, daß sie – ganz gemäß kirchlichem Klischee – zu Hause bleibt, putzt und alles in Ordnung hält? Zugespitzt gefragt: Sind saubere Fenster ein Zeichen für die Frömmigkeit von Frauen?

Wo bleibt Gott in der Katastrophe?

Fragt man nach, wann denn so ein Text geschrieben werden konnte, dann zerbricht die heile Welt, wie sie hier geschildert ist, schnell. Denn der Text entstand in einer Zeit, in der alles andere als eine heile Welt herrschte, der Zeit nach dem Exil Israels (nach 587 v. Chr.), in der sich Palästina in einem katastrophalen Zustand befand. Nicht nur, daß das ganze Land verwüstet war durch die Eroberung der Babylonier, vor allem natürlich Jerusalem: Auch der Staat Israel existierte nicht mehr. Das Königshaus war nach Babylon deportiert, ebenso alle höheren Beamten. Fremdherrschaft herrschte im Land. Was aber vielleicht alle am schlimmsten traf, war die Zerstörung des Tempels und die Wegführung der Priester. Mit einem Schlag war alles, was die Religion im Staat ausgemacht hat, dahin. Nicht nur der Tempel als Gebäude war zerstört, sondern das Haus Gottes, der Ort, an dem Gott seinen Namen hat wohnen lassen und von dessen Erhaltung das Wohlergehen Israels abhing. Und diejenigen, die durch den richtigen Kult dafür gesorgt hatten, daß der Gott Israels sich seinem Volk geneigt zeigte, der König und die Hohenpriester, waren weg im Exil. Stellen Sie sich vor, alle Elemente der Religion, sämtliche Kirchen und Priester, wären von heute auf morgen weg. Wie würden Sie reagieren?

Nicht wenige Menschen standen damals vor der Frage: Müssen wir jetzt Babylons Götter anbeten, weil sie unseren Gott besiegt haben? Die Babylonier haben das Haus unseres Gottes zerstören können, war der Gott Israels zu schwach, sein Volk und sein Haus zu schützen? Ist mit dem Tempel auch seine Anwesenheit in Israel verloren? Ein Teil der Bevölkerung wandte sich tatsächlich Babylons Göttern zu. Die anderen, die an dem Glauben an Jahwe als Gott Israels festhalten wollten, mußten erklären, wie man sich Gott nach dem Untergang Israels eigentlich noch vorzustellen habe.

Die Frage lautete also: Wie kann man an Gott glauben, nachdem alles zerstört ist?

Gott über dem Sternenzelt ...

Eine Antwort, die die Theologen fanden, hat den Glauben an den Gott Israels überleben lassen. Sie traten sozusagen die Flucht nach vorn an. Ihre Antwort lautete: Der Gott Israels ist überhaupt nicht nur der Gott Israels, er ist größer als alles andere, größer sogar als Babylon. Gott wird jetzt größer gemacht, transzendiert, sozusagen über die Welt hinausgehoben in den Himmel. Gott ist jetzt nicht mehr nur für Israel zuständig, sondern für die ganze Welt. Er hat nicht nur Israel heraufgeführt aus Ägypten, sondern die ganze Welt erschaffen. Gott ist so groß, daß er kein Haus mehr braucht, um darin zu wohnen. Gott hat die ganze Welt einmal gut eingerichtet, so daß alles seinen Ort hat, die Sonne, der Mond und die Sterne genauso wie die Tiere und die Menschen. Gott wohnt nicht mehr nur über den Wolken, sondern sogar über den Sternen, der Sonne, dem Mond (vgl. Gen 1; Ps 104).

Was aber macht man *als Mensch* in diesem Universum, als kleiner Bauer oder als kleine Bäuerin in Palästina? Welche Beziehung kann ein Gott, der im Himmel thront, dem man keine Opfer mehr bringen kann, zu dem es keine Vermittler für die einzelnen gibt, überhaupt noch zu den Menschen haben? Gott ist zwar für alles zuständig – aber gleichzeitig auch für nichts. Denn Gott rückt jetzt sehr weit weg.

Gott in der Weisheit des Lebens

Die Menschen versuchten jetzt, diesen fernen Gott und ihren Alltag zu verbinden. Sie erinnern sich an die alten Traditionen ihrer Lebensweisheit und haben diese jetzt nicht mehr nur als Lebensweisheit verstanden. Sie fanden in diesen Weisheiten mehr, nämlich Gottes Willen. Das war neu. »Wer andern eine Grube gräbt, fällt selbst hinein«, formulierte nicht mehr nur eine Lebenserfahrung, sondern diese Lebenserfahrung wird jetzt mit Gott in Verbindung gebracht. Anderen keine Grube zu graben war jetzt nicht mehr nur geboten, um das Zusammenleben zu regeln, es war jetzt die Erfüllung von Gottes Willen für die Menschen. Gott wird wieder heruntergeholt vom Himmel. Die Erfahrung der Menschen und ihr Alltag haben mit Gott zu tun.

Denn auch wenn Gott selbst nicht mehr auf der Erde wohnt, so ist *seine Weisheit* doch bei den Menschen. Diese Weisheit wird zur göttlichen Figur, zur »Frau Weisheit«. Frau Weisheit repräsentiert Gott auf Erden. In diese göttliche Gestalt Frau Weisheit wird all das hineingedacht, was es an weisheitlichen Verhaltensregeln gibt. Es wird gleichzeitig auch hineingedacht, was mit Gott verbunden wird. »Frau Weisheit« ist eine Chiffre für eine ganz bestimmte Gottesvorstellung, die auf die Menschen bezogen ist. In Frau Weisheit verbinden sich Himmel und Erde, werden Gott und Mensch zusammengebracht.

Die Weisheit Gottes, Frau Weisheit, muß man nicht im Himmel suchen, sie läßt sich – und damit Gott – im täglichen Leben erfahren, besonders in der Lebensweisheit der Frauen. Auf der Straße und im Haus ist Gott erfahrbar. Damit ist allen Menschen möglich, eine Beziehung zu Gott zu haben, auch ohne den offiziellen Kult. Die Gotteserfahrung wird demokratisiert. Nicht mehr nur die ausgewählten Priester, die im Tempel Zutritt zum Allerheiligsten hatten, haben jetzt eine Verbindung zu Gott. Auch für Frauen war Gotteserkenntnis und Gottesdienst im Alltag plötzlich möglich, die vorher im Tempel noch weniger Zutritt hatten als selbst Männer ohne Priesteramt.

Gleichzeitig wird die Gotteserfahrung international. Es waren nicht mehr nur Menschen aus Israel angesprochen, sondern Menschen *aller* Nationalitäten, denn Lebensweisheiten haben alle Völker. Der Gott der Weisheit kennt keine Grenzen von Rassen oder gar Nationalitäten.

Gott gönnt gutes Leben

Wie muß man sich Gott in Frau Weisheit vorstellen? Die Weisheit verkündet einen menschenfreundlichen Gott. Einen Gott, der nicht in blinder Wut zuschlägt oder unerklärliches Schicksal wie eine Katastrophe über die Menschen hereinbrechen läßt. Kriege und Armut sind vielmehr das Ergebnis menschlichen Fehlverhaltens. Im Gegenteil: Im erquickenden Bild des Baumes bietet sich die Weisheit an. Weisheit wird verglichen mit Platanen, mit Zedern, mit grünen Bäumen, die Schatten spenden, Frucht tragen und Ruhe vermitteln. Frau Weisheit ist wie der Baum des Lebens, dessen Frucht zum Leben führt, nicht zum Tod. Frau Weisheit vermittelt einen Gott, der sich von den Menschen im menschlichen Leben im Alltag erkennen läßt und ihnen die Frucht der Erkenntnis ans Herz legt, damit sie das Leben gewinnen. Es ist ein Gott, der den Menschen ein gutes Leben gönnt.

Dieser Text protestiert gegen den Paradiestext, wo die Menschen durch das Essen vom Baum der Erkenntnis das Paradies verlieren. Nein, den Verstand und die Erkenntnis muß der Mensch nicht ausschalten, um Mensch zu sein, er muß sie vielmehr benutzen, um das Richtige erkennen zu können. Die Weisheit zeigt einen Gott, der den Menschen anheimstellt, sich in den vorgegebenen Lebenszusammenhang einzuordnen, der Wohlstand und

Glück für alle verspricht. Nach weisheitlichen Maßstäben leben heißt, Gott suchen und finden im Alltag. Und dies ist möglich unter den Menschen, ohne Tempel, ohne Priester, ohne Opfer.

Und wie sieht so eine Umsetzung der Weisheit auf Erden aus? Die starke Frau verwirklicht das, was weisheitliches Leben ausmacht. Ihr Handeln ist Vorbild für ein weisheitliches Leben, sie ist in ihrem Handeln das menschliche Abbild der göttlichen Weisheit. Nun kann man fragen: Wieso wird ausgerechnet die starke Frau zum Abbild Gottes auf Erden?

Nun, wie in allen Katastrophenzeiten waren die Frauen die wichtigsten Personen in der Familie. Denn es gab jetzt außer der Familie keine Solidarität mehr. Der Staat war zerbrochen, es gab keinen Schutz, außer man hielt in der Familie zusammen. Die Frauen organisierten das Überleben der Familien. Die Frauen gewannen dadurch an Einfluß und Selbständigkeit, so wie auch hierzulande nach dem Weltkrieg die Trümmerfrauen die Überlebensarbeit organisieren mußten. Dadurch konnten sie zum Vorbild werden.

So sorgt die starke Frau für das Überleben ihres Hauses, so daß sie nicht den kommenden Winter fürchten muß. Sie, die ein menschliches Abbild der göttlichen Weisheit ist, zeigt in ihrem Handeln, was Gottes Wille für die Menschen ist: daß man leben kann ohne Krieg, daß ein gutes Leben von Gott gewollt ist. Die Frau erfüllt aber auch Gottes Willen, indem sie nicht nur für das Überleben sorgt, sondern dabei auch gerecht handelt. Und sie tritt für die Armen ein: »Sie öffnet ihre Hand für den Bedürftigen und reicht ihre Hände dem Armen.« Für all das »gürtet sie ihre Hüften mit Kraft« und macht ihre Arme stark. In ihrem Tun wird Gott erfahrbar, indem sie so handelt, zeigt sich ihre Frömmigkeit. Da muß sie nicht noch extra nach ihrem Glauben befragt werden, um sie als wirklich gottesfürchtige Frau auszuweisen.

Frömmigkeit des Alltags

Ich halte es für revolutionär, daß solcher Alltag einer Frau als eine Umsetzung von Gott auf Erden ausgewiesen wird. Nicht Visionen, mystische Erlebnisse, besondere Taten der Selbstverleugnung oder außergewöhnliches Leben sind Vorbild, nein, eine ganz normale Frau, die in ihrer Stärke das Überleben ihrer Familie sichert. Und diese tut es nicht durch häuslichen Rückzug, im

Gegenteil: Sie ist mobil, sie arbeitet auch außer Haus, betätigt sich, wie man heute so schön sagen würde, auf dem Immobiliensektor, verwaltet das Vermögen, kurz eine Unternehmerin eines größeren Familienbetriebes dient als Vorbild. Daß sie keine rein kapitalistische Lebenseinstellung mit dem Ziel der Gewinnmaximierung hat, wird ebenfalls deutlich. Sie gibt ihren Angestellten einen gerechten Lohn und engagiert sich für Arme. Dieses Engagement ist Frömmigkeit.

Ist das banal? Ein gesichertes, gutes Leben wünschen und dies als Gottes Willen für die Menschen verkünden? Im Alltag Gott suchen und erfahren wollen? Sogar durch alltägliches Tun Gott verkünden? Vielleicht mag uns dies in unserem für viele abgesicherten Leben banal vorkommen. Es verliert diese angebliche Banalität sofort, wenn es bedroht ist. Und so wie sich die Menschen in Israel nach all der Zerstörung nach einem solchen Leben sehnten und diese Sehnsucht mit Gott identifizierten, so sehnen sich an vielen, viel zu vielen Orten Menschen nach einer solchen Lebensmöglichkeit.

Lust am Leben!

Die Weisheit verkündet also einen Gott, der den Menschen ein bekömmliches, ein gutes Leben gönnt. Dies ist erreichbar durch Gerechtigkeit im Umgang miteinander. Beides gehört zusammen. Die Weisheit verkündet also eine Einladung, kein Gesetz mit drohendem Zeigefinger, Moralin und Zwang. Sie lockt mit einem Versprechen, mit der Verheißung eines bekömmlichen, friedlichen Lebens für uns selbst. Es bedarf zwar der Anstrengung, dies zu erreichen, aber es ist erreichbar. Und es ist heilvoll, sich selbst etwas zu gönnen. Wer sich etwas gönnt, gewinnt auch die Freiheit und die Lust, anderen etwas zu gönnen. Lebensgewinn, Lebensfreude, geglücktes Leben und Lust am Leben verspricht die Weisheit, die Lust am Leben in den heilvollen Grenzen, die den Apfel genießen kann, ohne gleich deswegen einen Zaun um den Apfelbaum zu ziehen.

Ich denke, wenn die Lust wachsen würde, sich in den ökologischen Grenzen des Lebens zu bewegen und die Welt dadurch weniger zu zerstören, wenn die Lust am Leben in den eigenen Grenzen wachsen würde und Kriege nicht mehr geführt werden müßten, wenn Gerechtigkeit aus innerer Überzeugung heraus die

Beziehungen der Staaten bestimmen würde und Armut abnehmen würde – es würde die Welt nicht zum Paradies machen, aber vielen zu einem besseren Leben verhelfen. Daß diese Einladung mit Gott zu tun hat, davon spricht die Weisheit. Um der Zerstörung der Welt Einhalt zu gebieten, muß die Lust an diesem Leben wachsen.

ULRIKE BECHMANN

Das Reich Gottes in unseren Händen

Das Gleichnis vom Sauerteig (Mt 13,33)

An sehr versteckter Stelle, recht unscheinbar und auch ganz kurz, ist als viertes von neun Gleichnissen Jesu zu lesen: Das Himmelreich ist einem Sauerteig gleich, den eine Frau nahm und vermengte ihn unter drei Scheffel Mehl, bis daß es ganz durchsäuert ward. (Das Reich der Himmel gleicht einem Sauerteig, den eine Frau nahm und in drei Maß Mehl verbarg, bis alles ganz durchsäuert ist.) So lesen wir es im Matthäus- (13,33) und im Lukasevangelium (13,20–21). Eigentlich könnten wir nun sagen: »Na und …?« Das ist doch nichts Besonderes. Das beschreibt den Alltag unzähliger Frauen in der ganzen Welt. Selbstverständlich sind sie für die Ernährung der Familie verantwortlich, ohne Öffentlichkeit, ohne Bezahlung, ohne »Aufstiegschancen«, vielmehr mit der Sorge, ob es wohl auch reicht, ob morgen wieder genug vorhanden sein wird. Sie arbeiten gegen Hunger, Kälte, Krankheit und Verlassenheit. Sie nähren, tränken, kleiden, pflegen, besuchen und nehmen bei sich auf die »Geringsten«, die hungrig, durstig, krank, gefangen und Fremde sind. Frauenhände und Frauenherzen greifen selbstverständlich zu, wenn sie Not sehen. Sie handeln lieber, als lange theoretisch zu diskutieren. Sie »nehmen die Sache in die Hand«. Das galt zur Zeit Jesu, das gilt heute – da hat sich wenig geändert.

Jesus stellt dieses Bild der Frau, das alle Zuhörer sofort verstehen, neben ein Bild aus dem Arbeitsbereich des Mannes: Er nimmt das kleine Samenkorn des Senfbaumes und sät es auf den Acker. Dann muß er warten, bis Gott Wachstum gibt und ein großer Baum den Vögeln Platz und den Menschen Schatten spenden kann. Auch die Frau muß warten nach der Arbeit des Knetens. Der Teig muß langsam durchsäuern, erst dann kann ein gutes und bekömmliches Brot gebacken werden. Soweit verstehen wir das Bild schnell und leicht. Aber es heißt ja: Das *Himmelreich* ist einem Sauerteig gleich. Das gibt mir zu denken. Was ist *Sauerteig?*

Sauerteig als solcher ist ungenießbar. Man muß ihn bearbeiten. Nur mit Mehl vermengt, ergibt er einen guten Brotteig. Heute kaufen wir zumeist Brot, das in einer Fabrik gebacken und also mit Maschinen bearbeitet wurde. Die Vorstellung aber, daß Menschenhände den Teig kneten, ist schön, »natürlich«. Bei dem Gedanken schmeckt mir das Brot gleich noch einmal so gut. In Indien sagt man, daß die Frau mit Liebe und Hingabe, mit guten Gedanken und Frieden im Herzen die Mahlzeit bereiten, den Teig kneten soll, damit alle wirklich satt werden. Jesus gibt in seinem Bild den Sauerteig einer Frau in die Hände, damit etwas Gutes daraus werden kann. Denn ohne die menschliche Arbeit, ohne Mitarbeit von Frauen und Männern bleibt auch Gottes Sauerteig verborgen, unwirksam, unverstanden.

Wenn er aber an den für ihn richtigen Platz gebracht wird, wenn er mit Mehl vermengt wird – dann entwickelt er eine ungeheure Kraft und Wirkung. Es kann gutes, bekömmliches, Hunger stillendes Brot gebacken werden. Mit Hilfe von Sauerteig wird Brot – Brot, das Leben ermöglicht, das geradezu für »Leben« steht. Dieser Sauerteig Gottes, sein Reich, seine Kraft bedeuten Brot, bedeuten Leben für alle.

Im Gleichnis wird eine sehr große Menge hergestellt. Viele Ausleger dieses Verses haben sich darüber gewundert, daß eine einzelne Frau so viel Brot bäckt. Sie haben ausgerechnet, daß das eine Menge ist, die für etwa 36 Personen den Hunger eines ganzen Tages stillen könnte. In den alten Dörfern, in denen man Brot in einem gemeinsamen Backofen in der Mitte des Dorfes buk, waren solche Mengen überhaupt nicht verwunderlich. Es wurde ja höchstens einmal in der Woche gebacken. Den Ofen richtig zu heizen, wäre öfter viel zu aufwendig gewesen. Brotbacken war dann ein kleines Fest für das ganze Dorf. Nach den Broten aller Familien kamen Kuchen in den Ofen. Die Kinder hatten ihre Freude und bekamen ein gutes Teil ab. Sicher wird an verschiedenen Orten der Erde in unterschiedlicher Weise und in unterschiedlichem Rhythmus das Grundnahrungsmittel »Brot« hergestellt. Aber mit Sicherheit lese ich aus der Angabe der großen Menge Mehl, daß hier genug vorhanden ist. Überfluß ist das Zeichen des Reiches Gottes. Die Angst um das tägliche Brot, die Sorge der Mütter, ob und wie sie ihre Kinder satt kriegen sollen – all das hat ein Ende in Gottes Reich.

Der wenige Sauerteig hat eine enorme Wirkung, er durchsäuert alles. Wie wunderbar und hoffnungsvoll! Ich denke und erwarte, daß besonders die Frauen überall in der Welt nicht die Hoffnung verlieren, daß mit dem Wenigen, das sie haben und leisten können, etwas zu schaffen ist, das viele, ja, das alle satt macht. Zu solcher Hoffnung ruft unsere kleine Frauengeschichte die Christen und Christinnen. Vertraut der Wirkkraft des Reiches Gottes!

Wer ein gutes Brot backen will, muß auch warten können. Man muß Zeit haben; denn das »Durchsäuern« dauert. So ist Sauerteig auch ein Bild für Zeit-Haben, für Seßhaftigkeit, für Heimat-Haben, Sich-ausruhen-Können. Wir erinnern uns, daß die Stämme Israels, als Mose sie endlich aus Ägypten herausführen durfte, ganz schnell noch »ungesäuerte« Brote bereiten und essen sollten. Auf der Flucht, beim Auszug ist keine Zeit für Sauerteig! Wer keine Ruhe hat oder haben kann, wer gezwungen oder freiwillig hin- und herzieht, nirgends »Heim und Herd« hat, der kann kein Brot backen. Die knetende Frau unseres Bildes ist da zu Hause, wo sie den Sauerteig aufbewahrt und verarbeitet, wo sie Teig knetet und Brot bäckt, wo sie Menschen satt macht und selbst Sinn in ihrem Leben findet. Denken wir an die unendlich vielen Menschen, die heimat- und herdlos kein Brot backen und sich nicht sättigen können. Denken wir an die vielen Menschen, die innerlich ruhelos und verbittert sich dem Durchsäuerungsprozeß nicht aussetzen können und wollen, die keinen Sinn und keine Heimat finden. Bitten wir um die Kraft, in Ruhe den Sauerteig in unsere Hände nehmen und danach warten zu können, damit Brot werden kann, das sattmachen und Leben spenden kann.

Das Wunderbarste am Sauerteig ist aber: Er reicht für immer neues Brot, wenn er weitergereicht wird! Bei jedem Brotbacken wird wieder ein wenig aufgehoben als Sauerteig für das nächste Mal. Wenn man richtig damit umgeht, wird er nie alle. Gottes Reich, in unsere Hände gegeben, damit wir Brot, Leben für alle daraus machen, reicht unbegrenzt. Wir müssen nur richtig damit umgehen, es nicht verkümmern lassen, es »kneten«, »in die Hand nehmen«, weiterreichen, um duftendes, nahrhaftes Brot anbieten zu können. Wir brauchen keine Ängste zu haben, daß dann nicht mehr genug für uns übrig ist. Je mehr wir weitergeben, um so mehr wird zur Verfügung stehen. Aus dem Wenigen, das wir in die Hand nehmen können, wird durch Gottes Kraft viel Leben-Spendendes werden.

Seit 1990 verbinden viele von uns diese kleine Geschichte mit dem Bild des damaligen Hungertuches. Die indische Künstlerin Lucy D'Souza hat die knetende Frau in die Mitte der Bilder von biblischen Frauen gesetzt. Erdverbunden, kräftig, die Schüssel zwischen ihren breiten Schenkeln haltend, knetet sie liebevoll den Brotteig. Sie hilft, den Hunger zu stillen. Sie läßt das ihr in die Hand gegebene Reich Gottes nicht unbearbeitet liegen und verkümmern, so wie sie den Sauerteig richtig behandelt. Sie sitzt dabei in einem kornförmigen Raum und erinnert uns an das Wort Jesu von dem Korn, das nur Frucht bringen kann, wenn es zuvor in der Erde stirbt. Am Rande des wunderbar in sich geschlossenen Bildes wachsen viele Halme mit reichen Ähren.

Gott wirkt Frucht, Gott gibt Brot, Gott gibt sich im Brot – damit wir alle satt werden können, damit wir teilhaben an seinem Reich. Er hat uns seinen Samen, seinen Sauerteig anvertraut. Wir wollen ihn in die Hand nehmen, berühren mit unseren Händen – wie wir einander berühren – liebevoll, hoffnungsvoll, mit innerer Ruhe und äußerster Aufmerksamkeit beim Warten auf sein Reich.

GUDRUN ALTHAUSEN

Dein Glaube hat mir geholfen

Die kanaanäische Frau (Mt 15,21–28)

Matthäus erzählt von einer dramatischen Begegnung zwischen Jesus und seinen Jüngern auf der einen Seite und einer ausländischen, angeblich andersgläubigen heidnischen Frau auf der anderen Seite. Eine Frauengeschichte, eine Heilungsgeschichte, die in der Kirchen- und Auslegungstradition von den Exegeten und Kommentatoren immer wieder unter Überschriften weitergegeben wird wie: »Ein Beispiel für die Weitherzigkeit Jesu im Gegensatz zur Engstirnigkeit der pharisäischen Gesetzeslehrer«, oder: »Die Frau erkennt den Vorrang Israels an, appelliert aber an die Güte und das Erbarmen Jesu.« Jesus wird dann zum »erbarmungsvollen Gottesknecht«, wie Rudolf Schnackenburg meint. Ein anderer Exeget, Eduard Schweizer, schreibt über diesen Abschnitt: »Jesu Bindung an Israel«.

Die Frau spielt für die Herren Exegeten eine dienende Rolle, ihre Person, ihre Situation ist ein Mittel zum Zweck. Ihr Glaube und ihr Vertrauen werden benutzt, um die Großmütigkeit und Barmherzigkeit Jesu deutlich zu machen.

Diese Auslegungsgeschichte wirkt noch heute. Aber mehr und mehr Frauen und Männer lassen sie heute so nicht mehr gelten. Trotz der langen Zeit und trotz der einseitigen Auslegung spüren sie die Widrigkeiten, Ecken und Kanten der ursprünglichen Texte auf. Die gängige Interpretation ist für mich ein mißglückter Versuch, das Bild eines perfekten, omnipotenten Jesus zu erhalten. Jesus, der immer der freundliche, gerechte, verstehende, prophetische, friedliebende, barmherzige sein soll. Als wollten die Menschen damals und heute nichts von dem »wahren Menschen« Jesus, sondern nur von dem »wahren Gott« hören und sehen. Doch dabei kann uns leicht »Hören und Sehen« vergehen. Matthäus erzählt eben auch von einem anderen Jesus. Jesus ist in der Begegnung mit dieser Frau einerseits der Rabbi und Wunderheiler, der sich klipp und klar zu Glaubens- und Lebensfragen äußert, und damit Menschen begeistert, aber andere auch abstuft und ausgrenzt. Andererseits ist er ein Mann, der von Gegnern und Bewunderern verfolgt ist, der müde ist und seine Ruhe haben will. Der vielleicht deshalb die Grenze ins Ausland überschreitet und sich dort von einer Frau genervt fühlt, weil sie sich nicht abwimmeln läßt. Jesus, ein Mensch, der nicht nur aus Gnade und Barmherzigkeit handelt, sondern der auch hart, ungerecht und ungnädig ist, der andere kränkt und ihre Würde antastet.

Die Frau, die Ausländerin, deren Land Jesus betreten hat, kommt in höchster Not. Sie sucht Gesundheit für ihre Tochter. Sie ist zu allem bereit und fähig. Sie hat von Jesus gehört, vertraut seiner Kraft, deshalb spricht sie ihn an. Sie glaubt an den Menschen, der ihr begegnet, der die Grenzen von sich aus überschritten hat, der sich zu ihr ins angeblich ungläubige Ausland begibt.

Sie spricht ihn voll Vertrauen und Hoffnung an. Und Jesus: Er tut so, als hört und sieht er sie nicht. Auch als die Jünger ihn drängen, sie doch höchstpersönlich wegzuschicken, denn es ist ihnen peinlich, daß andere an diesem Ort auf sie aufmerksam werden, spricht Jesus die Frau nicht an. Statt dessen gibt er den Jüngern eine kluge, theologische, der Situation und der Frau gegenüber aber unangemessene, ja arrogante Antwort. Er verweist sie darauf, daß er nur für die Kinder Israels zuständig ist und nichts von dem, was den Kindern zusteht, an die Hunde verfüttern wird. Jesus vergleicht die Frau, ihr Wollen und Begehren mit den Bedürfnissen eines Hundes. Ein Hund ist auf die Gnade seines Herrchens angewiesen. Das ist maßlos kränkend und entwürdigend für die Frau und würdelos für Jesus. Nichts vom »erbarmungsvollen Gottesknecht« oder der »Weitherzigkeit Jesu« ist hier zu spüren.

Jesus hat dabei nicht mit der Frau gesprochen, sondern mit den Jüngern über sie geredet. Nicht ihre Angst und Verzweiflung oder ihre Hoffnung und ihr Mut waren sein Thema, sondern Vermutungen über ihre Andersartigkeit, ihr Nicht-dazu-Gehören. Doch die Frau läßt in ihrem Anspruch nicht locker. Sie will ihre Hoffnung nicht aufgeben. Sie spricht Jesus trotzdem wieder an: »Ja«, sagt sie und gibt ihm scheinbar recht, akzeptiert scheinbar sein kränkendes Bild, den Vergleich mit den Hunden. »Aber Hunde bekommen das ab, was sie zum Leben brauchen, und sie müssen darum nicht einmal betteln. Dieses Minimum – willst du mir das verweigern? Ich vertraue dir, auch wenn du dich beschämend benimmst, deinem dir vorauseilenden Ruf als Messias nicht gerecht wirst. Mein Vertrauen ist größer als deine Kränkung, mein Glaube und meine Hoffnung sind größer, grenzüberschreitender, als du selbst glaubst.«

Jetzt sieht Jesus die Frau. Er hört sie und glaubt ihr. Und endlich spricht er sie an: »Dein Glaube hat dir geholfen.« Bei Matthäus steht kein weiterer Kommentar oder Bericht über den Fortgang der Begegnung. Die Tochter der Frau wird gesund. Jesus hat erlebt, daß der Glaube einer Frau Berge versetzen kann. Die Antwort von Jesus hätte eigentlich heißen müssen: Dein Glaube hat dir und mir geholfen.

Ende gut – alles gut. Nein! Eine Geschichte des Neuen Testamentes, die immer wieder so passiert ist und noch heute passiert. Trotz neuer exegetischer Forschungen, trotz Frauenbewegung, trotz der Präambel des Grundgesetzes »... in Verantwortung vor Gott und den Menschen«, trotz Art. 3 Grundgesetz: »Männer und Frauen sind gleichberechtigt«, trotz Befreiungstheologie.

Die Definitions- und Entscheidungsgewalt in den Kirchen ist noch immer und immer wieder männlich. Andersartiges, scheinbar Fremdes, Weibliches, bleibt allzuoft ausgegrenzt, obwohl die Mehrheit derer, die den Gemeinden Gestalt geben, Frauen sind. Wieviel Mühe und Not haben evangelische und katholische Amtsträger damit, wahrzunehmen, daß Gott den Menschen als sein Ebenbild schuf. »Und er schuf sie als Mann und Frau« (Gen 1,27).

Es wäre das Paradies auf Erden, der Beginn des Reiches Gottes unter uns, wenn wir uns einander ansprechen und zusagen könnten: Unser Glaube hat dir und mir geholfen.

CHRISTEL HANEWINCKEL

»Mädchen, ich sage dir, steh auf«

Die Tochter des Jairus (Mk 5,21–24.35–43)

Dieser Text kann sowohl in dialogischer Form wie auch (mit entsprechenden Veränderungen) als herkömmliche Predigt genommen werden.

A: Ich stehe da, ich habe Kinder, die ich als Geschenk aufgefaßt habe, für die ich alles getan habe, die meinem Leben Sinn gegeben haben, die mein ein und alles waren.

B: Ich stehe da, ich bin Tochter einer alternden Mutter, die mich schon zeitlebens besetzt hielt, die mir die Luft zum Atmen nimmt, die immer noch weiß, was für mich gut ist.

A: Ich stehe da und klage: Mein Sohn ist ausgezogen, ich weiß nicht einmal, wo er sich aufhält, meine Tochter lebt in einer WG. Ich habe keinen Zugang mehr zu ihr. Meine Kinder verweigern jedes ernsthafte Gespräch mit mir, mit uns, ihre Werte sind nicht unsere. Ich stehe da und rufe um Hilfe: Wer gibt mir meine Tochter, meinen Sohn zurück?

B: Wer versteht mich in meiner Einsamkeit, meiner Not? Wer befreit mich aus der Umklammerung durch meine Mutter, durch meinen Vater? Ich kann so nicht mehr weiterleben, wer hört meinen Hilferuf?

C: Ihr seid nicht allein in eurer Klage, in eurem Hilfeschrei. Müttern und Vätern zu allen Zeiten geht es so. Ihre Kinder scheinen tot zu sein, ihre Einsamkeit und Hilflosigkeit läßt sie ungewöhnliche Schritte tun. Immer wieder werden Menschen am Leben gehindert, weil andere, Vater oder Mutter, sie festhalten mit festgefügten Erwartungen.

Im Markusevangelium wird uns von Jairus erzählt, einem Vater, wohlangesehenem Synagogenvorsteher, dessen Töchterchen todkrank ist und der das letzte wagt, was ihm möglich scheint: Er bittet den Wunderheiler Jesus zu sich. Ehe dieser jedoch zur Stelle sein kann, kommt die Nachricht vom Tod des

Mädchens. Jesus tröstet ihn: Fürchte dich nicht, hab Vertrauen. Mehr noch: Er geht *mit ihm,* sucht das Mädchen auf. Er wirft alle klagenden Nachbarn, alle sogenannten guten Freunde und Ratgeber hinaus, und er betritt nur mit den Eltern und seinen eigenen Begleitern das Innerste des Hauses, den Raum, in den das Mädchen sich zurückgezogen hat. Töchterchen des Synagogenvorstehers zu sein, bedeutete Verpflichtung: Erfüllen gesellschaftlicher Konventionen und religiöser Normen, vorbildliches Verhalten mit dem Ziel, das Ansehen des Vaters zu bestärken oder gar zu vergrößern.

A: Wieviel Steigerung des eigenen Ansehens erwarten wir doch immer wieder durch unsere Kinder? Ihr Wohlverhalten, ihre guten Leistungen sollen das eigene Ansehen steigern. Ich möchte stolz sein auf meine Tochter, auf meinen Sohn. Was ich nicht erreicht habe – sie sollen es erreichen.

B: Wie sehr bemühe ich mich immer noch, es meinen alten Eltern recht zu machen. Ich kann sie doch nicht enttäuschen. Auf meine eigenen Bedürfnisse zu achten, das würde mir nur ein schlechtes Gewissen machen.

C: Im damaligen Israel galt ein Mädchen mit zwölf Jahren als erwachsen, als heiratsfähig. An dieser Schwelle, ein eigener Mensch zu werden, scheitert das Mädchen, es fällt zurück, verkümmert, geht ein. Warum? War es der Vater, war es die Mutter, die es nicht weiterwachsen ließen? Waren es die gesellschaftlichen Konventionen? Die Nachbarn, die Verwandten, die ein festes Bild hatten von dem, was sich für die Tochter eines Synagogenvorstehers gehört? Wir wissen es nicht, die Gründe für den Tod des Mädchens können wir nur vermuten. Aber es scheint: Für dieses Mädchen gab es keine Möglichkeiten mehr, weiter zu wachsen und sich zu entfalten. Schritte in eine Unabhängigkeit von Vater und Mutter waren ihr verwehrt, verstärkt durch all die lärmenden Menschen der engen Umgebung. Sie alle schienen ja nur zu gut zu wissen, was richtig und gut ist, welches Verhalten akzeptabel ist.*

* Diese Interpretation des Todes des Mädchens stammt von Eugen Drewermann (vgl. Drewermann, Eugen, Das Markusevangelium. Erster Teil: Mk 1,1–9,13, Olten/Freiburg 1987, 371–375).

A: Wir meinen es ja auch nur gut, wenn wir sagen: Dieses Äußere an dir ist unerträglich – diese Menschen sind kein Umgang für dich – solange du bei uns lebst, bestimmen wir, wann du nach Hause kommst. – Ich bin schließlich Mitarbeiter/in in der Pfarrgemeinde, was sagen die Leute, wenn du dich nicht mehr im Gottesdienst sehen läßt?

B: Ich will doch meiner Mutter, meinem Vater gegenüber nicht undankbar sein.

C: Ein eigener Mensch zu werden, das war zu allen Zeiten mit Schmerzen verbunden: für die, die sich lösen und Eigenaktivität entwickeln müssen, wie für die, die loslassen müssen – mit Schmerzen, die zu Leiden werden, ja zum Tod führen können, wenn die Angst vor Veränderung, vor Wandel und Neuem so übermächtig wird, daß sich Menschen nur noch an das sicher Bestehende klammern können: das eigene Ansehen in der Gesellschaft, die festgeschriebenen Normen, die gesicherten Positionen. Dieses Klammern an scheinbar Sicheres führt zum Tod, Festhalten macht lebendiges Wachstum unmöglich, Einigeln ist das Ende aller menschlichen Beziehungen, läßt eigene Schritte unmöglich werden. Das war zur Zeit und in der Umgebung Jesu nicht anders als bei uns heute. Und dies war wohl auch das Ende des Mädchens, sein Tod. Der Vater spürt, daß Hilfe nötig ist: Er rennt zu Jesus in der Hoffnung, eine schnelle Lösung in der Heilung zu finden. Aber Jesus geht *mit ihm* Schritte zum Leben. Nur mit den Eltern und seinen Begleitern betritt Jesus den innersten Raum des Mädchens, mit den Personen also, die die notwendigen Schritte ins Leben unterstützen können. Er weist die Jammernden und Klagenden in ihre Schranken. Aber nicht ein Vortrag in Psychologie oder gewissensbelastende Zurechtweisungen gegenüber den Eltern sind seine Angebote, sondern er läßt Vater und Mutter der Realität ins Auge sehen: Mit unverstelltem Blick müssen sie auf das tote Mädchen schauen und diesen Anblick aushalten. Kein Selbstmitleid, keine bejammernden Nachbarn und Freunde, keine gesellschaftlichen Konventionen oder Positionen sollen in diesem Nahe-Sein die Sicht verstellen. Der klare Blick auf den Tod weckt die Sehnsucht nach dem Leben. Dies ist der Blick der Liebe. Er öffnet für die Weite des Lebens, weil er ganz greifbar den Schrecken des Todes macht, des Nicht-leben-Kön-nens, der Verhinderung von Leben. Zu dieser Sichtweise hat Je-sus die Eltern geführt, in der Gemeinschaft mit seinen engsten Begleitern. Er läßt sie sehen, was ihnen bisher verstellt war.

Und dann geht Jesus einen Schritt weiter: Er nimmt das Mädchen an der Hand und spricht es an: »Mädchen, ich sage dir, steh auf« (Mk 5,41). Ansprechen und An-die-Hand-Neh-men, nicht magische Handlungen oder formelhafte Sprüche, sind Zuwendungen der Liebe. Zusprechen der Fähigkeit, ei-genständig und aufrecht gehen zu können, das ist die Haltung, Leben zu ermöglichen. An die Hand nehmen und loslassen in die eigenen Schritte, das geschieht bereits im ersten Lebensjahr beim Laufen-Lernen, das muß sich fortsetzen ein Leben lang. Der unverstellte Blick auf das Nötige, die Achtung vor der Eigenheit und jeweiligen Möglichkeit unserer Söhne und Töchter, die Angstfreiheit vor dem, was dann wird – das alles ist Liebe. Und wenn uns dies möglich würde im Zusammenle-ben mit den eigenen Kindern, dann ist es nicht weniger als ein Wunder, zu dem unsere eigenen Kräfte nicht ausreichen.

Wir erfahren Jesus in dieser Erzählung des Markus-Evangeli-ums wie in den vielen anderen Wunder-Erzählungen als den-jenigen, der nicht dulden kann, daß Menschen, die ihre Hoff-nung auf ihn setzen, in der Verzweiflung bleiben, in der Gefangenheit durch den Tod. Deshalb öffnet er den Eltern den Blick auf das Mädchen, das tote wie das lebendige, deshalb nimmt er es an der Hand und fordert es auf zu gehen, aufrecht und eigenständig.

A: Und wie müßte ich meine Tochter sehen, meinen Sohn an-schauen? Kann ich mir immer wieder den klaren Blick Jesu »leihen«, mit seinen Augen meine Kinder sehen und sie gehen lassen?

B: Wie kann ich mich selbst sehen? Bin ich die Frau, der Jesus zu-spricht: Steh auf, geh deinen Weg aufrecht und in der Ge-wißheit, geliebt zu sein. Kann ich mich annehmen als die, die ich in den Augen Gottes bin, weil er mich uneigennützig und unverzweckt sieht, mit den Augen der vollkommenen Liebe?

MAGDALENE BOGNER

Der Weisheit unseres Körpers trauen

Die blutflüssige Frau (Mk 5,24b–34)

Das Evangelium von der blutflüssigen Frau spricht ein Thema an, das uns Frauen betrifft. Jesus wendet sich einer Frau zu, die seit zwölf Jahren an Blutungen leidet. Für diese jüdische Frau bedeutet das, daß sie unrein ist, und zwar ständig – zwölf Jahre lang, durchgängig, nicht nur während der Periode wie andere Frauen. Das heißt für diese Frau einen Grad von Ausgesondertsein, von Ausgeschlossensein, der für uns heute kaum nachvollziehbar ist. Eine solche Frau wurde praktisch völlig von der Gesellschaft gemieden, sie war vom normalen Leben ausgeschlossen, denn jeder, der sie berührte, wurde ja auch unrein. Kein Wunder, daß diese Frau alles daran setzt, ihren Zustand zu ändern, daß sie all ihre Kraft, ihre Phantasie und ihr Geld aufwendet, um geheilt zu werden.

Die Tatsache, daß Frauen Blutungen haben, hat Frauen über Jahrtausende diskriminiert. Auch heute gehört es noch zu den Tabuthemen, vor allem im kirchlichen Bereich, und manche von Ihnen wird jetzt vielleicht denken, das gehöre doch nun wirklich nicht in einen Gottesdienst. Ich meine aber, daß alles, was uns aussondert, was uns herabsetzt und minderwertig macht, sehr wohl an dieser Stelle angesprochen werden darf – schon allein deshalb, weil Jesus es nicht ignoriert, sondern ernst genommen hat, weil er sich gerade von jenen Menschen hat an-rühren lassen, die keine Chance haben in der Gesellschaft der Gesunden, der »Normalen«.

Viele unter uns empfinden ihre Blutungen als lästig und schmerzhaft, als beschwerlich, als Schicksal, das Frau ertragen muß, über das Frau am besten gar nicht spricht. Wir sind so erzogen worden, daß wir die Periode eher negativ sehen, daß wir sie verheimlichen, ablehnen, tabuisieren. Das gilt vor allem für die ältere Generation der Frauen. Die jüngere Generation geht auf andere Weise damit um. Sie distanziert sich von dieser negativen Haltung und findet doch keinen Raum, positiv darüber zu sprechen. Wenn wir aber unbefangen an das Thema herangehen, gibt es manches Positive. Haben Sie schon einmal darüber nachgedacht, mit wieviel Beständigkeit und Geduld unser Körper uns in das Prinzip Hoffnung eingeübt? Einmal im Monat bereitet er sich darauf vor, Leben in sich entstehen und wachsen zu lassen – und fast immer ist es umsonst.

Zwei-, drei-, viermal wird sein Angebot vielleicht angenommen, manchmal aber auch gar nicht. Aber das kann unseren Körper nicht erschüttern: Nichts hält ihn davon ab, sich wieder von neuem vorzubereiten, Monat für Monat, Jahr für Jahr, ein halbes Leben lang. Vergeblichkeit, Entmutigung, umsonst, sie zählen nicht bei ihm: Auch wenn Frauen nicht schwanger werden können, zählt trotzdem immer wieder der Neuanfang: ein Versuch, noch ein Versuch und noch ein Versuch …

Wieviel Beharrlichkeit, Gelassenheit und Geduld lehrt uns unser Körper. Welch eine Botschaft seiner Weisheit hat Gott uns Frauen geschenkt.

Dann gibt es da noch etwas Positives: Regelmäßige Blutungen bedeuten: teilhaben am Kreislauf der Natur, das »Stirb« und »Werde« in gleichmäßigem Rhythmus in sich selbst erfahren, begreifen, spüren. Mit wieviel künstlerischem und schöpferischem Einfallsreichtum, mit wieviel Feinsinnigkeit befähigt uns Gott immer wieder dazu, daß Leben in uns wachsen und vergehen kann. Daß dieser Prozeß auch Schmerzen bereiten kann, ist natürlich. Auch in anderen Lebensbereichen erfahren wir ja, daß es schmerzhaft ist, wenn etwas in uns stirbt, daß es Wunden hinterläßt, die nicht heilen wollen. Nehmen und Geben, Ergreifen und Loslassen, das ist die Weisheit, die uns unser Körper lehrt. Für mich sind Blutungen, trotz aller Beschwernis, keine Last, sondern eher ein Privileg, weil ich schöpferische Wirkkraft in mir erfahren darf, weil Gott mich teilhaben läßt am Wandel der Natur und weil er mich mitschaffen läßt am Wachstum des Lebens.

Die Frau im Evangelium konnte genau diese positiven Erfahrungen nicht machen. Im Gegenteil: Sie merkte nur, wie alles Leben aus ihr herausfloß, stellte fest, wie sie immer schwächer wurde, immer kraftloser, wie sie ihrer ganzen Lebensenergie allmählich verlustig ging. Nie gab es für sie ein Neubereiten und Neuentstehen, nie den Prozeß des Werdens, nie die Zeit, wo Frau merkt: Jetzt sind alle Kräfte in dir gesammelt. Auch niemals die

Erfahrung: Jetzt wächst etwas in dir, ein Mensch, der ein Teil von dir und zugleich auch ein ganz eigenes Wesen ist, den du in dir behütest und den du freigibst, damit er sich entfalten kann in der ganzen Fülle, die Gott in ihn gelegt hat.

Und noch etwas sollten wir in der Lebensgeschichte dieser Frau nicht übersehen: Zwölf Jahre sind eine unendlich lange Zeit. Sie sind schon lange im Leben heutiger Frauen. Im Empfinden der jüdischen Frau werden sie eher noch länger gewesen sein, zumal sie so einen entscheidenden Abschnitt ausmachen. Wir brauchen nur zurückzuschauen und uns vergegenwärtigen, was zum Beispiel unsere Großmütter im Alter von vierzig oder fünfzig Jahren noch an Chancen und Kräften hatten, verglichen mit dem, was wir im gleichen Alter noch an Tatkraft in uns spüren und an Zukunftsperspektiven vor uns haben. Es ist unglaublich, daß diese Frau nicht aufgab, daß sie immer wieder gehofft hat wider alle Hoffnungen, trotz aller Erfahrung von Vergeblichkeit, daß sie immer wieder aktiv geworden ist und sich nicht von ihren Enttäuschungen hat unterkriegen lassen. Es heißt von ihr im Evangelium, sie sei von vielen Ärzten behandelt worden. Es habe ihr aber nichts genützt, ihr Zustand sei eigentlich immer schlimmer geworden.

Offensichtlich ist ihre Krankheit existentiell. Hilfe, die nur von »außen« kommt wie die ärztliche, kann den Verlauf nicht positiv beeinflussen. Die Frau selbst muß im Heilungsprozeß aktiv werden, sie muß den entscheidenden Schritt tun. Wenn wir unser eigenes Leben anschauen, ist es manchmal bestürzend, wie lange es dauert, welche Tiefen wir durchschreiten müssen, ehe wir an den Punkt kommen, wo wir begreifen: Wir sind für uns selbst verantwortlich. Es reicht nicht, daß wir die Verletzungen unserer Kindheit wahrnehmen, alle Wunden, die das Leben schlug, alle Diskriminierung, die wir als Frauen erfahren haben. Das ist ein wichtiger, not-wendiger Schritt, aber es ist nur der erste, dem die entscheidende Frage folgen muß: Wie gehe ich damit um? Will ich mich für den Rest meines Lebens verkriechen, mich verstecken hinter Schuldzuweisungen und – oft berechtigten – Vorwürfen, oder will ich für mich selbst Verantwortung übernehmen? Will ich mein Leben, dieses einzige, einmalige Leben, in die Hand nehmen – trotz meiner »Blutungen«, mit meinen »Blutungen« und wegen meiner »Blutungen«?

Die Frau im Evangelium tut dies: Sie besinnt sich auf sich selbst, sammelt alle verbliebenen Kräfte und geht auf Jesus zu – von hinten, mit zitternden Knien und zitterndem Herzen.

Ich finde dieses Evangelium ungeheuer ermutigend. Es zeigt: Vertrauen und Zuversicht, Beharrlichkeit, Ausdauer und Tatkraft bereiten den Boden dafür, daß Gottes heilendes Wirken – in welcher Form auch immer – geschehen kann. Ja, Gott läßt uns nicht im Stich, auch wenn wir etwas »von hinten« angehen müssen, wenn wir uns über Regeln und Gebote hinwegsetzen müssen, auch wenn es dauert und wir lange an seinem »Gewand zerren« müssen, bis die Kraft freigesetzt ist, die uns zur Heilung verhilft.

Vergessen wir nicht, welch wunderbares Geschenk uns Gott gemacht hat mit dem, was vordergründig eher belastend und schwierig ist: mit unseren Blutungen. Frauen, die der Weisheit ihres Körpers trauen und vertrauen, haben einen langen Atem … – in ihrem persönlichen Leben, in der Kirche und in der Welt.

Helga Hirschler

Die namenlose Frau, die Jesus salbte

Die Frau aus Betanien (Mk 14,3–9)

Uns allen ist bekannt, daß Frauen in der Leidensgeschichte Jesu eine besonders große Rolle spielen. Frauen waren es, die unter dem Kreuz Jesu aushielten, die den Leichnam Jesu salbten, die erste Botinnen seiner Auferstehung waren. In die Tiefe unseres Herzens ist es eingegangen, daß Maria, die Mutter Jesu, unter dem Kreuze gestanden hat (Joh 19,25) und daß Frauen auf dem Weg zur Kreuzigung um Jesus weinten und klagten (Lk 23,27). Die Frömmigkeit des Volkes hat diese Anteilnahme von Frauen am Leiden und Tod Jesu noch ausgeschmückt: Da wurde Veronika an den Weg gestellt, die Jesus das Schweißtuch reichte; da wurde der Mutter Jesu der tote Sohn in den Schoß gelegt, aus dem er hervorgegangen war. Viele Menschen haben im Lauf der fast 2000jährigen christlichen Geschichte Trost und Kraft durch die Frauen erfahren, die im Angesicht von Leid und Tod, von Ungerechtigkeit und Haß nicht geflohen sind, sondern mit ihrer Liebe, ihrer Anteilnahme und Hilfe Lichter der Hoffnung angezündet haben.

Eine Frauengestalt, die ebenfalls zur Passionsgeschichte Jesu gehört, ist bei vielen Christen in Vergessenheit geraten, oder ihre Bedeutung ist nur selten hervorgehoben worden. Es handelt sich um die namenlose Frau, von der Markus im 14. Kapitel seines Evangeliums berichtet (par Mt 26,6–13). Das Paschafest der Juden ist nahe. Die Hohenpriester und Schriftgelehrten haben beschlossen, Jesus in ihre Gewalt zu bringen und ihn zu töten (Mk 14,1). Judas steht bereit, Jesus an die Hohenpriester auszuliefern (Mk 14,10). Jesus ist zu Gast im Haus Simons des Aussätzigen in Betanien nahe bei Jerusalem. Eine Gruppe seiner Jünger ist bei ihm (in Mt 26,8 wird ausdrücklich von Jüngern gesprochen), Männer, die es nicht verstanden haben oder nicht verstehen wollten, wenn er von seinem bevorstehenden Tod sprach. Jesus ist ein einsamer Mensch geworden, einsam, weil sich viele Jünger bereits abgewendet haben, und doppelt einsam, weil die bei ihm verbliebenen Jünger ihn in seinen Ängsten nicht ernst nehmen.

Da wagt es eine Frau, in diese geschlossene Männergesellschaft vorzudringen, sich entschlossen einen Weg zu Jesus zu bahnen und in der Vollmacht der Liebe etwas Unerhörtes zu tun. Sie zerbricht ein Alabastergefäß und gießt kostbares Öl über Jesu Haupt. Diese Frau salbt nicht Jesu Füße, wie es bei Lukas berichtet (Lk 7,36–50) und in der bildenden Kunst oft dargestellt wird. Sie muß hinter Jesus getreten sein, während er bei Tisch lag, oder sich vor ihm aufgerichtet haben, um das Salböl – Lohn eines Arbeiters in einem Jahr – über sein Haupt auszuschütten. Sie vollzieht eine Handlung, wie sie den Propheten im Alten Testament zukommt, wenn sie auf Gottes Geheiß einen König für Israel salben. Das Salböl, das nicht zum Salben der vom Weg wundgewordenen Füße oder zur Schönheitspflege dient, sondern sich vom Kopf herab über die ganze Gestalt Jesu ergießt, macht deutlich: Dieser ist der Gesalbte Gottes; dieser ist der Messias, der Christus. Dieser ist in Wahrheit der König, der das Reich Jahwes aufrichtet. In einer Situation also, in der Jesus auf seinen Tod zugeht, von vielen Jüngern verlassen und von anderen mißverstanden wird, legt diese namenlose Frau ein Bekenntnis der Tat ab, vergleichbar dem Bekenntnis des Petrus oder dem Bekenntnis der Marta: »Ja, Herr, ich glaube, daß du der Messias bist, der Sohn Gottes, der in die Welt kommen soll« (Joh 11,27).

Werfen wir einen Blick auf Jesus, an dem die namenlose Frau wie eine Prophetin gehandelt hat. Für ihn ist das Bekenntnis, das sie durch ihr Tun ablegt, Tröstung und Ermutigung zugleich: Er hat nicht umsonst in der Welt die Botschaft der Liebe aller Gewalt, allem Machtbegehren und Herrschen entgegengesetzt. Es gibt da Menschen, namenlose, die ihn verstanden und in ihm die tiefste Offenbarung Gottes selbst erkannt haben. Wenn er in den Tod geht und die Schmach des Kreuzes auf sich nimmt, dann ist das kein Scheitern, sondern der Erweis letzter Liebe, wie dies Johannes gleichsam als Leitwort über den Bericht von den letzten Lebenstagen Jesu und seinem Sterben setzt: »Da er die Seinen, die in der Welt waren, liebte, liebte er sie bis zur Vollendung« (Joh 13,1).

Diese namenlose salbende Frau bestärkt Jesus. Das ist im Text aus den schlichten Worten Jesu zu hören: »Sie hat ein gutes Werk an mir getan« (Mk 14,6). Dürfen wir die Frau vergleichen mit dem Engel des Trostes, von dem Lukas (Lk 22,43) in der Getsemani-Erzählung spricht, als der zitternde Jesus den Vater bittet, das bittere Ende an ihm vorübergehen zu lassen? Ist sie ihm in der Passionserzählung des Markus wie ein solcher Engel am Anfang des qualvollen Weges hin zum Kreuz gesandt?

Was mag die Frau zu ihrer mutigen, für eine Frau ganz ungewöhnlichen, ja anstößigen Handlung bewogen haben? Was mag sie dazu veranlaßt haben, einen so großen Teil ihres Vermögens herzugeben? Bei den Jüngern und den Umstehenden erregt sie nicht nur Unverständnis, vielmehr wird sie verärgert mit »heftigen Vorwürfen« (Mk 14,5) konfrontiert: Sie ist eine Verschwenderin, die kein Mitleid mit den Armen hat, die den Hungrigen das Brot nicht bricht, wie es der Prophet Jesaja von allen Gottesfürchtigen verlangt (Jes 58,7). Fühlt sie sich von Gott berufen, dem einsamen Todeskandidaten ein Zeichen der Nähe Gottes zu geben, ein Zeichen der Liebe, des Mittragens? Will sie durch das Übermaß der Gabe die Zugewandtheit und Wertschätzung bekunden? Sie ist eine Frau, die mit dem Herzen gut sieht, wie es in der Erzählung vom Kleinen Prinzen bei Saint-Exupéry heißt. Sie erspürt Jesu Einsamkeit und stellt sich schweigend, ohne jedes Wort, an die Seite des todgeweihten Königs.

Jesus verteidigt sie gegen die Vorwürfe. Er nimmt ihre Gabe, ihre Anerkennung, ihre Wertschätzung an. Er nimmt dieses Geschenk mit bis in seinen Tod. Ihre Zärtlichkeit, ihre Liebe haben seinen Leib schon für das Begräbnis gesalbt. Wenn er am Kreuz verachtet wird, kann er sich an diese Ehrerweisung am Beginn seines Leidensweges durch eine Frau erinnern.

In der Erzählung folgt noch ein Wort, das aufhorchen läßt. Jesus bekundet seinen ausdrücklichen Willen, daß überall und zu allen Zeiten dort, wo das Evangelium verkündet wird, das Gedächtnis an diese namenlose Frau und ihre Tat wachgehalten wird. Mit einem »Amen. Ich sage euch« (Mk 14,9) bekräftigt Jesus sein in die Zukunft der Kirche weisendes Wort. Die namenlose Frau wird selbst Teil der Frohbotschaft; ihre verschwenderische Liebe ist kostbar in den Augen Gottes. Wie konnte es geschehen, daß in der Verkündigung so lange von ihr geschwiegen wurde und daß kaum einmal ein Künstler oder eine Künstlerin ihr Bekenntnis und ihr mutmachendes Tun dargestellt haben? Entsprechen wir erst heute wieder dem Willen Jesu, wenn wir von ihr erzählen und verkünden, was sie getan hat?

Wenn wir heute von ihr erzählen, dann fragen wir auch: Wo kommen wir in dieser Geschichte vor, was hat sie uns, jeder einzelnen und jedem einzelnen, zu sagen?

Ich denke, sie kann uns zunächst daran erinnern, daß in der Gemeinde Jesu nach Jesu Willen Gottes Geisteskraft sich auf Männer und Frauen ergießt, daß Sklavinnen und Sklaven zu Prophetinnen und Propheten bestellt sind (Apg 2,17f.). Gottes Geist übersteigt die Trennungslinien, die zwischen Männern und Frauen, zwischen Sklaven und Freien durch Menschen gezogen worden sind. Gottes Geist zerbricht auch, auf unsere Zeit hin gesehen, die selbsterrichteten Schranken, die fein säuberlich Kleriker und Laien voneinander trennen. Gott läßt Frauen in gleicher Weise wie Männer prophetisch in ihre Zeit hinein sprechen. Frauen müssen es wagen, das Ungewöhnliche, vielleicht das Anstößige zu tun, wenn Gottes Geist sie dazu ruft. Frauen dürfen sich in der Männerkirche ihren Weg bahnen, weil Jesus sie mit den ihnen eigenen Gaben des Herzens braucht.

Ein weiterer Gedanke legt sich nahe. Die Frau in der Erzählung des Markus ermutigt Jesus, weil sie ihm in der Situation der Isoliertheit überreiche Wertschätzung und verschwenderische Liebe entgegenbringt. Sie weist uns darauf hin, gebeugten und bedrängten Menschen die Hilfe zu geben, die sie am notwendigsten brauchen, nämlich die Hilfe ehrlicher und tiefer Wertschätzung. Daß da einer oder eine ist, die mit dem Herzen sieht. – Von Rainer Maria Rilke wird eine Begebenheit aus Paris berichtet. Täglich gibt er einer Bettlerin in einer der Pariser Parkanlagen eine kleine Münze zur Hilfe für ihren Lebensunterhalt. Eines Tages schenkt er ihr eine Rose. An den nächsten Tagen sitzt sie nicht an ihrem angestammten Platz. Sie kommt erst wieder, als die Rose verblüht ist. Sie hat von der Wertschätzung, von dem, was mehr ist als ein Almosen, gelebt. Das, so denke ich, können wir uns von der namenlosen Frau in der Erzählung des Markus sagen lassen: Einen Menschen zutiefst wertzuschätzen, ist eine Gabe, die zum Leben hilft.

IRENE WILLIG

Frauenbegegnung als Ort von Gottesbegegnung

Maria und Elisabet (Lk 1,39–56)

In ihrem Buch »Die beste Freundin« macht die Psychotherapeutin Verena Kast anhand zahlreicher Interviews auf die große Bedeutung von Frauenfreundschaften im Leben vieler Frauen aufmerksam. Sie mißt den dort verwirklichten Werten wie Achtsamkeit, Verläßlichkeit, Herzlichkeit und Freude einen unschätzbaren Wert in der persönlichen Entwicklung von Frauen bei; und sie schreibt diesen Frauenfreundschaften auch »Modellwirkung« für die gesamte Beziehungskultur in unserer Gesellschaft zu. Auf diesem Hintergrund lohnt es sich, einmal die kleine Szene der Begegnung der beiden Frauen Maria und Elisabet im Lukasevangelium genauer zu betrachten. Diese kleine Szene im ersten Kapitel des Lukasevangeliums veranschaulicht nicht nur, was Frauenfreundschaft seit jeher auszeichnet, sondern verdeutlicht darüber hinaus, daß Frauenbegegnung eine theologisch und spirituell bedeutsame Dimension haben und zum Ort von Gottesoffenbarung werden kann.

Im Volksmund heißt die Begegnung von Maria und Elisabet »Mariä Heimsuchung«, wobei der Begriff »Heimsuchung« hierbei nicht – wie heute üblich – im negativen Sinne von »unheilvollem Widerfahrnis« verstanden ist, sondern sich vom mittelhochdeutschen Wort »heime suochen« ableitet, das ganz allgemein »jemanden zu Hause aufsuchen« bedeutet und sich hier auf den Besuch Marias im Haus ihrer Base Elisabet bezieht. Der Verfasser des Lukasevangeliums, der nicht ohne Grund als der »Maler« unter den Evangelisten gilt, hat diese »Heimsuchung« zu einer sehr lebendigen Szene ausgestaltet und mit ihr gleich zu Beginn seines Evangeliums – nach der Verkündigung der Geburt Jesu an Maria – den Frauen der Urkirche ein eindrucksvolles Denkmal gesetzt.

Schauen wir uns die Darstellung und den Verlauf der Begegnung der beiden Frauen etwas genauer an:

Zunächst heißt es: »Maria machte sich auf den Weg und eilte in eine Stadt im Bergland von Judäa.« Nach einer Auslegung dieser Stelle durch Martin Luther wäre es nur billig gewesen, daß man Maria »einen goldenen Wagen bestellt und sie mit 4000 Pferden geholt hätte«. Der Bibeltext beschränkt sich jedoch auf die Aussage: »Maria macht sich auf den Weg«, und hat damit nach Auffassung des Lukasevangeliums das Entscheidende ausgesagt. Denn der »Weg« ist im Lukasevangelium eine wichtige Metapher für den christlichen Glauben und »gehen« und »unterwegs sein« das Gütezeichen jeder Jesusnachfolge. So »eilen« die Hirten an die Krippe (Lk 2,16), »wandern« Jesus und die Jünger und Jüngerinnen von Dorf zu Dorf (Lk 8,1), »gehen« die Frauen in aller Frühe zum Grab Jesu (Lk 24,1) und »machen sich« die Emmausjünger »auf den Weg«, um ihrer Enttäuschung und Resignation zu entrinnen (Lk 24,13). Sich immer wieder neu auf den Weg zu machen, aus den eigenen vier Wänden aufzubrechen und Mobilität zu wagen, wird bis in unsere Tage gerade Frauen aufgrund vieler familiärer Pflichten und althergebrachter Konventionen sehr erschwert. Maria jedoch, so heißt es, geht über die Berge und »eilt in eine Stadt im Bergland von Judäa«. Nichts kann sie aufhalten. Schon dadurch wird sie nach Auffassung des Lukasevangeliums zur vorbildhaft Glaubenden.

Dann kommt es zur Begegnung der beiden Frauen. Ja – das macht der Bibeltext auf eindrucksvolle Weise deutlich – es »ereignet sich« wirkliche Begegnung, die Leib und Seele, Herz und Verstand in Bewegung versetzt und die ganze Person umfaßt. Jede der Frauen, auf ihre Weise mit Gott schicksalhaft in Berührung gekommen, öffnet sich im freudigen Gruß der anderen, und Elisabet vermag die Bedeutsamkeit des Augenblicks spontan zu erfassen. Als das Kind in ihrem Leib zu hüpfen beginnt, begreift sie den Anbruch von überwältigend Neuem und erkennt im Heiligen Geist die besondere Erwählung Marias. Nähe und Herzlichkeit, intuitive Wahrnehmung und Schwesterlichkeit – alles, was Frauenfreundschaft nach Verena Kast bis heute kennzeichnet – prägt auch das Verhalten dieser beiden Frauen und ist dieser Szene fast idealtypisch und urbildhaft eingezeichnet. Zahlreiche Künstlerinnen und Künstler haben sich von dieser Szene gefangennehmen lassen und eben den Moment der Begegnung der beiden Frauen »im Bild« zur vertiefenden Betrachtung festgehalten.

In dieser kleinen Begegnungsszene wird aber nicht bloß weibliche Beziehungskultur auf eindrucksvolle Weise veranschaulicht, sondern die Begegnung der Frauen ist zugleich von erstaunlicher religiöser Dichte und als Ort lebendiger religiöser Erfahrung und geisterfüllter Rede gezeichnet. Vor allem wird die Beziehung von Frauen, die sonst wie kaum eine andere abgewertet und mit »Klatsch« und »Weibergeschwätz« gleichgesetzt wird, hier zum Auslöser bedeutsamer Segenssprüche sowie eines Liedes von großer prophetischer und theologischer Strahlkraft.

»Gesegnet bist du unter den Frauen, und gesegnet ist die Frucht deines Leibes« (Lk 1,42): In diesem Segensruf der Elisabet bündelt sich nicht nur die Freude der älteren der beiden Frauen über das Glück der jüngeren, sondern dieser Segensruf ist gleichzeitig eine vorbehaltlose Anerkennung der besonderen Würde und Auszeichnung Marias von Gott her. Durch den Segensspruch wird das Geschehen auf seine religiöse Tiefe hin transparent und Maria in die Reihe der großen biblischen Frauen wie Jaël und Judit hineingestellt, die im Alten Testament auf ähnliche Weise als »gesegnet unter den Frauen« gepriesen werden (vgl. Ri 5,24; Jdt 13,18). Die amerikanische Theologin Janet Morley greift in ihrer »Segenslitanei für Frauen« den Segensspruch Elisabets an Maria auf und spricht ihn heutigen Frauen, die ein Amt übernehmen, zu: »Du bist gesegnet unter den Frauen« und »Gesegnet ist die, die glaubte, daß sich erfüllen wird, was der Herr zu ihr gesprochen hat«. Es ist erstaunlich, welche Kraft diesen Worten auch heute noch innewohnt, und durchaus nachvollziehbar, daß ein solcher Segen – zur rechten Zeit gesprochen – auch heutigen Frauen guttun und sie beflügeln und stärken kann.

Selbstbewußt ist auch das Lied, mit dem Maria den Gruß Elisabets aufgreift und Gottes befreiendes Handeln preist. Sie preist einen Gott, der Großes an ihr getan und sie als Frau in den weiten Raum seiner neuen, messianischen Zukunft hineingestellt hat. Es ist ein Gott, der sich nicht auf das Private beschränkt, sondern sich Bahn bricht durch die Macht- und Unrechtsstrukturen, die Verkrustungen und Privilegien dieser Welt hindurch; der die Mächtigen vom Thron stürzt und die Niedrigen erhöht, der die Hungernden beschenkt und die Reichen leer ausgehen läßt. Es ist derselbe Gott, den auch die großen alttestamentlichen Propheten von Amos bis Jeremia verkündeten und der auch in den Seligpreisungen Jesu aufleuchtet. Maria wird zur prophetischen Künderin und Lehrmeisterin eben dieses messianischen Gottes, dessen Herrschaft nicht unterdrückt, sondern befreit und voller Erbarmen ist.

In der freundschaftlichen Begegnung erkennen Maria und Elisabet prophetisch den Anbruch der neuen messianischen Zeit und geben dieser Erfahrung auf ganz persönliche Weise Ausdruck und Stimme. Diese Stimme ist bis heute nicht verhallt, sondern ertönt täglich von neuem im »Magnificat« des offiziellen Stundengebets unserer Kirche.

In einem Gedicht des Schweizer Pfarrers Kurt Marti heißt es:

»und maria trat
aus ihren bildern
und kletterte
von ihren altären herab…
und sie war und sie ist
vielleibig vielstimmig
die subversive hoffnung
ihres gesangs.«

Wir tun gut daran, wenn wir auch Maria und Elisabet immer wieder aus dem Bild dieser kleinen Szene zu Beginn des Lukasevangeliums heraustreten lassen und uns fragen, wie ihre Frauenfreundschaft in unserer Kirche lebendig werden und Gestalt annehmen kann.

HANNELIESE STEICHELE

Grenzenlos gesucht

Das Gleichnis von der verlorenen Drachme (Lk 15,8–10)

Das ist eine Situation, die mir sehr bekannt ist: Ich habe etwas verlegt oder verloren, und dann geht das Suchen los. Stundenlang stelle ich die Wohnung auf den Kopf. Das Buch, das Bild, der Schlüssel müssen doch zu finden sein! Stapelweise schichte ich Blätter und Bücher um. Zahllose Mappen mit Bildern gehen mir durch die Finger. Manchmal ist mein Suchen vom Erfolg gekrönt. Ich finde, was ich gesucht habe. Manchmal gebe ich erfolglos und entnervt mein Suchen auf. Das Gesuchte bleibt verschwunden. Und manchmal finde ich später ganz zufällig, wofür ich vorher viel Zeit investiert und auch vertan habe.

Dabei sind es oft Dinge, die zwar wichtig, aber längst nicht lebens-not-wendig sind. Ob es sich um wichtige Dinge dreht oder um die kleinen Dinge des Alltags: Das Suchen und Finden kostet Zeit und Kraft. Und es ist ein Ausdruck meiner Beziehung zu bestimmten Dingen. Ich brauche sie. Ich brauche sie für meinen Alltag, für meinen Beruf – oder einfach nur, weil ich Freude an ihnen habe und sie genießen möchte.

Im Lukasevangelium lese ich die Geschichte von der Hausfrau, die zehn Drachmen hat und eine davon verliert. Sie zündet eine Lampe an, fegt das ganze Haus und sucht unermüdlich, bis sie das Geldstück findet. Und wenn sie es findet, beschreibt Lukas, dann gibt es ein Fest mit den Freundinnen und Nachbarinnen. Und er überträgt: Solche Freude ist bei den Engeln Gottes über jeden Sünder, der umkehrt.

Suchen

Vielleicht muß es gar kein Sünder sein, der gesucht wird. Die gesamte Menschheit ist die Gesuchte. Die Bibel ist voll von Aussagen, daß Gott sein Volk sucht. Die Propheten des Alten Bundes sprechen davon. Gott sucht sein Volk. Er wirbt um sein Volk – wie der Bräutigam um die Braut wirbt, der Liebende um die Geliebte.

Gott sucht sein Volk, sucht die Liebe seines Volkes. Und kein Winkel, in den das Volk sich verkriechen könnte, ist ihm zu dunkel oder zu schmutzig, um ihm dahin zu folgen. Keine Ecke ist ihm fremd.

Auch die Evangelien erzählen von dem Suchen Gottes. In seinem Sohn intensiviert er seine Suche nach seinem Volk. In seinem Sohn möchte Gott seine geliebte Menschheit in seine Nähe ziehen, in seine Arme schließen. In Jesus möchte Gott finden und sich finden lassen.

Die ganze Menschheit ist die Gesuchte. Aber auch einzelne Menschen sind die Gesuchten. Jesus wirbt um die Liebe und Zuneigung von Menschen. Immer wieder wendet er sich zum Beispiel Petrus zu. Er folgt ihm, wohin er sich auch immer verkrochen hat. Und das Gespräch Jesu mit der Frau am Jakobsbrunnen ist eine einzige Such-und-Finde-Geschichte.

Ich wage es, mich selbst als die Gesuchte zu sehen. Wie oft lebe ich mein Leben allein, weit weg von anderen Menschen, weit weg von Gott. Wie oft verliere ich mich selbst und bin verloren. Wie oft bin ich geflohen und habe mich in irgendwelchen dunklen Ecken meines Lebens versteckt.

Ich habe mich versteckt. Klein geworden ist meine Kraft, Gott zu suchen und mich in seine Nähe zu begeben. Ich habe mich versteckt. Aber in aller Müdigkeit und in allem Dunkel lebt in mir die Hoffnung, daß Gott mich sucht. Ich sitze da und warte. Warte und glaube, daß Gott sich aufmacht, mich zu suchen. Seine kleine Drachme.

Ich glaube daran: Gott ist die »Hausfrau«. Gott zündet ein Licht an und macht sich auf den Weg zu mir. Gott läßt keine Ecke der Welt aus, keinen Winkel meines Alltags, meines Lebens, um mich zu suchen. Alles stellt Gott auf den Kopf, um mich zu finden.

Ich sehe, wie Gott mir nachgeht, wie Gott jeder und jedem nachgeht, wie Gott sich in meine und deine Welt hineinbegibt, die dunklen Ecken hell macht, um mich zu sehen, um jede und jeden zu finden, um dich und mich zu sich zu heben.

Finden

Und wie groß ist meine Sehnsucht, mich sehen zu lassen, mich ansehen zu lassen, mich finden zu lassen und in Gottes Nähe zu sein! Wie gerne möchte ich Gottes Hände spüren. Wie gerne möchte ich spüren, wie er mich aufhebt und an sich zieht, wie er mich hält und trägt!

Ab und zu spüre ich das. Ich spüre das, wenn ich Freude habe an der Schöpfung, an Bergen und Wäldern, an der Frische des Wassers, an der Vielfalt der Blumen. Ich spüre es, wenn die Begegnung mit einem Menschen gelingt, wenn sie »durchscheinend« wird für die Begegnung mit Gott. Ich spüre das, wenn eine angespannte Beziehung zu einem Menschen in Ordnung kommt, wenn wir uns neu suchen und finden. Und ich spüre es, wenn in der Stille des Gebetes Gott mich findet und »umarmt«.

Gott sucht mich. Und er findet mich. In der Bergpredigt lädt Jesus ein: »Bittet, dann wird euch gegeben; sucht, dann werdet ihr finden; klopft an, dann wird euch geöffnet« (Mt 7,7). Den mittleren Teil des Verses möchte ich oft ergänzen: »Sucht, dann werdet ihr gefunden!« Oder noch anders: »Laßt euch suchen, dann werdet ihr gefunden!« Ja, es ist meine Erfahrung, daß ich gesucht und gefunden werde.

Diese Erfahrung teile ich mit vielen Frauen und Männern um Jesus und aus allen Zeiten der Kirche. Eine von ihnen ist mir sehr vertraut: Maria aus Magdala. Ihr Leben lang ist sie auf der Suche nach Jesus. Sie ist von ihm geheilt worden. Und sie ist hinter ihm hergegangen. Lange Zeit. Immer war sie auf der Suche nach ihm. Nach neuen Begegnungen. Dann kam das Ende: Jesus stirbt am Kreuz. Da sucht sie ihn neu. Sie sucht ihn in seinem Grab. Und jetzt ist es Jesus, der sie sucht – und findet. Er trifft sie am Grab. Er ruft sie bei ihrem Namen. Und er zeigt ihr den Weg in ein neues Miteinander, in ein neues Leben. Sie darf seine Zeugin sein.

Feiern

Eine Frau hat eine Drachme verloren. Sie kehrt das Unterste zuoberst. Sie sucht – und findet. Und dann feiert sie ein Fest. Sie lädt ihre Freundinnen und Nachbarinnen ein und sagt: »Freut euch mit mir; ich habe die Drachme wiedergefunden, die ich verloren habe.«

Es ist sicher nicht üblich, ein Fest zu feiern, wenn wir etwas wiedergefunden haben. Aber wenn es etwas uns sehr Wichtiges war? Warum nicht der Freude Ausdruck geben?

Bei den Engeln Gottes, so heißt es im Text, herrscht Freude über einen einzigen Sünder, der umkehrt. Ich möchte ergänzen: über alle, die sich suchen und finden lassen, die sich umfangen lassen von der Liebe Gottes.

Ich glaube: Es gibt viele Feste im Himmel. »Finde-Feste« – Feste, die gefeiert werden, weil es Menschen gibt, die sich von Gott suchen und finden lassen. So wie Maria aus Magdala. So wie Petrus. So wie die Frau, die bei einem Besinnungstag sich neu ansprechen läßt von der Liebe Gottes zu jedem Menschen – und zu ihr ganz persönlich.

Ich suche und finde, was mir wichtig ist. Ich werde gesucht und gefunden von Gott, weil ich ihm wichtig bin. Weil er mich liebt. Weil er mich grenzenlos liebt. Weil er mich liebt mit allen meinen Grenzen und Halbheiten. Mit meinen Versteck-Spielen. Mit meinen Fluchten.

Und weil im Himmel gefeiert wird, dürfen auch wir feiern. Feiern, daß es einen Gott gibt, der uns sucht und findet. Wir dürfen hier feiern, daß wir ihm wichtig sind. Wir dürfen feiern, daß wir wert-voll sind – wert, von ihm grenzenlos gesucht und gefunden zu werden. Dieses Fest bestärkt mich. Es macht mir Mut, von mir aus Gott zu suchen. Und es stärkt meine Hoffnung, daß ich ihn finde, daß ich den großen Schatz meines Lebens finde.

Deine kleine Drachme bin ich, Gott,
vielfach verloren.
Du suchst mich.

Deine kleine Drachme bin ich, Gott,
grenzenlos gesucht.
Du zündest ein Licht an.

Deine kleine Drachme bin ich, Gott,
erwartungsvoll ersehnt.
Du findest mich.

Deine kleine Drachme bin ich, Gott,
du findest mich,
und du trägst mich.

Du trägst mich
in deinen Händen.

Bei dir
bin ich zu Hause.

Dir gehöre ich.

Finde mich.

Immer neu!

Und lasse dich finden,
mein Schatz.

MARIE-LUISE LANGWALD

Erstaunlich stark

Das Gleichnis von der Witwe und dem ungerechten Richter
(Lk 18,1–8)

Zu dem Text, den Sie gerade gehört haben, habe ich einmal eine kleine Befragung angestellt. Frauen verschiedenen Alters haben mir spontan ihre Eindrücke zu diesen acht Versen des Lukas-evangeliums erzählt. Und alle waren sich einig: »Das ist aber ein schwerer Text, den verstehe ich nicht.« Oder: »Um was geht es da eigentlich?« Eine Frau meinte: »Was hat die Geschichte von der Witwe mit dem Beten zu tun?« Eine andere: »Wie kann man Gott nur mit so einem abartigen Richter vergleichen!« – Fast 2000 Jahre liegen zwischen uns und diesem biblischen Text. Welten liegen dazwischen.

In der Parabel begegnen uns zwei Menschen: ein Mann, ausgestattet mit Macht und Einfluß und rücksichtslos gegenüber Menschen. Ein egoistischer Macho könnten wir heute sagen. Und eine Frau, deren Recht mißachtet wird. Als Witwe nimmt sie den untersten Platz in der gesellschaftlichen Hierarchie ein. Ohne männlichen Rückhalt hat sie so gut wie keine Chance, sich zu behaupten. Mit ihr hat ein Richter leichtes Spiel. Ein Unding für die damalige Zeit, daß sie allein ihr Recht einklagt, geschweige denn, daß sie Recht bekommt. Für uns Frauen heute ist dies kaum noch vorstellbar: Selbstverständlich haben Frauen heute die gleichen Rechte, selbstverständlich können Frauen ohne männliche Unterstützung Einspruch erheben. Frauen sind heute nicht mehr der Willkür eines männlichen Gerichts ausgeliefert. Und doch geht es ihnen manchmal auch heute wie der Witwe. Noch heute werden ihnen Rechte abgesprochen.

Mich interessiert diese Frau. Wie ist sie in ihre Lage gekommen? Welches Unrecht wurde ihr angetan? Leider erzählt die Bibel nichts Persönliches von ihr. Vielleicht stand ihr nach dem Tod ihres Mannes eine Erbschaft zu, die sie notwendig brauchte, um über die Runden zu kommen. Vielleicht hatte jemand bei ihr

Schulden. Die Witwe ist ein Symbol der Hilflosigkeit. Für den Evangelisten Lukas scheint sie bloß ein »Transportmittel« seiner Theologie des Betens zu sein.

Aber mit dem Beten, wie wir es verstehen, hat diese Parabel zunächst nicht viel zu tun. Immer wieder geht die Frau zum Richter, über den es nur Negatives zu berichten gibt: ein Egoist ersten Ranges und ein Feigling dazu. »Trotzdem«, sagt er, »will ich dieser Witwe zu ihrem Recht verhelfen, denn sie läßt mich nicht in Ruhe. Sonst kommt sie am Ende noch und schlägt mich ins Gesicht« (Lk 18,5). So ein starker Mann hat Angst vor der Ohrfeige einer Frau! Und so erreicht die Frau ihr Ziel.

Eine Parabel ganz anderer Art erzählt Franz Kafka in seinem Roman »Der Prozeß«: Vor dem Gesetz steht ein Türhüter. Zu ihm kommt ein Mann und bittet um Einlaß. Der Türsteher entgegnet ihm, daß er jetzt nicht eintreten könne. Wenn er es doch täte, käme er zu einem anderen Türhüter. Dieser sei noch mächtiger als er, und seinen Anblick könne selbst er nicht mehr ertragen. So entschließt sich der Mann zu warten. Er setzt sich vor die Tür und fragt immer wieder vergeblich, ob er nun durch die Tür eintreten könne. Jahre gehen dahin. Seine Augen werden immer schlechter, und er kann fast nichts mehr hören. Eines Tages erkennt er ganz schwach einen unauslöschlichen Glanz, der aus der Tür des Gesetzes bricht. Und schließlich stellt er dem Türhüter die Frage: »Wie kommt es, daß in den vielen Jahren niemand außer mir Einlaß verlangt hat?« Der Türhüter antwortet: »Hier konnte niemand sonst Einlaß erhalten, denn dieser Eingang war nur für dich bestimmt. Ich gehe jetzt und schließe ihn.«

Ein hartes Ende. – Der Mann hat sich an das Verbot des Türstehers gehalten. Er hat den Zugang zum Gesetz nicht gefunden. Seine Chance ist vertan. Der Mann bei Kafka – die Witwe im Evangelium – welch ein Kontrast. Sie hat alles eingesetzt, was in ihren Kräften stand. Statt abzuwarten, war sie beharrlich bis zur Aufdringlichkeit. Und sie hat ihr Ziel erreicht. Zu schön, um wahr zu sein!? Ist es nicht doch eher so, wie Kafka erzählt? Wie viele vertane Chancen kennen Sie, und wie oft haben Sie den Löwenmut der Witwe?

Beide Parabeln zeigen, wie es Menschen gehen kann. Beides kennen Sie wohl selbst aus Ihrem eigenen Leben: die Ohnmacht einerseits, die erreichten Ziele andererseits. Bei Kafka siegt die Hilflosigkeit, da zeigt niemand einen Ausweg. Im Evangelium siegt die Beharrlichkeit einer Frau. Bei ihr ist Platz für Hoffnung, bei Kafka nicht. Da wird nichts mehr erwartet, keine Veränderung zum Besseren. Da ist auch kein Platz für Gott, zu dem man noch schreien könnte, auf den man noch hoffen könnte. Aber das Evangelium erzählt von den ungeahnten Chancen, die wir haben, auch wenn alles aussichtslos erscheint. »Sollte Gott den Auserwählten nicht zu ihrem Recht verhelfen, denen, die Tag und Nacht zu ihm schreien?« (Lk 18,7). Eine rhetorische Frage. Gott ist nicht der Türhüter, der uns einschüchtert oder uns vertröstet. Er ist auch nicht der ungerechte Richter, dem die Menschen lästig sind. Gott ist ein Richter, von dem die Bibel sagt: Er richtet die Hilflosen gerecht und steht den Armen zur Seite.

Es ist nichts umsonst. All unsere Proteste, unsere Arbeit, unser Einsatz sind sinnvoll. In Brasilien, in einer der ärmsten Gegenden im Nordosten des Landes, wo Wasser fehlt, wo Seuchen, Hungersnot und Krankheiten zum Alltag gehören, bin ich einer Frau namens Maria vor ihrer armseligen Hütte begegnet. »Wir kämpfen!« sagte sie. »Und Gott kämpft mit uns!« Sie sagte das mit einer Stärke und Hoffnung in den Augen, daß mir schier die Luft wegblieb. Diesen Mut und dieses Vertrauen – das konnte ihr niemand nehmen.

Es kann nicht Gottes Wille sein, daß Frauen oder Männer sich ergeben, in ein ungerechtes Schicksal fügen. Leider wurden Frauen in der Vergangenheit immer wieder dazu erzogen, in falsch verstandener Demut alles zu ertragen: sei es Gewalt und Zwang, die ganze Last der Verantwortung für Kinder und Familie oder schlechte Arbeitsbedingungen. Und leider sind Frauen bis heute bereit, vieles geduldig zu ertragen. Die Witwe der Parabel war alles andere als demütig und sanft, so wie sich manche Männer bis heute Frauen wünschen. Sie ermutigt uns, hartnäckig und kämpferisch zu werden, denn bis heute wird Frauen Unrecht angetan. Noch heute kommen die Interessen von Frauen zu kurz, werden Frauen bei wichtigen Entscheidungen übergangen, noch heute wird Frauen Gewalt angetan. Gott ist der gerechte Richter, der den Auserwählten unverzüglich zu ihrem Recht verhelfen wird (vgl. Lk 18,7f.). Sicher erwarten Sie nicht, daß Gott uns die Wünsche von den Augen abliest und wir die Hände in den Schoß legen können. Die Gewißheit, daß Gott auf unserer Seite ist, treibt uns an, das Unsere zu tun:

Wenn Sie sich im Unrecht fühlen, wenn Ihnen etwas an die Nieren geht, trauen Sie Ihrem Empfinden!

Lassen Sie sich nicht einschüchtern von Wenn und Aber, von anderen, die es scheinbar besser wissen!

Sagen Sie freimütig Ihre Meinung!

Nennen Sie Ungerechtigkeit beim Namen!

Das kann Kreise ziehen. Das kann anderen Frauen Mut machen, ihre Stimme zu erheben.

Eine der Frauen, die ich zu den Versen des Evangeliums befragte, meinte bewundernd: »Für die damalige Zeit ist diese Frau erstaunlich stark.« Vergessen Sie nicht, daß Sie diese Stärke in sich haben!

MARITA CANNIVÉ-FRESACHER

Nähe und Distanz

Maria aus Magdala begegnet dem Auferstandenen
(Joh 20,11–18)

In Rainer Maria Rilkes Zyklus »Der Neuen Gedichte anderer Teil«
aus den Jahren 1908/1909 findet sich ein Ostergedicht. Seine
Überschrift ist ein Widerhall der urbiblischen Botschaft, die wir
Ostern feiern. Ihr frühestes Zeugnis formuliert oder zitiert der
Apostel Paulus im ersten Korintherbrief: »Christus ist für unsere
Sünden gestorben … und begraben worden, er wurde am dritten
Tage auferweckt … und ist erschienen«.
Rainer Maria Rilkes Gedicht heißt:

Der Auferstandene

Er vermochte niemals bis zuletzt
ihr zu weigern oder abzuneinen,
daß sie ihrer Liebe sich berühme;
und sie sank ans Kreuz in dem Kostüme
eines Schmerzes, welches ganz besetzt
war mit ihrer Liebe größten Steinen.

Aber da sie dann, um ihn zu salben,
an das Grab kam, Tränen im Gesicht,
war er auferstanden ihrethalben,
daß er seliger ihr sage: Nicht –

Sie begriff es erst in ihrer Höhle,
wie er ihr, gestärkt durch seinen Tod,
endlich das Erleichternde der Öle
und des Rührens Vorgefühl verbot,

um aus ihr die Liebende zu formen
die sich nicht mehr zum Geliebten neigt,
weil sie, hingerissen von enormen
Stürmen, seine Stimme übersteigt.

Rilke hätte diese Verse auch anders überschreiben können: Maria von Magdala. Das ist der Name der Frau, von der jeder einzelne Vers erzählt. Sie führt in allen Evangelien den Kreis der Frauen um Jesus an. Deshalb darf man annehmen, daß sie in der urchristlichen Kirche eine leitende Rolle gespielt hat. Maria von Magdala folgte Jesus Christus in Liebe. Sie sah der Kreuzigung von Ferne zu, während die Jünger geflohen waren. Sie wollte den Leichnam im Anschluß an die Sabbatruhe salben. Sie fand ihn aber nicht mehr im Grab. Vielmehr hörte sie von einem Engel, der Herr sei auferstanden. Und: Sie solle diese Kunde den Jüngern bringen, weshalb Maria von Magdala bis ins Mittelalter hinein als »apostola apostolorum«, als Apostolin der Apostel verehrt wurde. Und dann sah sie den Auferstandenen selbst – als erste einer ganzen Kette von Zeuginnen und Zeugen.

Alle diese, in den vier Evangelien unterschiedlich gewichteten Züge der Maria von Magdala finden sich in Rilkes Versen. Der Dichter hat jedoch eine andere Überschrift gewählt: Der Auferstandene. Die inhaltliche Verknüpfung des Titels mit der Magdalenerin verdeutlicht, wie sehr diese Maria in die Osterberichte gehört. Ganz fein und damit um so wirkungsvoller wird dadurch das Totschweigen der Bedeutung der Maria von Magdala für den lebenden und auferstandenen Herrn sowie für die Verkündigung der Urkirche kritisiert.

Die achtzehn Verse könnten auch betitelt sein mit einer Verdichtung ihres grundlegenden Inhalts. Etwa mit »Nähe und Distanz« – denn eben davon handeln sie: von der Beziehung zwischen Maria von Magdala und Jesus, dem lebenden und dem auferstandenen. Ihre Beziehung ist geprägt durch ein Höchstmaß an Liebe, deren Maß, was paradox klingen mag, die Liebe ist.

»Nähe und Distanz in der Liebe« – dieses Phänomen ist es auch, was mich an der Frau Maria von Magdala berührt; ganz anders berührt als bibelwissenschaftliche Rekonstruktionsversuche der historischen Magdalenerin. Ihre existentielle, ja symbolische Bedeutung ist es, die Frau und Mann über die Jahrhunderte hinweg mit ihr verbinden kann.

»Rabbuni«, »Meister« – das ist das einzige, nur vom Evangelisten Johannes überlieferte Wort Marias an den Auferstandenen. Mehr vermag Maria nicht zu sagen, als sie den lebenden Herrn vor der leeren Grabesstätte erkennt. Bei Johannes heißt es:

»Sie wandte sich um und sah Jesus dastehen, wußte aber nicht, daß es Jesus war. Jesus sagte zu ihr: Frau, warum weinst du? Wen suchst du? Sie meinte, es sei der Gärtner, und sagte zu ihm: Herr, wenn du ihn weggebracht hast, sag mir, wohin du ihn gelegt hast. Dann will ich ihn holen. Jesus sagte zu ihr: Maria! Da wandte sie sich ihm zu und sagte auf hebräisch zu ihm: Rabbuni, das heißt Meister. Jesus sagte zu ihr: Halte mich nicht fest: denn ich bin noch nicht zum Vater hinaufgegangen« (Joh 20,14–17).

Wie viele Szenen des Johannesevangeliums spricht auch diese Begegnung am Ostersonntag als konkretes, historisches Ereignis ganz persönlich an. Zudem wird der Eindruck des Wunderbaren vermittelt, des Ersehnten, aber Nichterreichbaren.

Vor einem steht der liebende und leiderfahrene Mensch Jesus. Er ist jedoch zugleich frei von den Bedingungen des irdischen Daseins. Er ist der, der im Werden und Vergehen der Zeit schon in der Herrlichkeit Gottes zu Hause ist.

Die Ostererzählung über die Begegnung zwischen Maria von Magdala und dem Auferstandenen zieht einen fast unausweichlich in das Wechselspiel von Nähe und Distanz. Man fühlt mit Maria von Magdala, versteht ihre Tränen und ihre Suche. Und dann ist Jesus ihr zum Greifen nahe, aber sie erkennt ihn nicht. Er muß sie erst ansprechen, damit sich ihre Augen öffnen. Ihre Freude verstummt in einem einzigen Wort. Sie will ihren Meister in einer ganz spontanen Geste festhalten, so daß er sie zurückweisen muß. Die wie eine Ablehnung klingende Antwort des Herrn verwirrt. Sie ist nicht unmittelbar verständlich.

»Noli me tangere« – halt mich nicht fest, denn ich bin noch nicht aufgestiegen zum Vater. Die Worte des Auferstandenen heißen doch wohl: Jetzt, wo ich dir körperlich nahe bin, bin ich dir fern. Du kannst mich nicht erreichen. Wenn ich dir aber körperlich in totale Ferne gerückt bin und der Abstand zwischen uns unüberbrückbar ist, dann bin ich dir zum Greifen nahe. Das ist ein Paradox!

Diese Perikope ist nicht bloß ein Stück Historie aus längst vergangenen Zeiten. Hier ist von der Wahrheit über den Menschen die Rede, der Gott begegnet und ihn doch nicht trifft. Gott ist der Ferne, und das gerade in der unmittelbaren Berührung.

Was das heißt, kann ein Blick auf die Begegnung von Mensch zu Mensch andeuten. Wer hat das nicht schon erfahren? Man begegnet dem anderen, lernt ihn kennen und schätzen, macht ihn sich in Liebe vertraut – und doch bleibt er einem im letzten fremd. Da ist ein Kern im anderen, den man erahnt, der aber ungreifbar bleibt. Und daß das so ist, ist kein Gegensatz zu der gegenseitigen Vertrautheit. Vielmehr ist es das Band, das einen in liebender Ehrfurcht miteinander verbindet. Dem wahrhaft Liebenden ist der andere das Geheimnis, an das er nicht zu rühren wagt. Es ist das innere Gesetz der Begegnung, daß sich liebevolle Nähe und ehrfürchtige Distanz nicht gegenseitig aus-, sondern einschließen.

Was sich auf der zwischenmenschlichen Ebene abzeichnet, das verkörpert Maria von Magdala in der Begegnung mit dem Auferstandenen. Ihr spontanes Ihn-greifen-Wollen aus Liebe ist umfangen von Jesu Christi »Halt mich nicht fest«. Die Sehnsucht ihres Herzens ist damit nicht beschnitten. Im Gegenteil: Sie bekommt Richtung und wird zugleich der Quellgrund der Verkündigung. Die Richtung und die Frohe Botschaft ist Jesus Christus selbst und sein unbegreiflicher Lebens- und Leidensweg, auf dem der Mensch zurückgelangt in die Heimat bei Gott. Darauf verweisen die Worte des Herrn von seiner Rückkehr zum Vater.

Maria von Magdala begegnet dem auferstandenen Herrn, um ihn ganz zu lassen. Die ferne Gegenwart Gottes in der Begegnung mit dem Menschen, welcher dem Herrn antwortet in ehrfürchtig-liebendem Glauben – das ist die existentiell-symbolische Bedeutung der Maria von Magdala. In der österlichen Begegnung hat der Herr aus ihr die Liebende werden lassen, die, so Rainer Maria Rilke, »sich nicht mehr zum Geliebten neigt, / weil sie, hingerissen von enormen / Stürmen, seine Stimme übersteigt«.

SABINE B. MARQUARDT

Eine Frau versichert die Wahrheit

Rhode (Apg 12,11–16)

Eine Frau versichert die Wahrheit. Sie sagt, was stimmt – gegen eine ganze Gruppe anderer Menschen, die dies nicht glauben können und sie daher zurückweisen. Diese Geschichte steht in der Bibel. Ein Kernstück der Verkündigung war sie nie, aber eine Randbemerkung ist sie wohl wert, auch wenn im Zentrum der Verkündigung ganz andere Personen stehen als nun ausgerechnet diese Frau, die die Wahrheit kennt und sie ausspricht. Das Dilemma ist klassisch. Das kleine Ereignis hat einen großen Kontext, vor dem es selbst unwichtig scheint, denn man hat sich angewöhnt, aus der Perspektive der Hauptpersonen zu lesen und zu erzählen.

Die Situation: Jerusalem, vierzehn Jahre nach dem Tode Jesu. König Herodes ist an der Macht. Den Glauben, daß Jesus lebt, daß er die Welt und die Herrschaftsverhältnisse bald völlig verändern wird, kann er nicht aushalten. Die Anhänger und Anhängerinnen Jesu läßt er brutal verfolgen.

Der Ort: das Haus der Maria – ein Trauerhaus. Vor ein paar Tagen wurde ihr Sohn Jakobus hingerichtet. Die Gemeinde sammelt sich um Maria, tröstet sie und ihren anderen Sohn Johannes Markus.

Die emotionale Lage: negativ, Verzweiflung macht sich breit. Aus dem engsten Kreis der Menschen um Jesus ist der Apostel Petrus gefangengenommen worden. Auch mit seiner Hinrichtung ist zu rechnen. Die Zukunft ist sehr unsicher. Wie geht es weiter? Petrus kommt mit Hilfe eines Engels aus dem Gefängnis frei – er entkommt durch eine geschlossene Tür und macht sich auf den Weg zu einer Hausgemeinde, in der um seine Befreiung gebetet wird. Petrus, der Fels, der sichere Boden für Gottes Gemeinde; der, der in seiner Hand den Schlüssel für das Reich des Menschensohnes trägt und der zugleich der Felsengrund für Gottes irdische Gemeinde ist.

Am Rande der petrinischen Geschichte findet nun die eher nebensächlich wirkende Begebenheit statt. Sie setzt die Geschichte von der Befreiung des Petrus aus dem Gefängnis fort:

»Und als Petrus sich besonnen hatte, ging er zum Hause der Maria, der Mutter des Johannes mit dem Zunamen Markus, wo viele versammelt waren und beteten. Als er aber an die Türe des Vorhofes klopfte, kam eine Magd mit Namen Rhode herbei, um zu öffnen. Und als sie die Stimme des Petrus erkannte, tat sie in ihrer Freude das Tor nicht auf, sondern lief hinein und meldete: Petrus steht vor dem Tore. Sie aber sagten zu ihr: Du bist von Sinnen. Doch sie versicherte, es sei so« (Apg 12,12–15).

Im Haus einer glaubenden *Frau* hat sich die Gemeinde versammelt. Der Vorhof des Hauses ist verschlossen. Wer draußen steht, muß sagen, was er will. Und auch Petrus klopft an. Rhode, die Magd, reagiert auf Petrus. Sie hört sein Klopfen und erkennt ihn an seiner Stimme. Die Freude richtet sich weniger nach außen – zu ihm –, sondern nach innen, auf die versammelte Gemeinde, der sie die Botschaft bringt. Sie sieht Petrus nicht, doch sie glaubt, was sie hört. Die Gemeinde ist verwirrt, aber nicht sprachlos. Du bist von Sinnen, sagen sie; du bist verrückt. Aber Rhode läßt sich ihre Überzeugung nicht nehmen. Ihre Antwort ist ein Kernsatz weiblichen Glaubens und weiblicher Überzeugung bis auf den heutigen Tag: »Doch sie versicherte, es sei so.«

Das ist *Frauengeschichte*. Was Rhode hört, erkennt sie als wahr. Den Beweis ihrer Augen braucht sie nicht. Ihr genügt die einfache Sicherheit: Die Stimme des Petrus vor der Tür – an ihr erkennt sie das Wunder und den lebendigen Gott. Kein Mensch glaubt ihr, doch sie ist sich ihrer Ohren und ihrer selbst sicher.

Und so behält sie den Boden unter den Füßen und den weiblichen Einspruch auf der Zunge. Sie geht nicht in die Knie vor denen, die ihr sagen, sie sei verrückt. Sie versichert die Wahrheit. Ihre Erkenntnis und ihre Botschaft sind das, was in diesem Moment die Gemeinde irritiert und zugleich auf den Weg bringt. Ihre Überzeugung, ihre Einsicht sind plötzlich fester Boden – Felsengrund – für die Gemeinde, die um das Heute und um das Morgen Angst hat.

Aus Rhodes Perspektive wirkt die Erzählung neu und ungewohnt. Zu erkennen ist ein *Frauenhaus*: das Haus der Maria, Mutter des Johannes Markus und des Jakobus, sichere Zuflucht für eine verstörte Gemeinde, Beheimatung für verunsicherte Christinnen und Christen.

Und draußen steht Petrus – ohne Schlüsselgewalt – mit der Bitte um Einlaß und um Zugang zur Gemeinde. Bevor er auf die Hausherrin und Gemeindeleiterin trifft, gerät er an eine Magd. Nicht zum ersten Mal hat die Magd eine Schlüsselfunktion. Im Palast des Hohen Priesters erinnerte ihn nach der Verurteilung Jesu eine Magd an die Wahrheit: »Auch du warst mit dem Nazarener Jesus zusammen« (Mk 14,67). Das Bekenntnis, daß er zu Jesus gehört, ist ihm damals unmöglich. Er verleugnet Jesus. Darum ist es gut, daß die beiden Mägde zur Stelle sind, die Namenlose im Hof des hohepriesterlichen Palastes und Rhode im Vorhof des Hauses der Maria; sie beide stellen die richtigen Fragen, gewinnen Einsichten, transportieren Botschaften. Sie sind Gehilfinnen in der Erkenntnis der Wahrheit.

Neben der Namenlosen gewinnt Rhode Gestalt: Sie ist eine Frau mit Format und Rückgrat, souveräne Botin, emotional engagiert und zugleich sachlich eindeutig. Sie steht ein für Gott, der seine Macht im Gefängnis entfaltet, der Ketten bricht und Mauern durchlässig macht. Im Grunde hält sie eine Kurzpredigt.

Petrus klopft weiter an. Die Gemeinde tut ihm auf, sieht ihn und entsetzt sich, denn der Gefangene steht vor ihnen, und Rhode hat ihn richtig an seiner Stimme erkannt. Daß Petrus nun leibhaftig in der Gemeinde steht, ist ein Zeichen für Gottes Gegenwart. Es soll weitergesagt werden – so will es Petrus selbst und erhellt damit einen merkwürdigen, oft übersehenen Zusammenhang: daß gerade auch der Vorhof ein Ort ist, an dem die Wahrheit ihren Platz hat, an dem sie erkannt wird als ein Zeichen des lebendigen Gottes. Von hier findet sie ihren Weg in die Gemeinde, bahnt sich ihren Weg in die Öffentlichkeit und verändert. Das vermeintlich Wichtige und das Unwichtige, das Eigentliche und das Uneigentliche, das Zentrum des Hauses und der Durchgang des Vorhofs stehen nebeneinander – ohne Abstufung, ohne Gefälle. Die in Haus und Hof versammelte Gemeinde soll die Wahrheit weitertragen und den lebendigen, befreienden Gott bezeugen – so will es Petrus selbst. Sein Wunsch ist nichts Außergewöhnliches, denn für die damalige junge Gemeinde ist klar: Alle sind an den Gaben der göttlichen Gnade beteiligt, egal welche Funktionen sie in der Gemeinde ausüben. Und alle sollen gleich geachtet sein. Dem steht nicht entgegen, welche Arbeiten sie innerhalb des Hauses und des Haushaltes tun. Rhode und Petrus stehen für die kurze Zeit der jungen Gemeinde, in der die Gemeindeleitung ebenso bei Frauen wie bei Männern liegt – und in der die Verkündigungs- und die Versorgungsarbeit von ihnen geteilt werden soll, weil Jesus selbst das so will: »Wer groß sein will unter euch, der sei euer Diener, und wer unter euch der Erste sein will, der sei aller Knecht« (Mk 10,43f.).

CHRISTINE BUSCH

Die Grüße des Paulus an die Frauen im Amt

Phoebe und ihre Kolleginnen (Röm 16,1–16)

Grußlisten bringen uns leicht zum Gähnen. Diese Erfahrung läßt sich öfter beim Radiohören machen, wenn jemand noch Grüße losschicken darf und dann sämtliche Familienmitglieder, Freunde und Vereinskameraden aufzählt.

Auch die Grußliste des Paulus reißt uns auf den ersten Blick nicht gerade vom Hocker, zumal es auch noch eine Aufzählung ausländischer Namen ist, mit denen wir wenig verbinden können.

Ich hätte selbst beim ersten Lesen schon beinahe abgeschaltet, wenn ich nicht an einigen Namen doch hängengeblieben wäre. Phöbe, ... war da nicht etwas? Junias, ... Moment mal!

Aber meine erste Regung war noch eine andere. Sieh an, dachte ich, der Paulus. Wie nett dieser Mann doch an alle denkt, die er von früher her noch kennt. Für alle alten Bekannten hat er ein liebes Wort übrig, einen herzlichen Gruß. Paulus schafft hier ein richtig familiäres Klima, dachte ich, richtig geschwisterlich, zumindest sehr freundschaftlich. Und schließlich stellen sich die vielen fremdartigen Namen doch fast wie eine große Familie dar.

Daß ich an dieser einfachen Feststellung hängengeblieben bin, ist aber auch auffällig. Scheinbar hat solch menschliche Wärme doch eher Seltenheitswert – zumindest so konkret mit vielen persönlichen Namen. Daß Paulus Menschen kennt, gern hat, an ihnen hängt und diese Bande aufrecht zu halten versucht, wirft einmal ein anderes Licht auf diesen sonst so eifrigen und intellektuellen Theologen.

Oder bin ich auch deswegen an dieser Feststellung hängengeblieben, weil es bis heute eher Seltenheitswert hat, wenn ein Mann so fürsorglich konkret wird? Bestimmt gibt es Ausnahmen, aber in der Regel ist es doch bis heute noch so, daß Männer Freundschaften und Kontakte weniger pflegen als Frauen. Wenn es dann mal einer ausgedehnt tut, wie hier Paulus, fällt es direkt auf.

An einen Geburtstag denken, gelegentlich anrufen, Weihnachtsgrüße verschicken, bei Krankheit nachfragen, ...das sind doch bis heute eher weibliche Tugenden. Leider!! Warum eigentlich?

Daß Paulus hier aber freundschaftliche Atmosphäre schafft, ist für die Gemeinde von Rom von besonderer Bedeutung. Betrachtet man die Namen etwas genauer, entdeckt man, daß es Reiche und Arme, Freie und Sklaven, Griechen und Römer, Heidenchristen und Judenchristen, Männer und Frauen waren, die Paulus hier in seiner Grußliste erwähnt. Alle zusammen aber bilden trotz ihrer großen Unterschiede, so hofft zumindest Paulus, in der Gemeinde von Rom die »Familie der Kirche«, in Einmütigkeit und Frieden, so, wie er es zuvor schon im Galaterbrief beschrieben hat: »Denn ihr alle, die ihr auf Christus getauft seid, habt Christus (als Gewand) angelegt. Es gibt nicht mehr Juden und Griechen, nicht Sklaven und Freie, nicht Mann und Frau; denn ihr alle seid ›einer‹ in Christus Jesus« (Gal 3,27f.).

Alle sind »einer« in Christus. Auch Männer und Frauen sind also nach Paulus ausdrücklich eins in Christus. Aufgrund dieser geistlichen Gleichstellung hatte Paulus auch keine Mühe, zwei Frauen in ihrem kirchlichen Amt zu nennen. Unsere gängigen Bibelübersetzungen unterschlagen uns diese Tatsache.

Am Anfang der Grußliste wird Phoebe der Gemeinde empfohlen, sie ist offensichtlich dabei, vom Osten nach Rom umzuziehen, und möchte in die Gemeinde von Rom aufgenommen werden. Wahrscheinlich ist sie die Überbringerin vom Brief des Paulus an die Römer. Paulus empfiehlt Phoebe ausdrücklich dieser Gemeinde, sie soll gut aufgenommen werden, weil sie selbst schon vielen anderen, darunter Paulus, geholfen hat.

Phoebe ist aber nicht ein hilfsbereiter Mensch, sondern sie ist Diakonin, *diakonos*, wie es in der männlichen Form im griechischen Text steht (Röm 16,1). Die gängigen Bibelübersetzungen haben das Wort umgangen, indem sie nur von der »Dienerin« sprechen oder von einer, die »im Dienst der Gemeinde steht«. Es müßte also nicht heißen: »Ich empfehle euch unsere Schwester Phoebe, die Dienerin der Gemeinde von Kenchreä«, sondern: »Ich empfehle euch unsere Schwester Phoebe, Diakon der Gemeinde von Kenchreä.« Diese präzise Übersetzung ist wichtig und notwendig, um die Bedeutung voll zu erfassen. Denn »im Dienst der

Gemeinde stehen« ist nichts Besonderes, das ist ja das übliche, daß wir Frauen uns ehrenamtlich in Gemeinden engagieren, Gott sei Dank, natürlich.

Der Titel Diakon belegt jedoch, daß es in der Urkirche tatsächlich Frauen im Amt der Diakonin gegeben hat. Wir wissen nicht, wie dieses Amt im einzelnen ausgesehen hat und ob es dem heutigen Amt des Diakons entspricht, Tatsache ist jedoch, daß es ein Amt mit bestimmten Funktionen und Verantwortungen war.

Eine weitere Unterschlagung gibt es seit dem Mittelalter, welche sich ebenfalls bis in unsere heutigen Bibelübersetzungen gehalten hat. In Vers 7 werden Andronikus und Junias erwähnt. »Grüßt Andronikus und Junias, die zu meinem Volk gehören und mit mir zusammen im Gefängnis waren, sie sind angesehene Apostel und haben sich schon vor mir zu Christus bekannt«, schrieb Paulus. Da jedoch der männliche Name Junias im Altertum gar nicht existierte und da die Theologen des Altertums (z. B. Origines) bei dieser Stelle von einer Frau namens Junia ausgegangen sind, liegt es auf der Hand, daß Theologen seit dem Mittelalter aus dem Frauennamen einen Männernamen gemacht haben. Warum? Diese Männer konnten sich nicht vorstellen, daß eine Frau mit dem Apostelamt in Verbindung gebracht werden konnte, wie es Paulus hier tut.

Dabei muß man wissen, daß in der frühen Kirche nicht nur von dem Zwölferkreis Jesu als Apostel gesprochen wurde, sondern von einem weiteren Kreis von Christinnen und Christen, die Jesus entweder selbst noch erlebt hatten oder ihm in einer besonderen Vision, wie Paulus, begegnet waren.

Wir haben es folglich in dieser Grußliste mit zwei Frauen in kirchlichen Ämtern zu tun. Für Paulus war dies offensichtlich eine Selbstverständlichkeit, für einen Mann der Antike eigentlich gar keine Selbstverständlichkeit, denn von Gleichstellung der Frau konnte insgesamt noch keine Rede sein. Vielleicht aber hatte Paulus »Christus als Gewand« schon so weit angezogen, daß er die Dinge mit anderen Augen, ja, mit Christi Augen wahrnehmen konnte? Vielleicht hatte er dadurch schon viele Ängste ablegen können, so auch die Angst vor Frauen in Ämtern?

Wie schön es doch wäre, wenn solche Ängste auch heute wieder in Jesus Christus überwunden werden könnten, indem wir ihn wie ein Gewand anziehen. Wie schön wäre es, wenn das Klima in der Kirche wieder familiärer würde, im Sinne von Vertrauen und Entgegenkommen! Gegenseitige Umsicht aber fördert Zusammenhalt und Einheit, und nur in Einheit kann eine Gemeinschaft Früchte tragen. Einheit aber bedeutet nicht einseitige Unterordnung, sondern Teilhabenlassen an der Macht und Teilnehmen an der Verantwortung.

Wenn Paulus vor fast zweitausend Jahren solch warme Töne nach Rom gesandt hat, wäre es nicht wunderbar, wenn aus Rom heute endlich wieder solch warme Töne in die kirchliche Welt hinausgesandt würden?

Wie wunderbar wäre es doch, wenn eine Frau vom heutigen »Apostel in Rom« einer Ortskirche empfohlen würde als tüchtige Diakonin oder Pfarrerin oder Bischöfin, die doch bitte möglichst herzlich aufgenommen werden möge!

Der Appell von Paulus für Gleichheit in Christus, sein warmer Ton und seine herzlichen Grüße wären eine echte Anregung für eine Kirche von heute!

Iris Mandl-Schmidt

Stichwortverzeichnis

Das Stichwortverzeichnis enthält einige zentrale Begriffe aus jedem Predigtbeitrag und soll helfen, anhand von Themenvorgaben inhaltlich zugehörige Predigten zu finden. Die Seitenzahlen geben jeweils den Beginn des Beitrags an, in dem das Stichwort zu finden ist.

Textnachweis

S. 29: Pierre Stutz, aus: Pierre Stutz, Du hast mir Raum geschaffen, Claudius Verlag, München

Autorinnen

Ruth Ahl, geboren 1927. Freie Publizistin, Vortragstätigkeit, Bonn

Mechthild Alber, geboren 1960. Diplomtheologin, Fachreferentin für Familie & Familienpastoral, Stuttgart

Gudrun Althausen, geboren 1930. Diplomtheologin, ehrenamtlich in Frauen- und Altenarbeit tätig, Berlin

Ulrike Bechmann, Dr. theol., geboren 1958. Geschäftsführerin und Theologische Referentin des Deutschen Weltgebetstagskomitees, Bamberg

Angela Berlis, geboren 1962. Diplomtheologin, Wissenschaftliche Mitarbeiterin am Alt-Katholischen Seminar der Universität Bonn, Geistliche Rektorin des Bischöflichen Seminars in Bonn, Bonn

Magdalena Bogner, geboren 1947. Lehrerin, Präsidentin der Katholischen Frauengemeinschaft Deutschlands (kfd), Neumarkt

Christiane Bundschuh-Schramm, Dr. theol., geboren 1963. Pastoralreferentin, Referentin am Institut für Fort- und Weiterbildung der Kirchlichen Dienste der Diözese Rottenburg-Stuttgart, Rottenburg

Christine Busch, geboren 1951. Theologin, Leitende Pfarrerin der Evangelischen Frauenhilfe in Deutschland, Düsseldorf

Marita Cannivé-Fresacher, geboren 1965. Pastoralreferentin, Trier

GERTRUD CASEL, geboren 1954. Diplompsychologin, Referentin im Bundesministerium für Familie, Senioren, Frauen und Jugend, Bonn

ANGELIKA DAIKER, Dr. theol., geboren 1955. Pastoralreferentin, Referentin für Trauer- und Sterbebegleitung, Stuttgart

BÄRBEL DEIFEL-VOGELMANN, geboren 1960. Diplomtheologin, Journalistin, Redakteurin, Simmozheim

KARIN DIERKES, geboren 1963. Diplomtheologin, Mitarbeiterin der European Business Development Group, freie Mitarbeiterin von Misereor, Halle a. d. Saale

MARTINA FEDDERSEN, geboren 1965. Pastoralreferentin, Rottenburg

GERTRUD GEIGER, geboren 1961. Seelsorgerin für Familien mit geistig behinderten Kindern, Ulm

CHRISTEL HANEWINCKEL MdB, geboren 1947. Buchhändlerin, Pfarrerin, Frauen- und Familienpolitikerin, Halle a. d. Saale

THERESIA HAUSER, geboren 1921. Autorin, Supervisorin, Germering bei München

SUSANNE HERZOG, geboren 1961. Pastoralreferentin, Studentenseelsorgerin, Esslingen

HELGA HILLER, geboren 1940. Gemeindepfarrerin in Kornwestheim, Vorstandsmitglied des Deutschen Weltgebetstagskomitees, Kornwestheim

ELFRIEDE HIRSCH, geboren 1935. Sozialarbeiterin, Erwachsenenbildnerin, im Ruhestand, Biberach

HELGA HIRSCHLER, geboren 1941. Lehrerin am Abendgymnasium, Dortmund

BEATE JAMMER, geboren 1959. Pastoralreferentin, Mutter von zwei Kindern, Schwäbisch Hall

MARGOT KÄSSMANN, Dr. theol., geboren 1958. Generalsekretärin des Deutschen Evangelischen Kirchentages, Fulda

HILDEGUND KEUL, Dr. theol., geboren 1961. Dozentin am Seminar für Gemeindepastoral, Leiterin des Frauenreferats im Bistum Magdeburg, Magdeburg

STEPHANIE KLEIN, Dr. theol., geboren 1957. Wissenschaftliche Assistentin am Seminar für Pastoraltheologie, Mainz

ANNELIESE KNIPPENKÖTTER, geboren 1932. Bis 1997 verantwortliche Redakteurin der Zeitschrift „Frau & Mutter", Autorin, Düsseldorf

MARIE-LUISE LANGWALD, geboren 1956. Diplomtheologin, Geistliche Begleiterin der Katholischen Frauengemeinschaft Deutschlands (kfd) – Diözesanverband Essen – und in der Frauenseelsorge, Exerzitienleiterin, Essen

SR. PAULIN Link, geboren 1949. Franziskanerin von Reute, Leiterin des Bildungshauses des Klosters, Supervisorin, Kloster Reute (Bad Waldsee)

URSULA MÄNNLE, geboren 1944. Professorin für Politikwissenschaft, Bayerische Staatsministerin für Bundesangelegenheiten und Bevollmächtigte des Freistaats Bayern beim Bund, München

IRIS MANDL-SCHMIDT, geboren 1962. Pastoralreferentin, Schelklingen

SABINE B. MARQUARDT, Dr. theol., geboren 1960. Leiterin des Referats Menschenrechte der Deutschen Kommission Justitia et Pax, Bonn

GABRIELE MILLER, Dr. theol., geboren 1923. Religionspädagogin, Schriftstellerin, Rottenburg

Roswitha Müller, geboren 1946. Sozialversicherungsfachfrau, stellvertretende Vorsitzende des kfd-Diözesanverbandes Freiburg, Buchen-Hainstadt

Veronika Pielken, geboren 1957. Diplomtheologin, Leiterin des Referates Frauenseelsorge im Erzbistum Hamburg, Hamburg

Rita Reppermund, geboren 1941. Gemeindereferentin, Koblenz

Annette Schleinzer, Dr. theol., geboren 1955. Freiberuflich tätig in Bildung und Pastoral, Autorin, Huysburg bei Halberstadt

Hanneliese Steichele, Dr. theol., geboren 1942. Professorin für Altes und Neues Testament an der Katholischen Fachhochschule Mainz, Mainz

Brigitte Vielhaus, geboren 1959. Diplomtheologin, Referentin für Lebens- und Familienformen des Bundesverbandes der Katholischen Frauengemeinschaft Deutschlands (kfd), Düsseldorf

Christel Voss-Goldstein, geboren 1948. Diplomtheologin, Referentin beim Bundesverband der Katholischen Frauengemeinschaft Deutschlands (kfd) und freiberuflich tätig in der kirchlichen Erwachsenenbildung, Düsseldorf

Annette Westermann, geboren 1945. Diplomphilologin, Diözesanreferentin für Frauenseelsorge im Erzbistum Berlin, Berlin

Irene Willig, Dr. theol., geboren 1926. Bis 1990 Professorin an der Katholischen Fachhochschule Mainz, Geistlich-theologische Begleiterin der kfd im Bistum Mainz, Mainz